犯罪分析ステップ60

CRIME ANALYSIS
FOR PROBLEM SOLVERS
IN 60 SMALL STEPS

守山 正［監訳］

成文堂

日本語版に向けて

　ジョン・エックと筆者は、イギリス警察のために本書の初版『ステップ55』を書くことを決めた際、わずか2年以内にアメリカ版、さらには多くの外国語翻訳版『ステップ60』を出版することになろうとは知る由もなかった。現在までに、中国語、エストニア語、ファルシ語、フランス語、ドイツ語、イタリア語、ポルトガル語、スペイン語、スウェーデン語、スロベニア語、トルコ語、韓国語の11ヶ国語で翻訳されている。本書の出版によって、日本語版がリストに加わることになったことは大変喜ばしく、とくに日本の指導的な環境犯罪学者である守山正教授によって翻訳が敢行されたことはとくに嬉しい。

　ジョン・エックは筆者より遙かに長く問題志向型ポリシングを研究してきており、この概念を創出したハーマン・ゴールドシュタインと同様に、犯罪分析が個々のプロジェクトの成功にいかに不可欠であるかをたえず強調してきた。問題志向型ポリシングとともに、状況的犯罪予防はこれらの問題が発生する環境設定の改善を行って、固有の犯罪・無秩序問題を発生させる諸々の機会を除去しようとする。他方、問題志向型ポリシングとは異なり、状況的犯罪予防は環境犯罪学の諸理論（日常活動理論、合理的選択理論、犯罪パターン理論）に根ざしており、大半の状況的予防プロジェクトが警察の実務家ではなく、研究者によって指導されてきたが故に、より精密に評価されてきた。状況的予防のこれらの利点は、ハーマン・ゴールドシュタインによって認識され、彼は問題志向型ポリシングの科学的根拠を強化するために、彼の活動に筆者を招き入れたのである。問題志向型ポリシングの概念は、世界中の警察に熱狂的に受け入れられてきたが、あまりにもしばしばその名で実行されてきたプロジェクトは、問題志向型ポリシングが求める精度を欠いてきた。

　ゴールドシュタインは、筆者のためにアメリカ国立司法研究所（the National Institute of Justice）が行った問題志向型ポリシングのプロジェクトに対する再検討を行う機会を設定してくれ、ワシントンにある警察財団によって実施された警察犯罪分析家の役割研究への参加を促したのである。次いで、ノルウェー国立警

察学校のヨハネス・クヌットソンが支援し、問題志向型ポリシングの理論と実践を強化する手法を検討するために、ゴールドシュタインを含む専門家の会合を重ねてきた。この会合の成果は後に、『犯罪予防研究第15巻（Crime Prevention Studies vol.15』』（2003年）に結実した。

私自身の思考の展開にとってさらに重要であったのは、ゴールドシュタインがノースカロライナ州シャーロットで行った共同研究に参加したことである。そこでは彼は問題志向型ポリシングのプロジェクトを実施するために現地警察部局への支援を行っていたのである。この結果、シャーロットでは多くの会合が行われ、毎夕ゴールドシュタインとその日の体験について語り合ったものである。そして、私はますます犯罪分析が果たす重要な役割を認識するようになり、シャーロットの分析家たちはきわめて有能であり、彼らがこれまで経験していなかった環境犯罪学固有の概念や分析技術を学べば、犯罪分析の役割をさらに成就しうるだろうと考えるようになった。

これが『ステップ55』のマニュアルを私に意識させた決定的な体験であったが、私自身の問題志向型ポリシングに対する学問的経歴は限られたものであったので、私よりもこの領域を知り尽くしている共著者と執筆する必要があると思った。ジョン・エックがこれにつき同意してくれたことは有り難かった。彼は、この領域に一定の重要な分析概念（とくに顕著なのは、「問題分析トライアングル」の案出であり、これはPOPセンターのロゴにも使用されている）を提供しただけでなく、完全に環境犯罪学にも精通した。

イギリスで『ステップ55』が出版された直後、地域志向ポリシング・サービス事務局はわれわれにアメリカ版『ステップ60』作成の任務を与えた。これは、アメリカの言語と実例を用いること、アメリカの警察のために記述することであった。われわれはこの機会を歓迎したが、その理由はたんにマニュアルの内容や範囲をいくらか改訂できるだけでなく、重要な点も付加できるからであった。実際には、『ステップ55』の1つを削除し、6のステップを追加して計60ステップとした。その結果、若干の統計的、方法的な課題を含め、問題分析をする際に役立つ文献レビューを行ったり、データを収集したりする場合の助言も加えた。

『ステップ55』も『ステップ60』も第一に多忙な犯罪分析者に向けられたものであり、実際、彼らの活動形態に影響を与えた。たとえば、われわれは平易な言

葉で手短に記述し、長々とした学究論文の書き方を避けた。しかし、つねにこのマニュアルを有用であると思ってくれる他の二つの読者層を意識した。その一つが警察官であり、つまり、あまり犯罪分析の訓練を受けていないが問題志向型ポリシング・プロジェクトに関わって、さらに犯罪分析者と効果的にパートナーを組みたいと思っている人たちである。もう一つが大学の刑事司法、ポリシングの専攻をしている学生で、問題志向型ポリシングと環境犯罪学の入門書を必要としている読者である。平易な表現、明瞭な文章は犯罪分析者に対するだけでなく、この二つの読者層とコミュニケーションをとるのにまさしく重要である。

　本書は、先述のとおり11ヶ国語で翻訳され、世界中の人々から犯罪分析に有用であるという声を頂いている。読者の多くは現職の警察官、学生、地方政府の担当者であり、彼らに役立っていることを知って大変満足している。実際、本書は、警察が地域の問題に直面してその解決に精力を傾けるのを支援するだけでなく、将来の犯罪や秩序違反行為を解決しようとする次世代の警察官を研修するのにも役立つものと思われる。

　2013年1月

　　　　　　　　　　　　　　　　　　　ラトガーズ大学ニュージャージー校
　　　　　　　　　　　　　　　　　　　　　　　　ロナルド・クラーク

謝　辞

　本書は、旧版『問題解決型の犯罪分析者になろう〜小さなステップ55』の改訂版であり、拡張版である。『ステップ55』は、もともとイギリス内務省の資金助成を受けてロンドン大学ユニバーシティ・カレッジ校ジル・ダンドー研究所のために書き下ろしたものであった。われわれは、アメリカ合衆国のために本書『ステップ60』を出版することを許してくれた研究所と内務省に感謝する次第である。また、この業務を任務とする地域志向型ポリシング・サービス事務局（the Office of Community Oriented Policing Services）にも感謝を表したい。旧版における謝辞の頁では、われわれが自由に引用した文献の作者、同僚、友人に感謝した。本書においても、これを完成させるに当たって仲介してくれたり、コメントをくれたりして、われわれを資料の上で支援してくれたのは、多くの人々であった（氏名省略）。全員に感謝したい。

ロナルド・クラーク
ジョン・エック

まえがき

　合衆国において今日、そして予測可能な将来のポリシングへの主要な関心の1つは、出費に対する厳しい制約である。警察予算の「ライオンの分け前」は人件費で消費されている。その結果、多くの警察機関はすでに権威づけられた力を下回って活動している。増大するニーズに合致する新規職員を雇用する資金は、獲得が困難である。また、ここで特に重要なことは、伝統的なポリシング形態があまりに人材に依存しているために、縮小していることである。緊急通報は、以前ほど完全に、また迅速に処理することができない。職員は、たとえば取り締まり、一斉捜査、特殊部隊などの労働集約的な戦略において、街頭の警察官の警邏を強化するために自由に割り当てることもできない。

　この現実は、われわれが警備活動を行う方法を再検討させる強力な新しい原動力である。これは、警察の効率性に対する強い関心を高めるための優先的な労力と結合している。また、長い間無視されてきたニーズに合致するための新鮮な刺激も与える。そのニーズとは、警察にその活動成果を検証する体系的な能力を身につけさせるニーズであり、同じことを何度も繰り返す前に、警察が果たすべく期待されていることは何か、それをどのようにして効果的に成就するのかを日常的に問うニーズである。

　現代の方法を再検討するということは、警察側あるいは警察が奉仕する公衆側いずれにおいても、警察の役割を新しく理解することである。警察の機能はしばしば描写されるような単純なものではないことを認識することが基本である。信じられないくらい複雑なのである。通常、法の執行と定義されるような単一の機能ではない。それが求めるのは、広範な行動問題を扱うことであり、行動問題は各個全く別である。果てしない一連の事件に対応するといった単純なことではない。警察は、現在、まず第1に問題の発生を防ぐことが期待されているのである。

　ポリシングに関する新鮮な視点が求めるのは、警察が自らの業務である多くの行動問題のそれぞれを深く検証することであり、これらを各個、予防し削減し軽

減するのにベストな方法に関して、広範な戦略を構築することであり、新しい対応策を採用するうえでその効率をより的確に重視することである。これが問題志向型ポリシングの基本である。

問題志向型ポリシングの概念が1979年に最初に導入されて以来、この傘の下で多くの進展がみられた。しかし、ポリシングの内部では主流とはならなかった。この実施は、単発的で不均一で、深く継続的に根を下ろすことにはならなかった。伝統型ポリシングへの支配的で継続的な執着、警邏や逮捕を行う多数の警察官への著しい依存のために、依然、その影に止まっている。

個別の行動問題を扱う上で、警察の効率性への多大な関心は、ゼロからスタートする必要はない。総合的に、われわれは警察の業務となっている広範な行動問題について知っているし、それを防ぐのがベストであることも知っている。この知識は、犯罪および犯罪予防に関するかなりの文献、とくに状況的犯罪予防に関する文献の中に見いだされる。その価値の多くは、また警察機関の実践や経験豊富な警察官の精神の中に見いだされるのであるが、この経験や専門性は活用され、精緻な分析を受けなければならない。

POPセンターは、通常警察が遭遇する問題に関し増大する知識総体の収集を行う拠点として現在活動している。さまざまな方法でこの種の資料を配付しているが、一次的には、問題志向型ガイドの出版を通じてである。各ガイドは、現行の知識と個別問題に関する実践の評価を統合し、警察に刺激を与えて、地域の事情から当該問題を扱うベストな方法についての考えを刷新しようとするものである。

POPセンターは問題志向型ポリシングにおける何百という成功事例をデータ化しているが、この概念を展開するうえで主要な障害となるのは、警察機関内部における分析能力の欠如である。多くの警察機関は、一人あるいは複数の犯罪分析家を雇用しているが、巨大で先進的な警察組織の一部には犯罪分析家がいない。雇用されても、犯罪分析家の仕事は、しばしば発生する犯罪を表にまとめる程度の作業に狭く限定されている。そのように限定されていない所では、潜在的な犯行者を確認する一次的な目的で以って犯罪パターンを確認するところまで拡張されている。その結果、犯行者の検挙が可能となる。最も野心的な形態では、犯罪分析家の仕事は、犯罪パターンに寄与する要因を特定することであるが、し

かし、これらの要因にどのように対処するかを決定する仕事は、伝統的な手段を使用しがちな従来の担当者に任されることが通常である。

ところで、犯罪分析自体の領域ははるかに洗練されて成長している。その潜在力に関する様々な文献は入手可能である。警察が日常的に収集した大量のデータを電子的に検索し、捕捉し、保管する能力は、ほんの10年前よりも飛躍的に発展している。地理的に犯罪を地図化する潜在力は驚くべきであり、現在は犯罪分析の主要で不可欠なツールとなっている。標準的なアプローチが管轄を超えて情報の収集、分析、配布に対して発展してきた。

このマニュアルでは、ロナルド・クラークとジョン・エックが分析家のためにはるかに野心的で潜在的には生産的なアジェンダを設定した。彼らは1つの役割を概略し、その役割において、犯罪分析家は診断されるべき問題への新たな対応を探ることに身を投じ、かつその対応を検証し実施する労力に直接関与するのである。分析家は、警察職務を遂行する、新しい創造的で潜在的に効果的な方法に寄与することが期待される。このマニュアルを通じて、クラークとエックは、適切に訓練され有用とされる一人の分析家が、おそらく何百という警察官の生産性と効率性を何度となく高める潜在力をいかに持ちうるかを証明している。このように理解すると、犯罪分析への投資は、地域が制服警察官に対して成しうる実質的な投資へのリターンを増大させる賢い方法になるはずである。

クラークとエックは、研究者としての専門性とポリシングへの親和性を混合して、利用可能な関連する知識と方法をすべて収集してきた。すなわち、論理的に相互に構築される60段階の小さな断片やステップの中に知識と方法を組み込んだし、簡潔で興味をそそる様式で素材を伝達している。本書をして、過去数十年におけるポリシング分野に取り組んだ最も重要な出版の1つにしたのは、生の洗練された情報を盛り込んでいるからである。

本マニュアルの最も直接的なゴールは、犯罪分析家として警察機関に共通して雇用されている比較的少数の個々人がその機能を拡大し、それによって所属機関の効率性により多く寄与するのを手助けすることである。より野心的に、新しい犯罪分析家あるいは問題解決者の研修、専門家の増員、卓抜で生き生きとした職業としての発展に寄与することが意図されている。しかし、問題分析は技巧者の専門領域ではない。われわれが望むのは、地域の警察官から上級の警察官までの

警察機関のすべての者、さらに広く、犯罪に関連する公私部門の者が本マニュアルで進められた思考方針を、自分の職務に反映する視野の中に組み入れることである。

ウィスコンシン大学マディソン校法学部名誉教授
ハーマン・ゴールドシュタイン

まずこれを先に読むこと

　この60ステップ・マニュアルは、あなたが経験豊富な分析者であり、警察業務の支援に必要な、この種の情報提供に慣れていることを前提とする。つまり、これが意味するのは、

1．あなたは、最新のコンピュータ技術を駆使し、総合的なデータ・ベースにアクセスし、操作する方法を知っている。
2．あなたは、犯罪を地図化するソフトウェアの使用方法、ホット・スポットを識別する方法、これらを人口統計学的データやその他のデータと関連づける方法を知っている。
3．あなたは、おそらくコンプスタット型の運用を支援するために、部局レベルや受持ち区域レベルで犯罪の週別、月別の変化を示す図表を日常的に作成している。
4．あなたは、たとえば認知された犯行者の住所と自動車盗や侵入盗の地域的な激増との関係のようなトピックに対して、分析を行うことに慣れている。
5．あなたは、住宅侵入盗や自動車盗などに厳重取締を実施した前後の評価を行ったことがあるかもしれない。
6．あなたは、社会科学の学部程度で教授されるような統計や調査方法の基本的な知識を有している。

　本マニュアルは、問題解決チームの鍵となるメンバーとして、異なった分析的役割をあなたに提供するという経験に基づいて構築されている。実際、問題志向型ポリシングに関する最新の論文は、犯罪分析者をこの新しいポリシング・コミュニティの方法の中心とみなしている。これらの論文の著者は、最近の実務の弱点の大半は問題分析プロセスの各段階でよく訓練された犯罪分析者の関与が不十分であることの結果である、と論じている。

　本マニュアルは、あなたにこの新しい役割を準備させるものであって、問題志向型ポリシングの基本知識や関連領域の環境犯罪学や状況的犯罪予防があなたに

提供される。あなたは、これらの領域を熟知することなしに問題解決型の犯罪分析者としての役目を適切に果たすことができない。

　また、あなたは、自分の仕事を再考することなしに、この役割を果たすことはできない。本マニュアルの最初のセクションではより積極的なアプローチを採用する方法を説明する。あるいは、この役割を果たすのに、自分の仕事を再検討したりしないわけにはいかないし、本マニュアルの最初の方では、事前的なアプローチの仕方が説明されている。あなたは自分の警察の同僚が情報を求めてあなたの元へ来るのを単に待っているだけではいけない。それよりも、あなたは問題解決の労力の範囲を限定し、問題原因の分析を試み、効果的な対策を見いだす手助けをし、プロジェクトを設定するうえで、プロジェクトの各段階で主導権を握らねばならないが、その結果、プロジェクトが評価され、警察はその結果から学ぶことができるのである。これが意味するのは、あなたが問題解決型チームの必要不可欠な統合メンバーでなければならないこと、仕事で通常使用の範囲を越える十分な情報やデータの源泉を探さなければならないこと、通常よりもはるかに長く特定のプロジェクトに張り付かねばならないこと、最後に、チームの他のメンバーと等しく、成功の成果を分かち合うか、あるいは失敗の失望を分かち合うことである。

　本マニュアルは、この新しい役割を果たす分析者がその専門職の発展に貢献することに関心があるという前提をとる。大幅に改善されたデータ・ベースや強力なコンピュータのハードウェアやソフトウェアの支援を受けて、いまや犯罪分析は刺激的な新しい専門領域（specialty）になろうとしている。実際、犯罪分析は、21世紀のポリシングの発展に不可欠な、良く訓練され高い意欲をもった一群の職員を惹きつけ始めている。専門家の会合や専門雑誌において、あなたの仕事の成果を伝えることで貢献できるのである。そうすることで、あなたはたんに一般の専門職やポリシングを支援できるだけでなく、所属する部署にとって情報に通じた価値ある人材となるだろう。

　本マニュアルは短いので、週末を使って読み通すのに十分である。それは労苦を要し、またおそらくそれに値するが、ただ読了して本棚に戻すことを企図したものではない。そうではなく、われわれが望むのは、問題解決プロジェクトの過程で必要なときはいつでも、本マニュアルを参照できるように、机の傍らにおく

べき必要不可欠な参考資料と思って欲しいのである。これが、継続的な利用を可能とするように頑丈に作られている理由である。個別のステップを開くと、コンピュータで作業をするときに簡単に参照できるように、マニュアルが机の上で平面になる造りになっている。

われわれは、SARA（精査、分析、対応、評価）モデルに沿って各ステップを論理的な流れに従って順に並べた。もっとも、それぞれは自己完結的であり、個別のトピックを扱っている。これは、読者が特定のトピックを扱う際に、マニュアルの頁をめくって、ある場所からある場所に飛ぶことを不必要にするためである。マニュアルの最良の部分を抜き出すためには、目次のリストに慣れ親しんでおくべきで、対象範囲からアイディアを得るために興味をそそるセクションを拾い読みすべきであろう。しかし、マニュアルが含む特定情報が緊急に必要な場合は特定のステップだけを学べばよい。いずれにせよ、これは学ぶべき最上の方法である。つまり、実際の必要に迫られたとき、情報を探し、適用するのである。

場合によっては、1つの場所に止まらず、特別なトピックを何カ所かで扱っている。たとえば、ステップ12は転移概念の一般的な紹介を行っているが、他方、ステップ48と49は、評価段階における種々の形態の転移をチェックする仕方を説明している。本マニュアルの末尾には用語解説と索引（日本語版では省略した）を統合しているが、トピックが1ヶ所以上で述べられている場所を見つけるのに役立つだろう。

われわれは、アメリカだけでなく他の国の実例も利用し、的を射た最良の実例を求めたきた。従って、文脈が外国的であっても、原理は普遍的である。われわれが望むのは、この多様な考え方が創造的な思考を刺激することである。すなわち、「そのアプローチはこの問題に適用できるか。どのようにしてできるか」、と。

われわれは、いくつかの理由から、本マニュアルを学究的な出版物として完全には位置づけていない。もっとも、各ステップで文献の基本的部分は抽出してきた。ただ、多忙な犯罪分析者が学究的な読書時間を多く有しているかは疑わしい。あなた方の中で、本マニュアルを所蔵する専門図書館にすぐにアクセスする者は少ないであろう。しかし、時には、あるトピックについてさらに知る必要があるかもしれないし、各ステップでは手に入れるのが容易な鍵となる論文や書籍

を確認するかもしれない。可能な場合には、われわれはウェブにアクセス可能な文献を選択しておいた。もし参考文献の手助けが必要ならば、われわれの一人の前述したアドレスに遠慮なくメールをして欲しい。喜んで本マニュアルに関するコメントを受け取るし、とくに改善のための示唆であれば、次の版の準備に有用であろう。最も重要なことは、われわれ自身の分析に含めるように示唆することをどうぞ、恥ずかしがらないで欲しいことである。

内務省とイギリス警察

「謝辞」で説明したように、本マニュアルは初版（ステップ55）から発展させたものであり、初版はロンドン大学ユニバーシティ・カレッジ校ジル・ダンドー犯罪科学研究所のために準備したものであった。本マニュアルでは、イギリスの用語やスペルを削除し、イギリスの多くの例をアメリカのものと差し替えた。しかし、依然として多くの関連事項は、イギリスのものであることが分かるだろう。とくに、しばしばアメリカ司法省に相当するイギリス内務省について言及している。内務省は、警察を含む、イングランドとウェールズにおける犯罪と司法に関連する事項に対して全般的に担当する部署である。イングランドとウェールズには（人口約5,000万人に対して）わずか43ヶ所の警察本部しかなく、したがって、本部はたいていのアメリカ警察本部よりもはるかに規模が大きい。さらに、イギリス警察には政策、階級構造、装備、配備において、はるかに高度な画一性がある。これは、部分的には内務省（各本部予算の51％を提供する）が行う監督と国家警察監察官による定期的な監察ゆえである。内務省はまた、犯罪および刑事司法に関する夥しい調査研究にも資金を提供しており、直接、実務的に警察と関連する多くの研究書を発行する内務省自体の巨大な研究部門も抱える。近年、本マニュアルの初版を含む、問題志向型ポリシングに関する多くの活動を後援している。

目　次

日本語版に向けて　*(i)*
謝　辞　*(iv)*
まえがき　*(v)*
まずこれを先に読むこと　*(ix)*

I　自分自身の準備をする ……………………………………… 1

ステップ1　自分の仕事を考え直す　*(3)*
ステップ2　地域の犯罪専門家になる　*(7)*
ステップ3　ポリシングで何が効果的かを知る　*(11)*

II　問題志向型ポリシングを学ぶ ……………………………… 15

ステップ4　POP 専門家になる　*(17)*
ステップ5　POP に忠実になる　*(21)*
ステップ6　個別犯罪に特化する　*(26)*
ステップ7　SARA に導かれよ〜だが惑わされるな　*(30)*

III　環境犯罪学を学ぶ …………………………………………… 35

ステップ8　問題分析トライアングルを使う　*(37)*
ステップ9　機会が泥棒を作ることを知る　*(41)*
ステップ10　犯行者の立場になって考える　*(45)*
ステップ11　犯行者の反応を予測する　*(49)*
ステップ12　転移論者に惑わされるな　*(52)*
ステップ13　利益の拡散を予測する　*(56)*

Ⅳ 問題の所在を走査(スキャン)する ……………………………………… 61

ステップ14　CHEERS テストを使おう　(63)
ステップ15　どのような問題を抱えているかを知る　(67)
ステップ16　犯行地への移動過程を知る　(72)
ステップ17　ホット・スポットの形成を知る　(77)
ステップ18　80－20ルールの適用を学ぶ　(82)

Ⅴ 深く分析する ……………………………………………………… 85

ステップ19　問題をリサーチする　(87)
ステップ20　仮説を立てる　(92)
ステップ21　自分自身のデータを収集する　(96)
ステップ22　データ分布を検討する　(100)
ステップ23　ホット・スポットを診断する　(104)
ステップ24　高解像度地図の使用時期を知る　(108)
ステップ25　1日単位、週単位の周期に注意する　(112)
ステップ26　長期の変動に注意する　(116)
ステップ27　比率と分母の使い方を知る　(119)
ステップ28　リスクの高い施設を確認する　(123)
ステップ29　再被害化に備える　(127)
ステップ30　再犯行を考察する　(131)
ステップ31　泥棒に CRAVED される物品を知る　(135)
ステップ32　事例対照研究を行う　(140)
ステップ33　関連性を評価する　(144)
ステップ34　犯罪の誘発要素を探る　(147)
ステップ35　犯行の開始から終了までを理解する　(151)
ステップ36　「5Wと1H」問題に確実に答える　(156)
ステップ37　過ちは人間的と認識する　(160)

VI 実務の対応を見いだす ……………………………………………… 165

- ステップ38 対応の鍵を握る （167）
- ステップ39 犯行労力を消費させる （171）
- ステップ40 検挙リスクを増大させる （175）
- ステップ41 犯罪の報酬を削減する （179）
- ステップ42 誘発要素を減少させる （183）
- ステップ43 犯行の言訳を認めない （187）
- ステップ44 問題の持ち主を発見する （191）
- ステップ45 実行可能な対応策を選択する （195）

VII 活動の効果を評価する ……………………………………………… 199

- ステップ46 プロセス評価を行う （201）
- ステップ47 対照群の利用方法を知る （205）
- ステップ48 地理的・時間的転移を検討する （209）
- ステップ49 他の標的、戦略、犯罪タイプへの転移を検証する （213）
- ステップ50 他の犯行者の関与に注意する （217）
- ステップ51 予想外の効果に着目する （220）
- ステップ52 先行の犯罪減少を予想する （224）
- ステップ53 有意性を検定する （228）

VIII 効果的に情報伝達する ……………………………………………… 233

- ステップ54 明瞭なストーリーを語る （235）
- ステップ55 明瞭な地図を作る （239）
- ステップ56 単純な表を使用する （243）
- ステップ57 単純なグラフを作成する （247）
- ステップ58 説得力のあるプレゼンテーションを作成する （251）
- ステップ59 印象的な発表者になる （255）

ステップ60　知識の蓄積に貢献する　(260)

監訳者あとがき……………………………………………………………… 265

I　自分自身の準備をする

ステップ 1
自分の仕事を考え直す

　たいていの犯罪分析者と同様に、あなたもかなり控えめに自分の仕事を考える人かもしれない。確かにあなたは、単独で犯罪を解決するわけではない。また、部署の犯罪対策に関する優先事項を設定する上で主導するということもないかもしれない。その代わり、あなたは犯人検挙のより良い方法を見いだすという「現実的な」作業を行う者に対してデータを分析して示すことができる。地区担当の巡査や巡査部長からの要請、つまり侵入盗ないし自動車盗に関する最新の統計を求める要請に応じることもできる。あなたは職場会議のために犯罪マッピングを作成し、その結果、誰よりも多くの努力が求められているかを知っているのである。そして、他の職員が報告に必要とする月毎の統計を収集するのである。換言すれば、他の者が運転している間、あなたは後部座席に座って、他の者が援助を必要とするときのみ、運転を支援するのである。

　このマニュアルは、あなたの役割を再考するのに役立つものである。後部座席に座っている者でも、道に迷った運転手が方向を見つけるのにその助けとなりうる。情報に対する統制は決定的であり、その分析能力は極めて重要である。そのやり方を学ぶ者は、チームの基本メンバーとなる。しかし、われわれはその権力や地位をここで話そうとしているのではない。われわれは、その代わり、全警察が直面する課題に言及しよう。つまり、どのようにして絶え間なく反復する犯罪問題を解決するのか。これらの犯罪問題を解決するのに貢献できるチームの一員として自分自身を考えよう。あなたは、そのチームにおける特定の役割を持つ者として、このマニュアルを使うにつれて、その役割の果たし方を理解しはじめ、それがいかに基本的であるかが分るようになるであろう。

　その基本的な役割を果たすために、あなたはもっと多くのことを知る必要がある。われわれは、重要ではあるが、改善されたコンピュータ技術やマッピングの能力に言及するものではない。あなたが、犯罪自体についてさらに多くを学ぶこと、担当地区における犯罪の専門家として担当部署の資源となることが必要であ

る。もし新しい侵入盗の波が訪れたとしたら、あなたは真っ先にそれを認識し、その報告者となるべきである。統計を分析しマッピングし基本的な事実をあなた自身で手に入れよう。あなたがとりかからないならば、他の者は何ら事実に基づかずに何が起こっているのかと尋ねるにすぎない。再度、あなたは車の後部座席に戻されることになろう。あなたは「事実の」人であり、可能なかぎり最善の手段を使って瞬時に物事を見いださなくてはならない。これは、しばしば警察データを超えることを意味し、このマニュアルは他のデータ源、たとえば被害者や犯行者とのインタビュー、あるいは企業が保持する犯罪記録などの使い方を教えるのである。まず、情報源になることが第一歩である。理想は、さらに助言の発信源になることである。これが出来るかどうかはあなたの上司の心の広さに関わっているが、少なくともあなたは、他人に選択肢を示したり情報やデータを与えて示唆したりすることができる。

　特にあなたは、ポリシングにおいて何が機能し何が機能しないかを知るべきである。ランダムなパトロールはどの程度効果的であろうか。警察はどれくらいの頻度で発生中の犯罪に遭遇するか。犯罪は、発生後にどの程度地道な捜査活動や法医学の証拠によって解決されるか。逮捕のための張り込みや監視はどの程度、生産的であるか。手入れは警察官の時間をどの程度消費するか。各種犯罪の逮捕率はどうか。どれくらい多くの種類の犯罪が警察に通報されているか。これらの問いに対する答えが教えてくれることは、重労働をしている警察官でも大半は犯罪予防には相対的に効率的ではない理由、あるいは増員された警察官が現在問題志向型ポリシングに振り向けられている理由である。

　本マニュアルの主要な目的は、問題志向型ポリシングとあなたが実践において果たすことができる重要な役割について語るものである。マニュアルは、問題志向型ポリシングとその他の形態のコミュニティ・ポリシングとの違いを識別するのに役立つ。問題志向型ポリシングが環境犯罪学や状況的犯罪予防を用いることによって、いかに効果的になるかを示すのである。そこには、問題志向型プロジェクトの４段階、つまり犯罪問題の走査、特定問題の深い分析、解決策の実施による問題への応答、および当該プロジェクトの諸結果の評価を述べるものであり、各段階で提供できるデータや情報の実例を示すものである。最後に、本マニュアルは、あなたが問題解決チームの一員として効果的に活動するための４段

階全てにおいて実践しうる分析の種類を描いている。

　問題志向型プロジェクトのこれらの段階は、あなたの従来の分析的役割が求める以上にはるかに長期的に単一のプロジェクトに従事することを求める。あなたは数週間から数ヶ月間、問題解決型プロジェクトにとどまると考えて良い。ただ侵入盗のホット・スポットをプロットしたり、月例報告書を提出するのに必要なわずか数時間にとどまるものではない。結果の詳細な評価が必要な場合、あなたの関与はさらに1年以上延長されるかもしれない。あなたはこれを支援してくれる警察官に説明しなければならない。最初に、彼らはあなたがそれほど長く同じプロジェクトに関わっていることに驚くであろうが、すぐに彼らは価値のある努力をし続けるあなたの関与に感謝するであろう。

　あなたが自分自身の仕事の結果を伝達できないとしたら、時間は浪費されたことになる。本マニュアルの後述のセクションで、単純な地図や表を使ってストーリーを語ることで効果的に伝達するヒントを与える。あなたのプレゼンテーションは行動の流れを示すようにするべきであるが、常にデータの限界を説明し、警察官に、あなたの勧告が事実ではなく推測に基づく場合があることを伝えなければならない。

　本マニュアルは、あなたが知らねばならない全て、問題解決型の分析者となるのに行うべき全てのことを語ることはできない。絶えずあなたは専門職業的ないし技術的な手腕を高め、関連する領域における最近の展開について更新しつづける努力をしなければならない。あなたは情報を獲得する効果的な方法やその処理を行う効率的な方法を見いだすうえで、主導権を握らなければならない。日常の作業の空いた時間に問題分析のための新しい作業を行うことで可能になる。あなたは、その他の情報源を幅広く読み、探索しなければならない。本マニュアルを通じて、いくつかの書物を推奨するが、素材はあなた自身で見いださなければならないのである。これを行うための良い方法は、他の部署の分析者たちとのネットワークを通じて交流することであり、分析者や警察、犯罪学者の職業専門的な会合に出席することにより可能となる。また、あなたが行ってきた価値ある斬新な分析をこれらの会合でプレゼンテーションすることによって、学んだ教訓を他の者に伝達することも試みよう。

　要約すれば、あなたはデータを操作し提示する訓練を受けることによって、単

なる技術者以上の者であると自分自身をみなすことができる。あなたは研究者以上の者となるべきであり（高度に実務的な照準を当てるものではあるが）、科学がポリシングを効果的にするために提供する最上の手段を提示しうる人なのである。同様の理由からまた、あなたはポリシングが発展するのに役立ちうる、新しく出現しつつある専門職の一人であることを認識しよう。

あなたの仕事を再考せよ

- ・犯罪専門家になれ
- ・政策上機能するものを理解せよ
- ・問題解決を促進せよ
- ・プロジェクト・チーム内で居場所を確保せよ
- ・環境犯罪学について学習せよ
- ・調査技術を磨け
- ・効果的に伝達せよ
- ・あなたの専門性を高めよ

参考文献

Braga, Anthony (2002). Problem-Oriented Policing and Crime Prevention, Monsey, NY: Criminal Justice Press.

ステップ 2
地域の犯罪専門家になる

なたは次のような質問を職務中にどれくらい頻繁に受けたことがあるであろうか。

・どの場所が現在、自動車窃盗のホット・スポットか。
・どのコンビニが繰り返し強盗に遭っているか。そしてその理由は何か。
・侵入盗が店舗から盗んだ物は何か。彼らはそれをどこで転売したか。
・照明設備の良い街頭では犯罪は少ないか。
・どのアパートが薬物取引の隠れ家になっているか。

　あなたが全く答えることのできなかったと思われるこれらの質問のいくつかは、特殊な分析後にのみ答えることが可能である。しかし、思うに、あなたはこれらに対する回答を準備していたはずであり、さらに多くの答えを楽々と提供できたのではないか？　あなたは担当地区で犯罪の専門家ではなかったのか？　事実、他の誰もその任務を果たすことはできないのである。その任務とは、

・個々の警察官は、通報に対応するのにあまりに忙しい。
・刑事は特定事件の解決に焦点を当てるだけである。
・巡査部長は他の警察官の指導に忙しい。
・警部補は広大な管轄地域に対するパトロールの対応を監督している。
・本部長やその補佐、署長は行政上の業務に忙しい。

　要するに、誰も犯罪現象全体を見渡すことはできないのである。しかし、あなたが地区の犯罪専門家であるならば、あなたの部署に多くの情報を与えることによって効率的に犯罪削減の資源を使うことを可能にするのである。それは、市民に警告を与え犯行者を検挙し予防業務を開始するために多くの機会を与える。手

短かに言えば、正しい情報を収集することによって多くの人々を救済できる。

地区の犯罪専門家になるためには、規則的に通信指令係と会合し彼らが何を観察しているかについて議論すべきである。そして、遅番の指令係は早番の指令係と会っていないかもしれないし、町の一角を担当する警察官は他の一角を担当する警察官と会っていないかもしれないことに留意すべきである。彼らはしばしば、原則ではなく例外について語ることがあり、日常業務ではなくて彼らをいらだたせることについて語ることがある。だが、日常業務は犯罪分析のパンとバターである。

時間が許す限り、できるだけ頻繁にパトカーに同乗するべきである。あなたの部署の警察官のことをさらに多く理解するようになるだけでなく、彼らの業務や街頭で直面する問題に対して肌で感じることができる。フロリダ・ジャクソンビルの保安官事務所の犯罪分析者であるマット・ホワイトは、その際 GIS（地理情報システム）のデータの入ったノート型パソコンを携帯することを推奨している。そうすれば、警察官の認識と地域の情報を比較することが可能になる。

犯罪現場は、重大事件では多大な関心を集めるが、通常の犯罪に対しては必ずしもそうではない。しかし、通常の犯罪でもあなたは現場を訪れて多くのことを学ぶことができるし、とりわけ特定の犯罪問題を理解しようとする場合はそうである。事件調書とあなた自身の観察を比較することによって、事件の状況や環境についての重要な事項が記録されていなかったことを明らかにできる。おそらくその理由は、調書の形式が格別それらの事項を求めていないからである。このような知識で武装して、あなたは情報を収集し記入する書式の改善を指摘することができ、その情報は犯人の検挙に対しても、将来の犯罪予防の方法についての考え方にも役立つものである。

犯罪の新動向に遅れないようにすべきである。何か新しいことがあるかどうかを調べるために、毎週、一連の犯罪報告書に目を通すべきである。犯罪の未遂についても注意を払うべきである。ある犯行者は、新しい手口を模索する試行錯誤の過程を経ている。切符の自動販売機やATMをだまそうとする者は、うまくいく方法を見つける困難に直面する。しかし、彼らがそれをしようとするとき、情報が伝わるであろう。もし彼らの手口がわかるのであれば、警察官や他の者に警告を与えることができる。

きわめてしばしば、ある地区の犯罪問題は、他の場所でも見いだされる。あなたの部署は、以前に全く問題ではなかった場所で、ビル街の窃盗激増を経験するかもしれない。しかし、あなたは他の場所でこの問題をすでに経験していることを知っているのである。それが、犯罪における標的や手口の変化に注意することが重要である理由である。インターネットは、他人が犯罪を目撃しているのかについて知る良好な情報源である。あなたはまた、地域部署の分析者仲間にこの点を尋ねるべきである。彼らはおそらく同じ犯行者グループによる、まさしく同じ犯行を経験しているかもしれないからである。

多くの機関の人々は特定の犯罪問題について多くの知識があるので、（情報源を）警察だけに限定するべきではない。

・市の規則視察官は、他の者に明らかになる以前に荒廃地域が拡大していることを知る立場にある。
・酒店経営者は、未成年者の飲酒、警察業務のまずさ、ずさんな管理について知っている（他の飲食店でももちろんである）。
・校長は学校の敷地内で起こっているいじめやバンダリズムをあまりによく知っている。
・小規模商店主は、その店舗が抱える問題に気づいている。たとえば、薬局の店主は、店から盗まれる物を知っているし、中毒者が近くをうろついているかどうかを理解している。
・救急車の職員は、記録の中にある警察には通報されなかった犯罪による多くの傷害事件を知っている。
・女性のシェルターや強姦救援センターは、たいていの警察官より家庭内暴力のパターンについてはるかに多くのことを知っている。
・民間警備員は特定事件については最初に知る立場にある。しかも、地区の犯罪パターンの一般的理解に寄与しうる情報を有している。

犯行者自身がおどろくべき情報源である。彼らは、自分のしたことを認めないかもしれないが、「通常犯行がどのように行われるか」についてしばしば積極的に語ろうとする。多くの犯行者は実際、犯行の手口についてきわめておしゃべり

であり、どのように標的を盗み転売したか、またどのように犯行日を決定するか、などについてあなたに正確に語るであろう。このような犯行者からの情報を獲得するために警察の同僚にも尋ねることが時に極めて有用である。

最後に被害者も犯罪について多くのことを語る。侵入盗のような犯罪については、被害者は犯行の正確な時間を語ることはできないかもしれないが、犯行者の侵入場所、被害品、侵入されなかった部屋やフロアを示すことはできる。

図表1　未遂から学ぶこと

　カリフォルニア州チュラ・ビスタ市警察は、市内の建築ブームが住宅侵入盗問題を悪化させうることに気づいた。新しい住宅は、侵入盗が最も発生しやすい日昼に留守にする裕福なカップル向けであった。そこで、警察は、安全対策の一部を新築物件に組み込んだり、また家主に提案できるかどうかを確認するために現行の安全対策の有効性を検討することを決定した。キャシー・バルシャガは、警察の犯罪分析者の1人であるが、市内569軒のサンプルについて18ヶ月間の侵入盗の既遂と未遂とを比較した。これは、デッドボルト（かんぬき式補助錠）を新しい住宅の側面と正面のドアの双方に設置するべきであるということを示した。250人の被害者と50人の侵入盗犯に実施されたインタビュー調査は、侵入盗犯の誰一人として二重ガラス窓がある住宅に侵入しようとはしなかったことが明らかになったからである。そこで、新しい住宅の全ての窓を二重窓にすべきであり、厳密な侵入対策基準に適合すべきという勧告に至った。

	侵入盗既遂	侵入盗未遂	有効性※
夜間照明	28%	29%	否
室内照明点灯	26%	29%	否
室内タイマー照明	9%	11%	否
正面玄関のデッドボルト錠	28%	25%	否
正面・側面玄関のデッドボルト錠	15%	29%	有
屋外行動探知機	23%	36%	有
ラジオ・テレビの付けっ放し	9%	18%	有
警備会社の表示	19%	36%	有

※「有」とは侵入盗の既遂よりも未遂の比率が高いことを示す。

ステップ3
ポリシングで何が効果的かを知る

警察活動の効果に関する証拠は、21世紀ポリシングにおける犯罪分析の積極的役割を示すものである。この研究成果を理解することによって、警察専門職が過去数十年の間に学んできた教訓を現代問題に適用するのに役立つ。

　どの警察実務が犯罪削減に効果的で、どの実務が効果的でないかについて相当数の研究がある。近年、全米科学アカデミーは、警察の効果に関する課題を含むすべての警察研究を検証するために社会科学の専門部会を立ち上げた。**図表2**は、このレポートから引用したものである。犯罪削減への最も効果的でないアプローチは4分割の図の左下にあり、最も効果的なアプローチは右上にある。

図表2　ポリシング戦略の効果

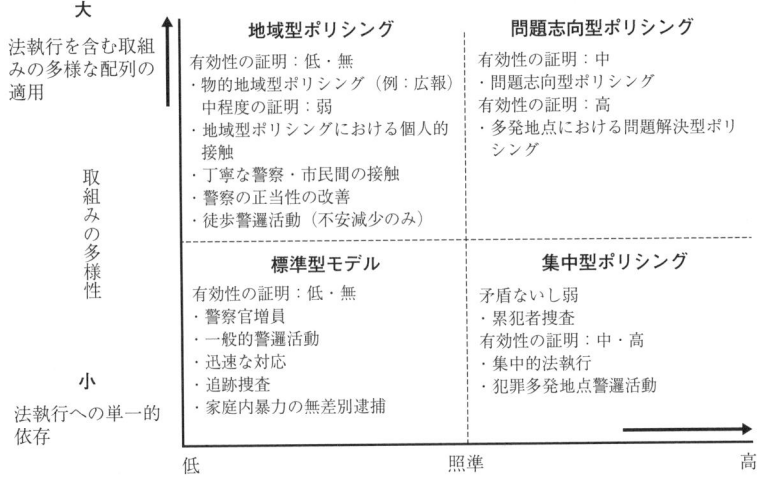

Adapted from National Research Council (2003), Fairness and Effectiveness in Policing: The Evidence. Committee to Review Research on Police Policy and Practice. Edited by Wesley Skogan and Kathleen Frydl. Washington, DC: The National Academies Press. Figure 6.1 and Table 6.1, pp.248-249.

この図表の左下の角には、ポリシングの「標準モデル」がある。これは北米で支配的なポリシングの戦略である。標準モデルは、法執行に依存している、焦点に欠けているという特徴がある。ここには、犯人を検挙し警察機関への多様な通報に対する迅速な対応、犯罪の継続的な捜査、その他の法執行の活動があり、これらの事項は人々、場所、時間、状況などの特性の間にほとんど違いがない。犯罪削減に対する公衆の要求に直面して、標準モデルに執着する公務員やメディアは、警察官の増員、レスポンス・タイムの短縮、警察の可視性の増大、捜査における成功率の上昇、逮捕の強化を要求する。同様に重要なことは、メディアや公務員が求めていないことは、誰が何をいつどこでどのような理由でどのようにして犯罪を起こすかについての正確な情報である。前者と後者の間には、犯罪タイプ、犯罪に取り組む公私の機関の関与、非法執行的な代替策の適用において相違がある。

　警察の効果に関する初期の研究のいくつかは、標準モデルの諸側面に取り組んできた。これらの研究は、一貫して標準モデルが犯罪、秩序違反、犯罪の不安に関して明らかな効果があることを見いだすことができなかった。ランダム・パトロール、迅速な対応、継続的な捜査、検挙方針は、他の目的には非常に有効かもしれないが、犯罪や秩序違反へインパクトを与えるには何ら期待できない。また、これらの実務を強化するために警察力を増大するという戦略が犯罪に影響を与える確かな証拠もみられない。

　犯罪にインパクトを与えるためには、これらの研究は警察戦略が二つの要素を含むことを強く指摘する。これらは、**図表2**の縦軸と横軸に示されている。第1に、戦略は犯罪および秩序違反へのアプローチを多様化しなければならない。つまり、ポリシングは単純に法を執行する以上に広範な手段を用いて犯罪および秩序違反に取り組まねばならない。この考え方は、縦軸によって示されている。公衆を研究対象とし法執行を越えた活動を行うことは、犯罪および秩序違反の減少に緩やかな効果があるという研究成果がみられ、警察と市民の接触が個人的であればあるほど犯罪に対する効果は大きいことが示されている。

　高度に効果的なポリシングに必要な第2の要素は「照準」である。この要素は、図の横軸に示されている。犯罪や秩序違反のホット・スポットに活動を集中させることが地理的に効果的であるという一般的に確かな証拠がみられる。少な

くとも短期的にはそうである。つまり、非常に狭い犯罪多発地域（たとえば、街頭、ブロック面）への照準を当てたパトロールは犯罪に対して緩やかな効果がみられ、秩序違反に対しては大きな効果がある。これには、集中的な逮捕活動が行われる場合と行われない場合がある。コンプスタットやその他の1990年代後半に展開された改革はこれらの発見事実を利用しようとしている。地域志向型ポリシングを行う当局は手入れや関連する戦略がいつ効果的でいつ効果的でないのかについての問題志向型指針を公表している。

ごく一部の人々が大半の犯罪や秩序違反を行っているとすれば、これらの者を除去することが犯罪を減らすことになる。原理的に聞こえるかもしれないが、この考え方を検証した研究は非常に乏しく、われわれは累犯行者プログラムが現実の実務で有効なのか否かを知らないし、そのプログラムが効果的に実行できない理由も分からないのである。

問題志向型ポリシングは、2つの要素を適用する。「多様なアプローチの利用」を「照準の当てられた活動」と結びつけることである。それはどれくらい効果的であろうか。ある種の調査方法を用いてこの結びつきが犯罪や秩序違反の減少をもたらすことを一貫して見い出した膨大な評価的研究に、その証拠がみられる。第1に、多くの問題解決型の作業は、集中的に行われた法執行が犯罪に対して長期に持続的効果を生み出さなかった後に適用されていることである。だから何か他の方法が行われる必要がある場合に問題解決型の対策がなされていることである。その最も初期の例の1つに、バージニア州ニューポート・ニューズ警察がニュー・ブライアフィールド団地で10年以上にわたって、突出して高い侵入盗率と闘ってきた例がある。この警察は、たとえばフット・パトロールやミニ警察署プログラムなどの様々な執行方法から、ある一定の短期的効果を獲得した。しかし、警察がニュー・ブライアフィールドから配置を変えたときは常に侵入盗率は上昇した。実質的に侵入盗率を減らすことができたのは、市民、公営住宅局、消防局、自治体規則局、アメリカ住宅局、都市開発局を含む問題志向型アプローチを採用した後からであった。第2に、薬物ホット・スポットにおける問題解決型とニュージャージー州ジャージー・シティの薬物ホット・スポットにおける法執行の伝統型を比較した研究では、無作為実験法で、デイビッド・ウェイスバードとロレイン・グリーンが問題解決型の方がはるかに多くのインパクトを与えたこ

とを見いだした。したがって、照準を定めた法執行は、照準を定めない法執行よりも効果的であるとはいえ、照準を定めた問題解決型こそさらに効果的である。

　研究によって1世紀の3分の1の間に得られた教訓はここで明瞭である。効果的な警察活動は照準を定めた用心策と多様なアプローチのいずれも必要とする。効果のないポリシングは何の要素も用いない。これに対する説明もまた明らかである。もし多様なアプローチが照準を定めないで用いられるならば、適切なアプローチを必要とする場所や人々に適用するのが困難となる。もし警察がホット・スポットに照点を当て法だけを執行するのであれば、その効果は限定的である。完璧に効果的な警察機関であるためには、犯罪機会を減らすために犯罪状況の詳細を利用しなければならない。犯罪分析者は、2つの要素、つまり分析的方法を用いて緻密に焦点を当て、警察が扱ってこなかった問題の細部に適合する適切な警察戦略の立案を支援するという要素をいずれも適用するうえで重要な役割を果たす。これが21世紀をしてポリシングにおける犯罪分析の世紀とするのである。

参考文献

Scott, Michael (2003). The Benefits and Consequences of Police Crackdowns. Problem-Oriented Policing Guides. Response Guides Series No.1. Washington, DC: Office of Community Oriented Policing Services. (accessible at　www.popcenter.org and www.cops.usdoj.gov).

Weisburd, David and John Eck (2004). "What Can Police Do to Reduce Crime, Disorder and Fear?" The Annals of the American Academy of Political and Social Science 593: 42-65.

Ⅱ　問題志向型ポリシングを学ぶ

ステップ 4
POP 専門家になる

　大な犯罪が生じた場合、警察は直ちに対応することが求められる。警察は、被害者に援助と勇気を与え、犯人検挙に向けて素早く行動しなければならない。だが、われわれは多くの場合、警察は犯人を検挙することができないし、逮捕する場合でも有罪を確保できないことを知っている。われわれはまた、ランダム・パトロールは、公衆が期待するものではあるが、犯人を逮捕する効率的な方法ではないこともみてきた。これが意味するのは、公衆の期待に沿うように行われる多くの警察活動が犯罪統制には限定的な価値しか持たないことである。

　人々がこれらの事実を知ったとしても、警察がランダム・パトロールを止め、重大な犯罪に一段レベルを下げて対応することには満足しないであろう。むしろ人々は警察に対して伝統的な活動を維持しつつも犯罪統制に対して新しく、よりよい方法を見いだすことを期待する。事実、警察の主導者は一方で、コンプスタット、ゼロ・トレランス、コミュニティ・ポリシング、問題志向型ポリシングを実験的に行ってきた。犯罪分析者はこれらの改革全てに一定の役割を果たすし、他方、問題志向型ポリシング（POP）は、彼らを日の当たる立場に押し上げ、重要なチームの一員の地位を与えるのである。それが、POPについて学ばなければならない理由である。

　ハーマン・ゴールドシュタインは、1979年に公刊された論文で問題志向型ポリシングの概念をうみだした。彼の考えは単純であった。つまり、ポリシングは根本的にかつての犯罪問題を引き起こした諸条件を改善するべきであり、単に犯罪が起こった際に事件に対応すること、あるいは予防的なパトロールを通じて犯罪の機先を制するだけにとどまるべきではないとしたのである。警察が、同じ場所に繰り返し立ち戻ったり、犯罪者の小集団が引き起こした問題を何度も扱ったりすることは堕落であるということがわかるという。警察は膨大な通報件数に圧倒されていると感じるであろうし、これらを全て扱おうなどと無駄な努力によって

振り回されるのである。この罠を回避するために、ゴールドシュタインは、警察は問題解決型アプローチを採用しなければならないとし、そこで次の4つの段階を経た活動を推奨する。

1．警察官が日常的に扱う事件のパターンを識別するために、データを収集すること。
2．これらのパターン（あるいは問題）を綿密に因子分析すること。
3．これらの問題が将来発生しにくくなるように、因果連鎖に対する初期的介入の新しい方法を見いだすこと。これらの新しい戦略は、犯人を特定し、逮捕し、起訴する業務に限定されるものではない。むしろ、問題志向型ポリシングは、最も効果的な対応である可能性がある場合に、刑法の適用をあきらめるのではなく、予防を最優先事項として他の潜在的に効果的な対応（それは他の者とのパートナーシップを要求するが）を見いだそうとする。
4．諸々の介入策の影響力を評価し、もしそれが機能していない場合は、初めから手続をやり直すこと。

SARA は、問題解決の以下の4段階を示すために用いられる頭文字の略語である。つまり、**S**canning（走査），**A**nalysis（分析），**R**esponse（対応），**A**ssessment（評価）である。本マニュアルの後半部分では、これらについて詳細に議論するが、すでにあなたは問題志向型ポリシングにおいて自分が中心的な役割を果たしている理由がわかるはずである。あなたは、警察データに最も精通した人であり、その基礎にある問題パターンを識別するために、そのデータを分析しマッピングするのがいかに最善かを知っているのである。あなたは、部局内の他の誰よりも新しい対策を評価する上で、どのようにデータを利用するかを知っているのである。あなたが進んで地区犯罪専門家になろうというのであれば、当該問題について他の関連する情報をどこで見いだすか、インターネット上で、または他の場所で示された成功例に関する専門的文献上の情報をどこで見いだすか、犯罪分析を発展させるうえで環境犯罪学からの洞察をどのように利用するか、起こりうるあらゆる転移をどのように予測し測定するかなどを、あなたは知っていなければならない。SARAの4つの段階全てで、あなたの日々の関与なしには、POP

プロジェクトは問題の実質的で継続的な削減に到達することはできないのである。

問題解決には様々な困難が伴う。最大の困難は、「分析」と「評価」において見いだされる。正確に言えば、あなたが最大の貢献をなし得る場面である。実際、ゴールドシュタインは、まさに当初から、問題志向型ポリシングの成否は決定的に部内のハイレベルな分析能力の利用可能性次第であると述べている。この点については、彼のごく最近の書物においても繰り返し議論されているところである。事実、彼は、本マニュアルを出版する意図に対して極めて賛同しており、それは本マニュアルが問題志向型ポリシングにおける犯罪分析者の役割に直接言及しているからである。

あなたは、問題志向型プロジェクトにおける実質的な役割を有していることに同意するであろうが、自分自身の職業の現実的な役割においてどの程度継続できるかを聞きたいかもしれない。自分の業務の中で求められたその種の注意深い分析に必要とされる時間をどのように捻出できるのか。統計報告書や地図を即座に作成するように継続的に求められた場合、以前に経験なくしてどのようにプロジェクトに長期的に関わるべきか。特に単なる文民である場合にチームに同等のメンバーとしてどのように受け入れられるであろうか。あなたの上司があなたの指摘したあらゆる分析を是認したり、別の課に任せられていた仕事を全て監督しようとする場合、同等のメンバーとしてあなたはいかに機能するであろうか。分析が完了する以前に他の警察官が解決を急ぐ自然ないらだちを見せる場合どのように制止できるか。犯行者を特定し逮捕する以外の解決方法をどのようにして彼らに説得できるか。あなたは実務的な活動よりも研究に関心があるとする他の警察官の批判をあなたはどのように処理できるか。要するに、われわれが住んでいるのはどの惑星なのか、なぜそれがあなたの見たものと似ていないのか、疑問に思うかもしれない。

これらは的を得た質問であるが、ポリシングは常に変化しており、あなたはこれらの変化のスピードを上げるのに役立つことができるとわれわれは考える。警察にはより効果的になるように、ゆっくりではあるが、その重圧が増大しており、幹部がもし資源があれば、犯罪を減らせると言ってから時間は長く過ぎた。そこで、少なくとも大規模な部署においては、これらの資源に対する詳細な証拠

に根ざす事例をあげて、論証しなければならないし、どのようにそれらを利用するのかを正確に説明しなければならない。警察の実践は、日々、監視を強められており、多くの都市で警察が達成したと主張する犯罪削減策は、失敗の言い訳の土台を崩してきた。

　要するに、警察は、資源を獲得しそれらを効果的に管理するために、ますますデータに依存するようになることは疑いない。あなたは、これらのデータを提供することによって、ポリシングのやりがいのある仕事への変化の波にのることができる。但し、警察組織に役立ちうる形式で適宜情報を提供できるように忍耐強く働かなければならない。そうするならば、また犯罪削減に着実に焦点を当て続けるならば、あなたやあなたの職務は次第にポリシングのさらに中心的な役割に向かうことになるであろうし、問題志向型ポリシングはあなたに完璧な道具を与えることになろう。誰れもが知るように、ポリシングは新たな気まぐれに悩まされるものである。次々と流行しては、また別の新しいものが生じると直ちに消え失せるような気まぐれである。多くの熟練した警察官は、しばらくの間は協力するが、興味を失うと元の業務に戻ってしまうかもしれない。しかし、問題志向型ポリシングは単なる気まぐれではない。それがもたらすのは結果であり、定着しつづけるものである。

参考文献

Goldstein, Herman (1979). "Improving Policing: A Problem-Oriented Approach." Crime & Delinquency April: 234-58.

Goldstein, Herman (1990). Problem-Oriented Policing. New York: McGraw Hill.

Goldstein, Herman (2003). "On Further Developing Problem-Oriented Policing. In Problem-Oriented Policing. From Innovation to Mainstream." Crime Prevention Studies, Volume 15, edited by Johannes Knutsson. Monsey, NY: Criminal Justice Press.

ステップ 5
POP に忠実になる

問題志向型ポリシングに魅力を感じる警察担当者の中には、コミュニティ・ポリシング、「割れ窓」型ポリシング、情報主導型ポリシングやコンプスタットなど他の戦略も採用しようとする者もいる。彼らが他の戦略を実施する方法によっては、POP と両立したり両立しなかったりする場合がある。両立する方法で実施される場合でも、これらの戦略は POP とは同じではない。これらの理由から、POP がいかに他の戦略と異なるかを理解することが重要である。

　問題志向型ポリシングは、犯罪問題の分析と解決の一方法である。他方、コミュニティ・ポリシングは、さらに広範な組織哲学を示している。コミュニティ・ポリシングは、問題志向型ポリシングが目指す問題解決法を含んではいるが、さらに地域の構成員や集団との外部的な協働関係の展開を含んでいる。加えて、コミュニティ・ポリシングは警察内部の組織的な変革（たとえば、分権化した意思決定、一定の地域的な説明責任、機関の幅広い研修、職員の人事考課）にも取り組み、これらは協働的な問題解決、地域の協働、犯罪や社会的無秩序問題への一般的、事前的な方向性の維持を企画するものである。コミュニティ・ポリシングはそれ故、問題志向型ポリシングよりも警察・住民相互関係に焦点を当てる度合が大きく、その内部に問題志向型原理を組み込む広範な組織哲学を示している。コミュニティ・ポリシングは、首尾良く行われると POP に通底する強力な包括的哲学を提供するものではあるが、その内部に POP の諸原理を組み込むことができない場合は犯罪削減の実質的なインパクトを与えることができないのである。

　問題志向型ポリシングは、特定の問題を扱うのに誰の援助が必要とされるかという協働者を識別する。理念的には、コミュニティ・ポリシングもこれを行う。問題がバスターミナル付近で発生する暴力である場合、必要とされる協働者は地区交通局となろう。問題が万引きの場合には地区商店業界の協力が必要となる。地域メンバーはしばしば諸々の問題を認識している。（犯罪者を含む）一般公衆の

図表 3　問題志向型ポリシングと他の戦略の相違

	焦点	目的	合理性	方法	第 1 段階
問題志向型ポリシング	特定の反復的犯罪問題	当該問題の原因除去	予防は執行よりも効果的	焦点を当てた現場研究への取り組み	注意を要する問題の認識
コミュニティ・ポリシング	公衆と警察の関係、組織変革、問題解決	犯罪・秩序違反の事前予防、公衆の警察への信頼増大と支援	支援は警察の有効性の決定要因。組織改革は、変化を維持するのに不可欠、問題解決は犯罪・秩序違反問題を扱う中心的方法	住民との接触や地域会合により信頼構築。活動を支援するための組織的改革の実施、問題解決への関与	近隣のために地域担当警察官の任命、集中的に発生する問題の認識、活動支援のために必要な組織改革の認識
割れ窓型ポリシング	近隣地域の崩壊	重大犯罪に至る近隣地域崩壊の食い止め	トラブルの芽の摘み取り	秩序違反・秩序維持のポリシング	近隣地域悪化の認識
情報主導型ポリシング	情報の収集・分析・発信の過程	信頼できる情報に基づくポリシング戦略・戦術の基礎形成	信頼できる情報に基づく場合のみ活動は効果的	情報の収集、評価・照合・分析・発信という循環促進	情報の収集・処理・発信の展開
コンプスタット	深刻で短期的な地理的犯罪パターン	犯罪多発地点の削減	ホットスポットが少ないほど全般的な犯罪を減らす	ホットスポットの識別電子化、集中的警邏活動と執行	犯罪マッピング作成と地域的説明責任の構築

特定メンバーは、問題分析のために有用で、重要な洞察を行うことができる。地域メンバーは、解決策の実施のうえで役に立つ（たとえば、乞食に対して施錠したり、金を与えないなど）。そして問題解決型の取り組みによって成功したか否かは地域の反応によって決定される。しかし、地域社会全般が、犯罪分析、解決策の展開や評価に関わる専門化された技巧的活動に大いに役立つのは稀である。コミュニティ・ポリシングもまた、地域社会全般（および政府組織）の間の協働関係

を大いに模索する。それは、協働者との信頼と一般的な協力関係のレベルを増大させるためである。この意味で、コミュニティ・ポリシングは、問題志向型ポリシングの下に描かれる協働関係を超えるのである。広範なコミュニティ・ポリシングの一般的な考え方を採用する諸機関は、さまざまな目的（信頼と協力の構築）を有する協働関係が、焦点の定まった問題解決型の協働関係と労力を弱化させないように注意すべきである。この協働関係と労力はコミュニティ・ポリシングの哲学も推奨するものだからである。

　両者の区別は、問題志向型プロジェクトの照準が貧困地域に当てられる場合に極めて混乱されやすくなる。この場合、当該プロジェクトは、個々の問題の収集を確認することによって開始すべきである。個々の問題が結合して大きな問題になるからである。問題志向型プロジェクトは、地域全般との関係を構築しようとするのではなく、特定の問題つまり薬物取引所、商店侵入盗、居酒屋の喧嘩などを解決するのに焦点を当てる。地域のメンバーがこれらの個別問題の解決に積極的に関与する場合には、個別問題ごとに関わる個人は異なるものである。地域との広範な協働関係は、警察と地域の間の信頼関係を構築するために発展するはずであり、これが問題解決のプロセスをさらに容易にしている。しかしながら、広範な地域社会の支援が欠けた場合でも、諸々の問題は体系的に取り組む必要がある。

　問題志向型ポリシングと「割れ窓」型ポリシングとの間の違いを理解することも重要である。前者の下では、警察が直面する多様な問題への特定の解決策は、それぞれに寄与する原因を注意深く詳細に分析するところから生まれる。対照的に「割れ窓」理論は、不品行の取り締まりや秩序の維持といった同じような一般的な解決策を提唱する。犯罪が手に負えなくなった兆候を示すときはいつでもそのような議論が生まれる。このアプローチは2つの原理に根ざしており、その第1は、軽微な犯罪は地域社会の生活を崩壊に至らせることである。たとえば、たった一枚の紙が捨てられることは何ら恐るべきことではないが、全ての人がそれを行えば地域はゴミの山となる。割れ窓理論の第2の原理は、軽微な犯罪は重大な犯罪を招来することである。たとえば、廃屋や板塀で囲われた家屋はしばしば薬物取引の場となり、より重大な犯罪を引き起こす可能性がある。この重要な洞察は、いくつかの都市に対して軽微な犯罪のポリシングにはるかに多くの注意を払うように仕向けてきた。

すべてのポリシングは裁量を求めるが、「割れ窓」型ポリシングは街頭の警察官に極めて重要な決定を要求する。(これが割れ窓型ポリシングと「ゼロ・トレランス」を混同すべきではないとする理由である。ゼロ・トレランスは政治的スローガンであり、警察が行うのは不可能であって、警察が行えば直ちに裁判所は混乱し、人々が疎外されたりする結果をもたらすからである。)「割れ窓」型ポリシングでは、軽微な犯罪のどれが犯罪を増やし、どれが増やさないのかを明らかにしなければならない。たとえば、ニューヨーク市の地下鉄事業者は、料金を支払わずに回転式の改札口を乗り越える若者がしばしば地下鉄構内で強盗を働くことを知っている。軽微な犯罪を統制することは、重大な犯罪を減らすことに役立つ。しかし、地下鉄事業者はまた、落書きをする者が日頃は重大な犯罪を行わないことも知っている。事実、落書きを規制する作業は非常に有効であったけれども、その努力が強盗を減らすことはなかったのである。

問題志向型ポリシングはまた、たとえ軽微な犯罪が悪化する予測がない場合でも、これらの軽微な犯罪に対処する。公園におけるバンダリズムは、強盗の機会を増加させないかもしれないが、公共設備を破壊するので対処する必要のある問題である。近隣地域における市民は、車のスピード違反や交通混雑や騒音に非常に関心があるかもしれない。仮に、これらの問題に対処しなくても近隣地域は崩壊しないという予測があるにしても、問題として基準に合致する限りPOPは取り組み可能である。

犯罪分析者は、「情報主導」型ポリシングの中心的な役割が与えられる。情報主導型ポリシングは、警察の活動を主導する健全な情報に対するニーズに高い価値をおく。しかしながら、情報主導型ポリシングは、基本的には健全で有用な情報を生み出すための方法論にすぎない。SARAモデルが意図する方法で、犯罪削減構想を設計し実行する全プロセスを通じて警察を導くものではない。また、そのような構想において全ての段階で犯罪分析者に中心的な役割を与えるものではない。これが、問題志向型ポリシングが犯罪分析者に多くの課題を提示する理由であり、犯罪分析者に多くを期待する理由である。

最後に、問題志向型ポリシングは、一部の特性が共通するにしてもコンプスタットと同じではない。両者は、警察の関心に焦点を当てるが、通常実践されるコンプスタットは地理的ホット・スポットに限定し、他方POPは広範囲で一連

の集積された犯罪問題に適用することができる。両者は、警察活動を起動させるデータを利用するが、POP において利用されるデータの多様性や分析の深さは、標的対応の速いコンプスタットより大きい。コンプスタットは、もっぱら法執行の戦略を利用するが、他方で POP は多様な対応によってこれらを利用する。コンプスタットは、犯罪の地理的ホット・スポットに短期的なインパクトを与えるが、そのインパクトは徐々に消え去り、その後さらなる執行を必要とする。問題志向型アプローチは長期的な解決策を目指す。コンプスタットが「応急措置」の対応として利用されるのに対し、POP は長期的な措置を行うために適用され、従って 2 つのアプローチは協働して機能することができる。

参考文献

Wilson, James Q. and George Kelling (1982). "Broken Windows." The Atlantic Monthly March: 29-38.

ステップ 6
個別犯罪に特化する

　　あなたの部署は、ときに自動車犯罪や侵入盗といった特定の犯罪への手入れ・取締りを敢行し、これらの犯罪発生地点をマッピングし捜査を支援するために、他のデータを提供するように求められるかもしれない。しかし、これらのカテゴリーは問題志向型ポリシングにとって広範にすぎる。これらには、あまりに多くの種類の犯罪が含まれるため、分離して分析する必要がある。たとえば、自動車犯罪には次のものが含まれる。

- 転売目的でホイール・カバーや収集のためにエンブレムを盗むこと
- 車内に入り、中に置きっぱなしの物品を盗むこと
- 車内に侵入し、ラジオやその他の備品を盗むこと
- 少年が車を暴走させること
- 車を盗み自己使用すること
- 「分解」車の部品を盗み売ること
- 転売目的で車自体を盗むこと
- 車を乗っ取ること

　これらの犯罪は、さまざまな動機で、さまざまな犯罪者によって、さまざまな組織や知識、技術によって行われることがわかる。ホイール・カバーを盗むことは、それほど難しいことでも大胆なことでもなく、少年が英雄気取りで行う。暴走族には、さらに多くの勇気と車の発進と運転についての基本的な知識が必要である。輸出のために車を盗むことははるかに複雑な犯罪であり、高いレベルの組織が必要であるし、はるかに多くの段階と人々が関与する。犯行者は常習犯罪者と同じくらい不正直なビジネスマンである可能性が高い。さらに無慈悲で冷淡な犯罪者が車の乗っ取りを行う。

　犯罪間のこれらの違いは、それぞれの解決策が同じではない理由を物語る。暴

走族を減らすには、良質の内蔵型セキュリティが必要であり、イモビライザーがこんにち自動車窃盗数の全般的なレベルを押し下げている理由を物語る。しかしながら、イモビライザーは、車の乗っ取りを防ぐことはできない。なぜならば、キーがすでに車から引き抜かれている場合、被害者は犯人にキーを引き渡すように強制されるからである。事実、ある論者は、車ごと盗む乗っ取りが増加しているのは、イモビライザー付き新型車は通常の方法では盗むことが困難であるからと指摘している。イモビライザーの防止策はまた、十分な技巧や技術を持つ者にも克服され、輸出目的の自動車窃盗を減らすことはほとんどできない。この問題の解決策は、港や国境での監視の強化や偽造が困難なように書類を工夫することである。

　犯罪の比較的大きな問題を小さなカテゴリーに分解することは、単にPOPプロジェクトの焦点を強化する第1段階にすぎない。たとえば、ノース・カロライナ州のシャーロット市における最近のPOPプロジェクトは、もともとダウンタウンの車上狙いに焦点を当てたものであったが、それが進化して拡張的な問題の分析としてさらに特化された。第1に、問題が駐車場に集中していることが明らかとなった。住宅街や路上に駐車した車の被害は、わずか17％であった。次に、駐車スペースから計算したところ、路上駐車場の車は立体駐車場の車よりも6倍リスクが高いことが明らかとなった。立体駐車場は一般的に安全であるとされる（**ステップ27**参照）。これが意味するのは、当該プロジェクトが指摘したとおり、路上駐車場における照明の改善や柵の設置、さらに駐車場の係員による監視の強化を通じて、セキュリティの改善に焦点を当てることができたことである。これは、立体駐車場のすでに低いレベルの窃盗を減らす試みより、はるかにたやすいことであったと思われる。このように、POPプロジェクトの焦点を強化することで、プロジェクトの成否を決める人的物的資源を効果的に利用できる。

　成功するPOPプロジェクトにとって必要な特定性のレベルを正確に決定するためのルールは、ほとんど無い。焦点をあまりに特定しすぎると、人的物的資源の利用を正当化するのに、取り組むべき犯罪はほとんど無いという結果になってしまう。但し、これは犯罪の性格や重大性に依存する。車のホイール・カバーがほんのわずかしか盗まれていないとすると、この問題は成熟したPOPプロジェクトにメリットはないであろう。他方で、小規模商店の強盗を減らすための

POPプロジェクトは、実行の価値がある。それはたとえ年間に数件の強盗の発生数だとしても、これらは殺人などの凶悪な犯罪にエスカレートすることもあるし、公衆の不安をかき立てるからである。

コラム1

> 「これまで多くが侵入盗や強盗、自動車窃盗などの犯罪類型につき大雑把な分類で対処してきたので、これらの犯罪分類の発生条件について真に共通する事実を発見することはほぼ不可能であった。これは、われわれが犯罪問題を解決するためには極めて忍耐強く取り組まねばならないことを示している。」

出典：Poyner, Barry (1986). "A Model for Action." *Situational Crime Prevention*, edited by Gloria Laycock and Kevin Heal. London: Her Majesty's Stationery Office.

コラム2　住宅侵入盗について特定的であること

> バリー・ポイナーとバリー・ウェッブは、電化製品を標的とする住宅侵入盗の予防が現金や貴金属を標的とする侵入盗の予防とは極めて異なる手段を必要とすると論じてきた。これは、研究対象都市で発生したこれら2種類の侵入盗の間に多くの相違を彼らが発見したからである。標的が現金や貴金属の場合、侵入盗は、下町周辺の古い住宅で多発し、明らかに徒歩の犯行者によって行われていた。標的がテレビやビデオ・レコーダーなどの電化製品の場合、侵入盗は都心から離れた郊外にある新しい住宅で通常発生し、自動車を使う犯行者によって行われていた。自動車が盗品を運ぶために必要とされ、住宅の近くに、しかも気付かれない程度の近さに駐車しなければならない。郊外にある新興住宅の配置はこれらの条件に適合していた。ポイナーとウェッブの予防の提案は、駐車場と道路の自然の監視を利用した対抗手段をとることであった。都心の侵入盗を予防するための諸提案は、まさに侵入口のセキュリティと監視を改善することに焦点がおかれた。

出典：Poyner, Barry and Barry Webb (1991). *Crime Free Housing*. Oxford: Butterworth-Architecture.

学校内における銃撃事件のような一部の重大な犯罪は、あまりに稀であり、地域レベルで問題志向型ポリシングによって適切に取り組むことはできない。その理由は、POPの方法論が、一定レベルの犯罪の反復に依存しており、犯罪原因が突き止められながら放置されたために生じた反復に適用されるからである。この種の犯罪に対しては、警察が、日常の安全対策がその場所で講じられているか、および警察が事件への対応をうまく機能させる方策を有しているかを確認することである。

予め解決策を決めることは避けねばならないが、他方で、予め決定された特定犯罪に対する解決策は、きわめて有望なので、POPプロジェクトの焦点を定めるのに役立つであろう。小規模商店での強盗の例に戻ると、少なくとも店員が2

人いることが商店の深夜強盗を減らすとする有力な研究がある。それゆえ、あなたはどれくらい多くの小規模商店強盗があなたの担当地区で深夜に発生しているか見ているはずである。かなり多く発生しているのであれば、あなたの部署を説得して、POPプロジェクトを立ち上げ、これらの深夜強盗に焦点を当てるようにさせなければならない。あなたは、単に効果的な解決策があることを知っているにすぎないからである。

最後に、分析段階の問題を多く学ぶにつれて、当該問題が関連する問題に非常に類似しており、双方の問題に同時に取り組む価値があると決めることになる。たとえば、タクシー運転手に対する暴力の問題に対処するとき、これらの多くが強盗と関連すること、またプロジェクトの焦点を強盗と暴行の両方に当てさせる方が資源を節約できることがわかる。このように、2つの問題を同時に減らす1つのパッケージとなった方法を確認できるかもしれない。

図表4　個別的問題と一般的解決法

荒廃した近隣地域や共同住宅における特定の問題は常に別々に分析されるべきであるが、費用対効果の点で、解決法は一緒に考察されるべきである。下記の仮説事例において、最後に確認された解決法、つまり守衛の配置や監視カメラ（CCTV）システムの導入は、全リストのうち最も高価なものである。しかし、これらは各問題に対する最も効果的な解決法であることが予想される。したがって、費用がまさに一つの問題の障害となってその選択肢を排除している場合、3つの問題全ての解決法として選択されるかもしれない。

確認済の解決法 （安価なものから高価なものまで）	エレベーターへのバンダリズム	自動車盗・車上荒し	集合住宅の侵入盗
見通しをよくするための樹木の手入れ（$）		★★	★★
街区ごとの監視制度（$）	★★★	★	★
エレベーター用警報（$$）	★★★★		
駐車場への電子錠前（$$）		★★★★	★★★★
玄関口のインターフォン（$$$）	★★		
警備員の巡回（$$$$）			
共同住宅の窓の施錠と扉の堅固化（$$$$）	★	★★	★★
守衛の配置と複合ワイド監視カメラ（CCTV）（$$$$$）	★★★★	★★★★	★★★★

　　　$　予測原価　　　　　　　★　予想効果
　（このマークが多いほど高価である）　（このマークが多いほど効果がある）

ステップ 7
SARA に導かれよ〜だが惑わされるな

問題志向型ポリシングの内部において、警察は以下のことが求められる。（1）注意深く特定の問題を定義すること（「問題」の定義については**ステップ14**参照）。（2）その問題の原因を理解するために綿密な分析を行うこと。（3）これらの原因を除去するための解決策を広範囲に探求し問題の継続的な削減をもたらすこと。（4）これらの活動がいかに成功したかを評価すること。これは、実地研究の一形態であり、よく確立された社会科学の方法である。そこでは、研究者は実務家とともに活動し、成功に至るまで介入策を公式化し洗練するのを支援するのである。これは、研究者の通常の役割とは対照的である。というのも、通常の役割では、研究者は実務家とは一定の距離を置いて活動し、問題の背景となる情報を収集し独自の評価を行うからである。しかしながら、実地研究においては、研究者は問題解決型チームに統合されたメンバーである。これが犯罪分析者の役割である。その分析は、全ての段階で当該活動に情報と指針を与えねばならない。

　SARA が、分析者とそのチームの活動を予定通りに進めるのを支援することがわかるであろう。SARA とは、ジョン・エックとビル・スペルマンが公式化した頭文字の略語で、Scanning（走査）, Analysis（分析）, Response（対応）, Assessment（評価）という 4 つの問題解決段階を意味する（18頁参照）。このプロセスは、多くの他の分析的過程と極めて類似しており、収集、照合、分析、伝達およびフィードバックという標準的な犯罪分析プロセスを含んでいる。プロジェクト全般を個別の段階に分割することによって、SARA は、必要な段階と適切な順序で実行を確実にするのに役立つ。すなわち、問題の分析が行われる以前には解決策を決して適用しないことを意味する。これは、問題の定義や分析を曖昧に行い、問題へのインパクトを評価することを忘れるなという趣旨である。最終段階の対応へいきなり飛んでしまうという、よく見られる傾向をチェックするのに有用である。

問題解決型プロジェクトは、複雑になる可能性がある。実地研究において、チームは、成功に至るまで初期の経験から学んだ点に照らして介入策を洗練し改善しつつ、一貫して行うことが期待される。このプロセスは、一度、評価がなされたからといって、必ずしも完結するものではない。問題が継続したりその形態を変えたりした場合、チームはやり直さなければならないかもしれない。このことは図表4に示されており、外側の太い矢印は、評価と走査との間のフィードバックを示すものである。

しかしながら、4つの問題解決段階は、必ずしも厳密な直線で互いに結ばれるものではない。事実、プロジェクトは、対応と評価の段階を通じて最初の走査と分析の段階から一直線に至ることは滅多にない。むしろ、プロセスはしばしばループ状になっており、その結果、明らかにされた分析はプロジェクトの方向性を変える結果にもなりうるし、実現可能な対応に関して、当該問題が新たな分析の必要性を求めることもある。プロジェクトが長期になればなるほど、複雑になればなるほど、この種のループ状になる可能性が高まる。**図表5**における一連の小さな内部の矢印は、このダイナミックなプロセスを描いている。たとえば、ある者は問題を沈静化するために、さらなる分析が行われている間に走査から緊急の短期的な対応策の実施へいきなり飛び越えることがある。短期的対応の評価は、さらに分析に付加されるものであり、新しい対応の公式化に貢献し、その後その対応は評価される。このようにして、新しい情報が問題の定義を改訂させたり、新しい問題を発見させたりするにつれて、走査の段階へと戻る。重要な点は、分析や評価がイベント（犯罪など）の連鎖の中に有意に組み込まれることであり、単純に走査から対応へ飛び越えてはならないし、安易に成功を宣言してはならないのである。

図表5　SARA問題解決プロセス

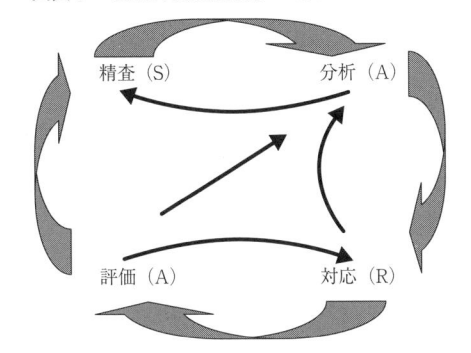

われわれの一人（クラーク）は、最近、ハーマン・ゴールドシュタインとの共同研究で、ノース・カロライナ州シャーロット市において建設中の住宅からの備品の窃盗を減少さ

せるためのプロジェクトを展開した。住宅開発は、しばしば極めて人里離れた田園地帯で行われており、効果的にパトロールをするのが不可能であった。住宅開発の安全を確保するのが困難なのは、建築業者が夕刻や週末にだけ当該場所へ見込みがある客の見学ツアーを行っているからである。これまで、犯行者が検挙されることはほとんどなかったがゆえに、犯行者やどのようにして彼らが備品を処理してきたかを知ることはほとんどなかった。われわれは、当該場所の安全な倉庫にこれらの備品を保管することや携帯アラームやCCTVの利用を含む幅広い実行可能な解決策を検討した。そこで、一部の小規模の建築業者が利用している解決策を思い出した。つまり、購入予定者が住宅に入居する日まで、これらの備品の取り付けを遅らせることである。

多くの建築業者はこの考えを当初嫌がった。販売業者は、備品を取り付けた方が住宅を売りやすいこと、備品を取り付けないのが泥棒のせいだとすると、この地に移って来ようとする購入者に泥棒が多いという印象を与えることになってしまうと考えた。現場管理者は、購入者が居住を始めるときに備品を搬入し取付けることは、予め行う搬入や取付よりもはるかに困難であると感じた。一部の者は、建築検査官が備品をその場所に設置していなければ居住適合という証明をしないであろうと誤って考えた。他の者は、これは住宅ローンの必要条件であると考えたが、これも誤りである。その他では、建築業者は、建築検査官が当該場所を訪問し、一括して居住許可証を発行した場合、個別住宅に備品を取り付けることはもはやできないことを意味するとも考えた。

われわれの解決策は、あまりに多くの利点を含んでいたので、建築業者の異議に対する回答を見いだすために分析段階へ立ち戻る決意をした。最終的にこの分析に基づく情報は、建築業者を説得して解決策を受け入れさせ、さらに備品窃盗の数を減らすことに成功したのである。

これが示すのは、問題志向型ポリシングがどのようにして一つのプロセスとなっているかであり、そのプロセスにおいて、データや情報を段階的に獲得することでプロジェクトに対して、プロジェクトの進行に従って、多くの問題を認識させ、再定義や主眼の改善策さえも知らせることになる。有望な対応が確認されると直ちに、そのコストと利益が慎重に分析される必要がある。全ての利用可能な対応の選択肢を総合的に探索する方法とは別の代替案は、プロジェクトが失速

したり、関係者の支持を失うリスクを負っている。

> **コラム3　SARA と"5 I's"**
>
> イギリス内務省のポール・エクブロムは、情報 (Intelligence)、介入 (Intervention)、実行 (Implementation)、関与 (Involvement)、影響 (Impact) およびプロセス評価から構成されるSARAの発展形を近年提案している。つまり、この"5 I's"（5つのI）は実務上の概念と手段の豊富さによって支援される。

要約は下記のサイトで見ることができる。
www.crimereduction.gov.uk
www.jdi.ucl.ac.uk

参考文献

Clarke, Ronald and Herman Goldstein (2002). "Reducing Theft at Construction Sites: Lessons from a Problem-Oriented Project." *Crime Prevention Studies*, volume 13, edited by Nick Tilley. Monsey, New York: Criminal Justice Press. (accessible at: www.popcenter.org/library.htm)

Eck, John (2003). "Why Don't Problems Get Solved?" *Community Policing: Can It Work?*, edited by Wesley Skogan. Belmont, California: Wadsworth.

III　環境犯罪学を学ぶ

ステップ 8
問題分析トライアングルを使う

　た いていの犯罪学理論は、人々を「犯罪者」にする要因に焦点を当てる。これらの理論は、育児の実態、遺伝子構成、心理的社会的プロセスなどの遠因を見い出そうとする。これらは検証するのがきわめて困難であり、これらの理論は多様で科学的有効性が不明瞭なうえ、大半は警察実務の範囲を超える曖昧な政策的含意を有する。しかし、これに対して、環境犯罪学（および犯罪科学の新しい学問分野）の理論や概念は日々の警察活動にきわめて有用であることが理解されるであろう。これが、環境犯罪学が誘因や機会、標的の不適切な防禦などを含む、犯罪イベントの直接的な状況的要因を扱う理由である。これらの概念に精通するならば、あなたは問題志向チームのさらに強力なメンバーとなることができる。

　問題分析トライアングル（犯罪トライアングルとしても知られる）は、環境犯罪学の主要な理論の1つ、すなわち日常活動理論に由来する。この理論は、ローレンス・コーエンとマーカス・フェルソンによって最初に公式化されたが、潜在的犯行者と格好の標的が監視可能な者のいない時間と場所に同時に存在するときに、略奪的犯罪が発生すると主張する。この理論は、通常人の欲望や自己中心性がたいていの犯行動機の十分な説明になりうるとして、潜在的犯行者の存在を自然のことと見なすのである。この理論は、人間である被害者と生命のない標的を区別しない。なぜなら、両者は犯行者の目的に適合しうる点では同格だからである。また、この理論は、人間であろうが、防犯装置であろうが、双方を有能な監視者と定義する。この公式化は、元の問題分析トライアングルに、犯行者、標的、状況・場所（**図表6**の内側のトライアングルをみよ）を示す3つの側面を付加するに至っている。

　いかなる問題でも、この3つの主要な構成要素に注意を向けることによって、内側のトライアングルは、あなたの分析が3つの側面をカバーするのに確実に役立つ。警察は、関与した犯行者に関する考察に精通している。実際、通常の警察

の関心は、専らいかに犯罪者を捜しだし逮捕するかにある。しかし、問題志向型ポリシングは、より広範な諸要因を探求することを求め、被害者や場所に関する情報を要求する。

問題分析トライアングルの最新の公式化では、3つのオリジナルの要素それぞれに「統括者（コントローラー）」で総括できる監視者、規制者、管理者を外側のトライアングルを付け加えている（**図表6**をみよ）。

- すなわち、標的・被害者で統括者は、日常活動理論の最初の公式化における有能な「監視者」である。通常、自らを守る人々であり、親類や家族、友人、同僚の所有物を守る人々である。監視者はまた、警察官や警備員を含む。
- 犯行者では、「規制者」である。すなわち、犯行者をよく知る者や犯行者の行動に対して監督を行う立場の者である。規制者は、両親、兄弟、教師、友人、配偶者を含む。保護観察当局は一般的な規制者を増やしたりするのに適している。
- 場所では、統括者は「管理者」、すなわち、特定の場所で行動を管理する何らかの責任を負う所有者や被委託者となる。たとえば、バスの運転手や学校の教師、飲酒施設における酒場の店主、賃貸住宅の大家、民間航空機の客室乗務員などがこれにあたる。

図表6　問題分析トライアングル

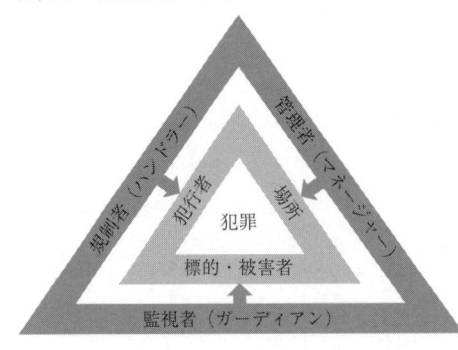

問題分析トライアングルは、別の有用な分析ツールの基礎にもなる。つまり、警察が直面する主な3種類の問題の分類とこれらの問題がどのように生じるかの理論である。ジョン・エックとウィリアム・スペルマンはこれらの問題を「オオカミ（wolf）」、「カモ（duck）」、「巣窟（den）」問題といったように類型化することを提案してきた。

1. 再犯行問題は、別の場所で別の標的を攻撃する犯行者に関する。これは、飢えた「オオカミ」問題である。異なる銀行を連続して襲撃する武装強盗は、純粋なオオカミ問題の一例である。オオカミ問題は、犯行者が一時的に脆弱な標的や場所を探し当てたときに生じる。これらの標的や場所の統括者は、将来の攻撃を防ぐために行動するかもしれないが、そうすると犯行者は他の標的や場所に移動してしまう。これは、規制者による統制の欠如であり、それはオオカミ問題を助長する。
2. 再被害化問題は、異なる犯行者によって繰り返し攻撃される同一被害者に関する。これは抱卵中の「カモ」問題である。異なる者によって異なる場所で繰り返し強盗に遭うタクシー運転手は、純粋なカモ問題の一例である。カモ問題が生じるのは、被害者がさまざまな場所で潜在的犯行者と継続的に接触し、被害者が予防的手段を講じず、監視者は不在か効果的でないときである。
3. 再発場所問題は、同じ場所で接触した、異なる犯行者と異なる標的に関連する。これは悪の「巣窟」問題である。常に異なる人々の間で多くの喧嘩が発生する飲み屋は、純粋な巣窟問題の一例である。巣窟問題は、新しい潜在的犯行者と新しい潜在的標的が、管理の乏しい場所で互いに遭遇するときに発生する。その状況は、問題事件を誘発し続ける。

純粋なオオカミ、カモ、巣窟の問題は稀であることに注意せよ。たいていの問題は混在している。問うべきは、ある問題においてどれが最も多発的であるのか、すなわち、オオカミなのか、カモなのか、巣窟なのかである。

犯罪が発生するとき、トライアングルの内側の全要素が顕在化し、外側の全要素は弱化しているか欠如している。たとえば、潜在的犯行者が常に存在する場合、監視者が不在の場合にのみ犯罪が発生する。そこで、監視者の予定を変更することは有効な解決策である。「問題分析トライアングルが犯罪の発生前、発生中、発生後にどのような状態にあるか？」を自問すべきである。

いかに問題が機会によって生み出されるかを理解することは、何をなすべきかを考えるのに役立つ。すなわち、規制者を上手く使って犯行者の再犯行を防ぐためか、被害者が標的になる可能性を減らすのに役立つためか、学校や居酒屋、駐車場などの犯罪が生じる場所を改善するためか。要するに、最初からまさに、実

際の解決に最も通用しそうな、これらの6つの側面にデータ収集の焦点を合わせることはあなたの業務に役立つのである。

コラム4　犯罪科学とは何か？

　伝統的犯罪学は、犯罪の原因を変える方法を見いだしたいという願いから人々が犯罪者になる原因である心理的社会的影響力の理解を改善しようとする。犯罪科学は、根本的に異なるアプローチをとる。犯罪科学は、なぜ犯罪者が生まれたり作られたりするのかという理由に焦点を当てるのではなく、犯罪を行うという行為に焦点を当てる。犯罪科学は、犯罪の機会や犯罪の誘惑を減らし検挙リスクを高めるための方法を探求する。そうする際に、犯罪科学は、心理学や地理学、医学、都市計画、建築学を含む広範な領域からの寄与を求める。犯罪科学は、街頭や家庭、職場で犯罪科学が犯罪を減らすのに役立つ程度をもって判断されることを明瞭に求める。

出典：Jill Dando Institute for Crime Science. (2004). www.jdi.ucl.ac.uk

ステップ9
機会が泥棒を作ることを知る

環境犯罪学者にとって、「機会が泥棒を作る」とはよく言われることわざ以上の意味がある。つまり、環境犯罪学者のアプローチの要石である。彼らは、機会が増えれば犯罪も増えると考える。これに対して、あなたが同意するか否かを考えるためには、ジル・ダンドー犯罪科学研究所のグロリア・レイコックとニック・ティリーによって示されたシナリオを考えるとよい。

「全ての状況的統制が止められたと仮定せよ。つまり、家や車に鍵がついていなかったり、税関検査もなかったり、定期的な現金回収がなく料金箱に駐車料金が残されたままになっていたり、図書館の貸出をチェックしなかったり、空港での手荷物検査を行わなかったり、鉄道駅の検札をしなかったり、道路に信号がなかったりしたとき、犯罪や秩序違反の発生件数に何ら変化は生じないであろうか。」

もちろん、その答えが犯罪や秩序違反は増えるであろうというのであれば、機会が犯罪の原因であると考えられる。ところが信じられないことに、大半の犯罪学者はこれに同意しないのである。彼らは、機会は犯罪が起こる時期、起こる場所を決定するのにすぎず、起こるかどうかを決定するものではないと考えるからである。その見解によると、犯罪が起こるか否かは、すべて犯行者の傾性に依拠し、これらの傾性は集合的に社会における犯罪の量を決定するという。

事実は、犯罪レベルは、人々の態度や傾性によるのと同じくらい、社会の物理的社会的仕組みによって与えられる機会が決定するのである。これは、実験を行わずに証明することは難しい。侵入盗や強盗の新たな機会を実験的に作って、何が起こるかを見るのは反倫理的だからである。しかしながら、実際に軽微な違反を生み出す実験は行われてきた。すなわち、1920年代、ある研究者たちは、子どもたちにテストでカンニングを行わせ、カンニングにつき嘘をつかせ、テストで用いられたパズルからコインを盗ませる機会を与える実験を行っている。他の研究者は、切手が貼ってあり住所が記入された手紙を街頭にまき散らしたが、一部の手紙には現金が含まれていた。そして、これらが実際に投函されるかどうかを

みたのである。別の研究で実験室のグループでは、被験者は、テストの指示に従わない者には「処罰する」ように指導され、処罰は機器によって厳しい電気ショックを与えるというものであった（実際には、ショックは与えられなかった）。

これらの実験の結果は、機会の因果的な役割を支持するものであった。被験者の大半は、通常は誘惑に抵抗した者でさえ、不正直に、あるいは攻撃的に行動する機会に遭遇したのである。もっとも、これらの被験者は研究に関与しなければそれまでにこういう機会に遭遇しなかったであろう。但し、これらの軽微な違反の結果から強盗や自動車窃盗などの犯罪に適用して一般化することはできない。ゆえに、われわれは、犯罪を巻き起こす機会の重要性についての証拠は、その他の情報源に目を転じなければならない。

自殺と機会

自殺は犯罪ではないが、多くの犯罪と同様に深く動機づけられていると考えられる。しかしながら、イギリスでは機会が自殺の重要な一部を演じているという明瞭な証拠がみられる。1950年代、イギリスで自殺をした人々の約半分は、致死量の一酸化炭素を含む家庭ガスを手口に使用した。これは「ガスオーブンに首をつっこむ」手口として知られた。1960年代、ガスは石炭に代わって石油を原料とするようになった。この新しいガスには、ほとんど一酸化炭素が含まれておらず、ガス自殺者の数が減少し始めたのである。1968年までにわずか約20％の自殺者がガスを使ったにすぎない。これは、さらに第2の変化が始まったことを示している。つまり、都市ガスが北海油田から得られた天然ガスによって置き換えられたからである。天然ガスは、まったく一酸化炭素を含んでおらず、それを使って自殺をするのはほぼ不可能である。1970年代中頃までには、イギリスでこの方法を使ったのは1％以下となった。

非常に驚くべきことには、ガス自殺がその他の方法に完全に置き換わっていないことである。**図表7**が示すのは、1858年から1976年の間に、自殺自体が5,298人から3,816人へとほぼ30％減少したことを示している（これは経済の後退の時期であって、自殺は増加するであろうと予測されていた時期であり、実際、他のヨーロッパ諸国では増加している）。人々がその他の自殺手口に変えなかったのは、自殺の全ての手段に欠点があったからである。薬物の過剰摂取は、一酸化炭素に比べてそれ

図表7　イングランドおよびウェールズにおける自殺（1958-1977年）

年	自殺合計	家庭用ガスによる自殺	%
1958	5,298	2,637	49.8
1960	5,112	2,499	48.9
1962	5,588	2,469	44.2
1964	5,566	2,088	37.5
1966	4,994	1,593	31.9
1968	4,584	988	21.6
1970	3,940	511	13.0
1972	3,770	197	5.2
1974	3,899	50	1.3
1976	3,816	14	0.4

出典：*Mortality Statistics, England and Wales: Causes.* London: Her Majesty's Stationery Office, Annual

ほど致死的ではない。首つりは、勇気だけでなく知識も必要である。全ての者が銃器を手に入れることができるわけではなく、また拳銃は死の代わりに顔などの美観を損ねる結果を招く。他方、家庭ガスはたいていの家庭で容易に手に入るものであった。ガスは、はるかに致死的であって、血も流れないし苦痛も少ない。長くガスが好まれた手段であったことは驚くべきではないし、ガスを使う機会がなくなってガス自殺の数が減ったことも驚くべきではない。

殺人と機会

　機会はまた、殺人において重要な因果的役割を果たすが、これについては英米では数年前に行われた殺人率の比較によって示されている。研究が対象としたのは1980年から1984年までの時期であるが、アメリカにおける平均的な殺人の発生率は、イングランドとウェールズよりも8.5倍高かった。アメリカの銃や拳銃による殺人の発生率は、それぞれ63倍、75倍にものぼった。同じ時期におけるイングランドとウェールズ全体では（人口約5,000万人で）、拳銃による殺人はわずかに57件起こったにすぎない。アメリカは、人口約2億3,000万に対して、拳銃による死亡者は4万6,553人にのぼった。

　これらの調査結果は無視される傾向にあり、それはアメリカ合衆国における全体的な犯罪率が同じ時期のイングランドとウェールズよりも一般的に高いからである。しかしながら、過去15年間では、両国における全般的な犯罪率は近づいて

おり、その結果、両者の間にほとんどの違いはなく、ただ殺人に顕著な例外がみられるにすぎない。アメリカでは依然として殺人率がはるかに高いが、それはイギリスよりもはるかに多くの人々が銃、特にハンドガンを所有しているからである。イギリスの警察官でさえ、業務上、日常的には銃を携帯していない。したがって、アメリカで喧嘩が起こった場合、イギリスよりも銃で撃たれる可能性がはるかに高いのである。これほど衝撃的な結果ではないが、同様の結果がアメリカとカナダにおける殺人率の比較にも生じている（コラム5参照）。両者を比較すると、ガンの入手（入手可能な機会）は、殺人において重要な因果的役割を果たしていることを示している。

このセクションにおける議論を理解し、機会が犯罪の原因であることを認めたとしても、その他、たとえば先天的な人格や崩壊家庭、一貫しない育児といった原因の重要性を否定しなければならないわけではない。しかし、人格あるいは離婚率、あるいは両親の養育態度のまずさを改善するためにできることは少ない。しかしながら、自分が気づいた犯罪発生的状況を変えることは可能である。機会が泥棒を作ることを理解することによって、あなたの注意を犯罪予防という実務的な手段に向け、批判からその手段を防御することには役立つであろう。

コラム5　アメリカおよびカナダにおける銃器と殺人

> ある古典的研究は、犯罪率に対する拳銃の入手可能性の影響を測定するために、1980年から1986年までのシアトル市（アメリカ）とバンクーバー市（カナダ）における殺人と暴行の比率を比較した。バンクーバーは、多くの点でシアトルと似ているが、拳銃所持には比較的厳しい規制をしている。本研究は、拳銃のより広い入手可能性が殺人率を増加させることを発見した。鍵となる知見は下記のとおりであった。
> 1. 2つの都市は暴行率においてほとんど差がなかった。
> 2. 殺害されるリスクはバンクーバー市よりもシアトル市の方が極めて高かった。
> 3. 銃器不使用による殺人率は2つの都市の間でほとんど差がなかった。

出典：Sloan, John and colleagues (1988). "Handgun Regulations, Crime, Assaults, and Homicide." *The New England Journal of Medicine*, 319: 1256-1262.

参考文献

Felson, Marcus and Ronald Clarke (1998). Opportunity Makes the Thief. Police Research Series, Paper 98. London: Home Office

ステップ 10
犯行者の立場になって考える

犯罪問題を分析したり、その解決策を検討したりするときはいつでも、犯行者の視点から犯罪を見るようにしよう。彼らがなぜ犯罪を行うかを理解することに努めよう。それは、社会的格差や心理学的原因の点からではなく、彼らが求める利益の点からである。30年前、犯罪学に対して示された過激な批判は、銀行強盗に銀行の扉から押入るように誘発するのは犯人の遺伝子ではなく、金儲けであるというものであった。

窃盗や強盗の多くの事件では利益は明瞭であるが、ギャングの暴力やいわゆる「意味のない」バンダリズムや落書きの利益は明瞭ではない。事実、落書きは、少年ギャングの縄張りを示すことがあるし、どこで薬物を購入するのかを示したり、単純に自己顕示のための方法である場合もある。これらの理由のどれが有力であるのかを知ることは、問題解決プロジェクトの焦点を定めたり、有力な要因を明らかにしたりするのに役立つ。さらにまた、プロジェクト・チームが解決策を確定するうえでも有用であろう。たとえば、ニューヨーク市地下鉄当局は、落書き犯（tagger）の動機を理解できて初めて、落書きの撲滅に成功したが、落書き犯は運行システムで走行する列車を自己顕示の媒体とみる傾向があったのである（参照ステップ41）。

犯行者がどのように犯罪を行うかを知ることは、彼らがなぜ犯罪を行うかを知ることと同様に重要である。その際、合理的選択理論がこれらの問題を考えるうえで有用であることが分かるであろう。この理論の名称自体は誤解を招きやすい。というのも同理論は犯行者が注意深く犯罪の計画を立てることを前提にするものではないからである。むしろ、彼らは犯罪利益の模索だけを前提にするのであり、それ自体が十分合理的であるとされるのである。合理的選択理論は、また、彼らが追求する利益の獲得に成功することも前提とするものでもない。その理由は、彼らは必要とする情報全てを手に入れることは稀だからであり、自らの行動の計画を立てるのに十分な時間を費やさないし、リスクを犯すし、ミスを犯すからで

ある。これは、誰もが日々の意思決定において、どのように行動するのかという方法の問題であり、これを理論家は限定的、制約的な合理性と呼んでいる。

犯行者は、しばしば、目標をいかに達成するか、捕まらないようにするためにどのように逃げたらよいか、即座に決定しなければならない。犯行者にインタビューすることは、その意思決定を理解するうえで役立つ（犯行者へのインタビューに関するCOPSガイドは、インタビューを行う際の法的技術的困難を考えるうえで役立つ。）。驚くべきことに、通常、犯行者にインタビューするのはそれほど困難ではなく、解決したいと考える問題の一般的な性格に限定し、彼らが行った犯罪について固有の質問を避ければ特に困難ではない。犯行者も、われわれが自分自身について語ったり、行っている研究について会話を楽しむのと同様に、自分のしたことについて話すのは楽しいものである。他方、常に、常習的に法違反を行っている者はまた、つねに話が大げさであったり、嘘をつくかもしれないという疑いを持つ必要がある。

コラム6

> イングランドのレスター大学のマーティン・ギルが、刑務所内で老練な犯行者にインタビュー調査したときの話である。逮捕に至った犯罪に関して、ギルは「捕まると思いましたか？」と尋ねた。その囚人は、椅子にふんぞり返って、答える前にギルをじっくりと見つめた。「俺は大学関係者からそんな愚問を訊かれるとは思いもしなかった。俺が捕まると思って、犯罪をしたと思うか？」

犯行者にインタビューができない場合、犯行の過程を想像してみよう（**ステップ35参照**）。各段階で何がなされているか。どのように標的を選択するか。どのように被害者を抑圧し騙すか。どのように警察を回避するか。どのように盗品を処分するか。犯行手口に関するこれらの全ての疑問に答えられない場合でも、犯行者の身になって考える試みは、解決策を考えるうえで役立つ可能性がある。これは、心理分析をあなた自身の手でやってみよと誘っているのではない。犯行者の無意識を徹底的に調べるよりは、犯行者が求めている具体的な利益を理解すべきであり、彼らが多くの労力やリスクを払わずに犯罪を上手く行おうとする方法を理解するように努めなければならない。これは、まさにイギリス内務省研究課のポール・エクブロムが問題担当者に対して言った「泥棒の立場で考えよ」という助言の意味なのである。

コラム7

　ポール・エクブロムは、ロンドン地下鉄内の窃盗犯にインタビュー調査を行った。窃盗犯は犯行の際に「スリが活動中」という警告標識の近くに立つと答えている。標識に気づいて、乗客はどのポケットに財布を入れているかを手で確認するからである。その標識は、窃盗犯にはかなり役立ったという。

　犯行者グループへのインタビューの代わりになるもう一つの方法は、犯行者と同様のグループにインタビューした他の報告書の文献を探すことである。環境犯罪学者は、自動車窃盗、ひったくり、万引き、住宅ないし事務所への侵入盗などの犯人にインタビューすることによって、犯行者が用いる手口に関する知見が飛躍的に増大してきた。犯行者は調査ごとに異なっており全く同じではないが、これらのインタビュー研究の諸結果を注意深く考察することで、あなた自身の課題に関して探求すべき仮説を示唆しているのである。

コラム8　武装強盗犯の話

動　機

「1人で座っていると、ポケットが軽く感じる。家賃、電気・ガス料金を支払わなければならない。お金ではなく電気とガスの請求書が溜まっているからだ。集金人が請求書を送って寄こしてきたときは、ついつぶやいてしまう。「金があったならなあ。金が欲しい。」［いつものところに行って、いつものことをするだけだ。］金を持っていない訳を考え始めた。集金狼たちがドアのところに立っている……。［最近のピストル強盗の後］俺は、家主にいくらか金を支払い、電力会社とガス会社に少し送金した。まだ、ポケットの中に20～30ドル残っていた。俺はそれでビールとタバコを買い、一部をコカインのストーンに使った。暫くの間楽しんだぜ。」(pp.43-44)

強盗の利点

「強盗は一番手っ取り早く金が稼げる。強盗はすぐに手に入る金そのものだ……。侵入盗は、盗品を売って金を手に入れる必要がある。薬物は、あまりに多くの人を介さなければならない。そいつに50ドルとか100ドルの包みを売らなければならない。50ドルとか100ドルの包みというのは、手間がかかる。しかし、現金がどこにあるかがわかれば、ただそれを盗って、その束の固まり全てを手に入れるだけだ。」(pp.51-52)

被害者の選択

「いいか、俺は、［強盗のいい標的が居る］場所を知っている。いつもは麻薬常用者がうろついている場所に行くが、俺はまたATM (instant teller) から出てくる連中も狙うんだ」

「俺が強盗したのはみんな薬物の売人だ……。売人は警察に通報しない。奴らが警察に何を言うのか？俺が強盗したって言いつけるのか？奴らは俺にとって最もたやすい餌食だ。俺は罪のない人々を傷つけたくない。俺はただ単に薬物の売人を狙うだけだ」(p.64)

暴　力

「ふむ。［被害者が］優柔不断でためらうなら、少し攻撃的になり被害者を小突く

……。拳銃を取り出し拳銃で被害者の頭を殴るかもしれない。「その金を早く出しな。馬鹿なまねはよせ。さもなければ本当にやばいことになるぜ！」、と。ふつう、被害者はこの種のビジネスを意味することを理解し、（こっちに）来て金を出すものだ。」(p.109)

出典：Wright, Richard and Scott Decker (1997). *Armed Robbers in Action*. Boston: Northeastern University Press.

参考文献

Decker, Scott (2004). Using Offender Interviews to Inform Police Problem-Solving Guide No.3. Problem-Oriented Guides for Police, Problem Solving Tool Series. Washington, D.C.: Office of Community Oriented Policing Services, U.S. Department of Justice. (Accessible at www.popcenter.org and www.cops.usdoj.gov).

ステップ11
犯行者の反応を予測する

犯行者は、機会に対する自らの認識に基づいて選択を行う。犯行者が物事をどのように理解しているかは、犯罪予防のうえで重要である。なぜならば、ほとんど全ての犯罪予防は、犯罪機会に対する犯行者の認識を変えることを意味するからである。一部の予防プログラムでは、警察が犯行者に常に監視していることを警告したりして、犯行者の認識に直接働きかけたりするが、大半の予防計画は、複数の中間段階を通じて機能するものであり、それはちょうど、たとえば財物目印化（property marking）計画のように、居住者が防犯運動に参加していることを示す窓用ステッカーを貼るのと同じである。物理的環境の変化は、犯行者の認識を変化させる。これらの認識は、犯行者の行動、さらには犯行パターンに影響する。

多くの場合、予防手段は、犯行者がさらなる犯罪活動を行うのを抑止する。予防手段はまた、積極的に意図しない効果もうみだす。すなわち、（1）予防計画の範囲を超えた犯罪の削減。これは「利益の拡散」として知られる（**ステップ13・47**参照）。（2）予防計画が実際に実行される以前に犯罪を削減すること、これは「先行の利益」として知られる（**ステップ52**）。しかしながら、予防手段が常に望まれる効果を生み出すとは限らないが、これは、時に犯行者が当該場所で当局の介入が行われることに全く気づかないからである。たとえば、犯行者が密かに行われている法執行に直面しながら、犯行を継続する場合であり、それは彼らが逮捕リスクが高まったことを認識しないからである。その他の場合で、犯行者は予防手段に逆に適応する場合がある。これらの逆の適応は、転移や長期的適応の問題を含む。

転　移　転移が生じるのは、犯行者が予防活動をはぐらかすために自らの行動を変える場合である。転移は、利益の拡散の反対概念である。転移は、予防活動に脅威を与える可能性はあるが、しかし必然的とは到底いえない。評価研究が

示すところによると、多くの状況的予防プログラムは、転移の証拠が全くないか、ほとんどないことを示しており、転移がみられる場合でも、転移は予防の利益を完全に相殺することはめったにないとされている（**ステップ12**）。

　適　応　　適応は、長期的なプロセスを言い、それを通じて全体的に犯行者たちが一定場所でしばらく行われた予防策の後に、犯罪に対する新しい脆弱性を発見することをいう。ポール・エクブロムやケン・ピースらの研究者は、しばしば、この過程を議論する際に、予防する者と犯行者の間に軍備競争に類似した概念を用いている。したがって、犯行者が新しい手口を見いだした時でも、早晩、再武装された予防手段によって多くの犯罪が削減できることが期待される。適応は、元々の犯行者が新しい手口をゆっくりと見いだすとき、あるいは新しい犯行者が、変わり行く機会に便乗する際に生じるのである。

　適応の好例は、クレジット・カード詐欺である（**図表8**参照）。別の最近の適応の例は、バイク・ロックである。バイク窃盗犯は、普通の安価なボールペンでも使えば、広く普及しているバイクの鍵を開けることができることを知った。しかし、全ての予防手段が犯行者の巧妙さにそれほど脆弱であるわけではない。たとえば、ニール・ショーバーは、テクノロジーが金庫破りの被害を長期的に引き延ばしてきたと主張し、金庫破りは現在、極めて稀であるが、かつては非常によく発生したのである。

　ある一定の状況において、予防活動は、犯行者の公然たる抵抗の態度を刺激する場合がある。これが起こるのは、犯行者が予防活動の合法性に反抗したり、以前よりも犯行回数を増やしたりする場合である。例えば、警察は合法性に関して次の点を憂慮している。つまり、警察力を不当に誇示することは、時に、群衆を刺激して暴徒化させる恐れがあることで、したがって、警察はしばしば深刻な反社会的な行動が起こる可能性を示す有力な証拠があるまでは、暴徒鎮圧用のフル装備をしばしば控えることがある。ある研究結果によると、警察が不公正な、あるいは強硬な姿勢を見せていると認識される場合に、公然たる抵抗が起こる可能性があることや、逆に警察が公正に扱う場合には、その結果が人々が望むものではない場合でも、人々は法遵守的になるという。一般的に、公然たる抵抗は、必ずしも文献には示されない現象であるが、特に警察が主要な予防手段を強硬に執

行すると、一つの可能性として、この抵抗を排除できない場合がある。

図表8　犯行者の適応とクレジット・カード詐欺

　マイケル・レビらは、警察、イギリス内務省（合衆国司法省にあたる）、クレジット・カード発行者の間の協力関係が1990年代中頃のクレジットカード詐欺削減の成功にいかに導いたかを述べている。そこで導入された手段は、小売店が取引認証を求める際の下限額を引き下げ、利用者に新しいクレジット・カードを郵送する際には安全な手段を確保することにしたからであった。数値が示すように、詐欺被害（被害金額合計、紛失・盗難、新規カード未受領）は結果的に記録的な減少を遂げた。しかしながら、近年、クレジット・カード被害が再び上昇し始めてきた。これは、主として、「カード不保持詐欺」（インターネット販売の急激な拡大のため）による被害の上昇やカード偽造（東アジアの組織犯罪の仕業といわれる）の拡大のためである。

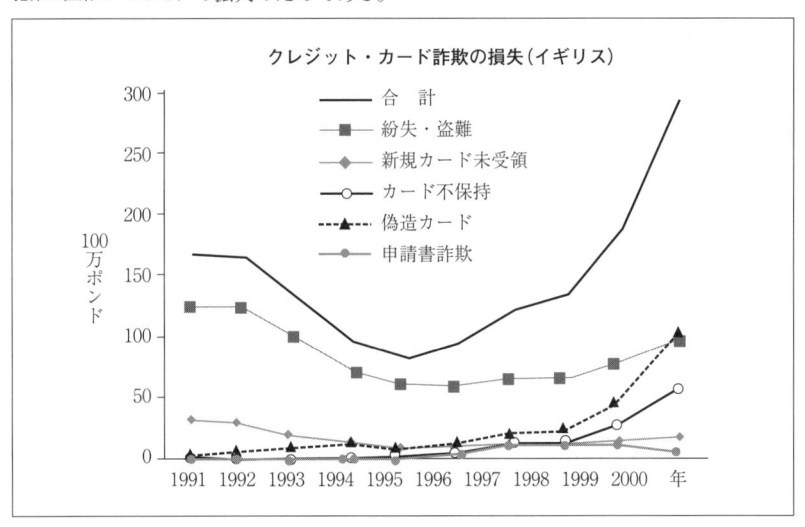

クレジット・カード詐欺の損失（イギリス）

（グラフ：1991年～2000年、単位100万ポンド。系列：合計、紛失・盗難、新規カード未受領、カード不保持、偽造カード、申請書詐欺）

参考文献

Ekblom, Paul (1997). "Gearing up Against Crime: a Dynamic Framework to Help Designers Keep up with the Adaptive Criminal in a Changing World." International Journal of Risk, Security and Crime Prevention, 2: 249-265.（Accessible at www.homeoffice.gov.uk/rds/pdfs/risk.pdf）

ステップ 12
転移論者に惑わされるな

問 題志向型ポリシングはしばしば犯罪機会を削減する。たとえば、窓の施錠は住宅への侵入盗を防ぐのに適しているし、CCTV は駐車場内の窃盗を防ぐために設置される。このような犯罪機会削減の方法はしばしば同じ反対論に遭遇する。つまり、これらの措置が全て機能するとしても犯罪を他に移動させるだけで、最終的には犯罪を予防しないというものである。この転移理論は、犯罪が5つの主要な方法で移動するとみる。

1. 犯罪はある場所から他の場所に移動する（地理的転移）。
2. 犯罪はある時間から他の時間に移動する（時間的転移）。
3. 犯罪はある標的から他の標的に向かう（標的転移）。
4. 犯罪を行う方法は他の方法に置き換わる（戦略的転移）。
5. ある種の犯罪は、他の犯罪に代替される（罪種的転移）。

どの場合にも、転移理論は、犯行者は直面する障害がいかなるものであろうとも、犯罪を何としてでもやろうとすると仮定する。この仮説の基盤には、犯行者には犯罪実行の傾性が出来上がっており、性欲の発散が求められるのと同じようにその傾性が発散され、あるいは「職業的」犯罪者や薬物乱用者は自らのライフスタイルを維持するために、犯罪から一定の収入を得ようとするものだ、という考えがある。しかし、犯行者は犯罪を何としてでも行うという深い心理的欲求に満ちていることを示す証拠はない。事実、人々が犯行を行うかどうか、いつ、どこで行うかについて選択を行っているという証拠は多くみられる。その基盤が何であれ、転移仮説は犯罪における誘惑と機会の重要な役割を無視していると言わなければならない（**ステップ9**）。

多くの犯罪を行っている者に対してさえ、転移理論は犯罪機会に十分な重要性をおいていない。たとえば、薬物乱用に関する研究では、乱用者は薬物供給の多様性に適応していることを示している。あるいは、薬物使用の手口において、い

かなる単純な進歩もみられない。むしろ、乱用者は、薬物の供給量が削減されてきたため、少量の薬物で満足するか、好みに合わない薬物を使用するように強いられている。

　銀行強盗のような職業的犯行者に関しても、彼らが犯罪から一定の金額を必ず獲得するという仮定には根拠がない。強盗が困難であり、リスクがあるならば、強盗を犯さなくなるのは確かであり、逆に、犯行が簡単になれば、さらに強盗を犯すであろう。銀行強盗は、他の者と同様に、ときに、予防措置が施された状況に適応し、低いレベルの収入に満足するかもしれない。

　このことは、転移を無視してもよいということではない。事実、合理的選択理論は、犯行者が転移によって得られる利益がコストを上回る場合、転移すると予測する。たとえば、1990年代初頭において、ニューヨーク市警察は、薬物取引の頻繁な地区に戦略薬物対策チームを配置した。薬物取引者は、それに対応して、販売場所を道路脇からアパート棟のロビー内部に変えた。しかし、多くの研究では、転移は全く起こっておらず、起こったとしてもかなり限定的であったという。たとえば、

- ミズーリ州カンザスシティ市の銃器対策集中パトロールは、銃器犯罪多発地帯で銃器犯罪を削減した。その際、これらの犯罪も他の犯罪も近隣地域に転移することはなかった。
- スウェーデンにおける新しい身元確認手続は、スウェーデンにおける小切手犯罪を著しく削減した。その際、一定範囲の「考え得る」代替犯罪へ転移した証拠はみられない。
- オーストラリアの銀行で実施された集中的ターゲット・ハードニングは、強盗発生率を低下させたが、街角の店、ガソリン・スタンド、馬券売場、モーテル、あるいはそれらで働く人々が、以前より多くの強盗を経験したという兆候は見られなかった。
- バージニア州ニューポート・ニューズ市における犯罪多発団地において、問題解決型アプローチが侵入盗を抑止した際、侵入盗が近隣の団地に転移することはなかった。
- ロンドン市フィンズベリー・パーク地区において、道路を閉鎖し、売春の取

締が強化された際、売春婦が単純に他の近隣地区に移動したという証拠は、ほとんどみられなかった。研究者によると、フィンズベリー・パークの街頭で働く女性の多くは、必ずしも売春に深く関与しておらず、単に売春を生活のために比較的簡単に稼ぐ方法と考えているにすぎなかった。条件が変わると、彼らの関与も変化し、多くは「商売」を諦めたふしがある（**ステップ50**）。

・カルフォルニア州サンディエゴ市が強盗や暴行を抑制するために路面電車の停留所を再設計したところ、暴力犯罪の減少がみられた。暴力犯罪が、他の路面電車の停留所に転移することはなかった。

これらの実例や多くのその他の例でも、犯行者の転移コストは、利益を上回るように考えられたし、実例は、転移が一般に考えられるよりは、はるかに少なく生じているという見解を裏付けている。これは、イギリス、カナダ、アメリカ合衆国およびオランダで行われた転移研究に対し、別々に行われた4つの文献レビューが一致した内容でもある。オランダのレビュー研究（これらのうち最新のものである）では、全世界で転移が検討された55件の研究のうち22件において、その証拠はみられなかった。残り33件の研究では、転移の証拠がみられたが、転移したように思われたのは、犯罪のごく一部のみであった。いかなる場合でも、転移した犯罪の量と予防された量が同じではなかった。また、いかなる場合でも、転移が犯罪を増やした事例はみられない。

そこで転移は、通常、限定的と考えられる。なぜならば、犯行者が即座に新しい別の状況に適応するのは困難であるからである。彼らが手口を変えた場合、場所、時間帯、標的、方法、犯罪タイプも変化するが、これらは当該予防プログラムが阻止したものと類似している。それは犯行者にとって変えるのがきわめて容易だからである。これが示唆するのは、犯行者にとって最も容易な変化を予測することによって転移を予測できることである。明らかに安易な変化がみられた場合、予防計画において、これらの点をどのように組み入れるかを検討すべきである。そして、それらを組み入れることができない場合、起こりうる転移を抑止するため、監視を検討すべきである。

要するに、転移は常に脅威ではあるが、必然的にはほとんど起こらないと考えてよい有力な理論的根拠がある。加えて、転移に関する研究は、それが起こった

場合でさえ、完全に転移することはまずないこと、また犯罪量を顕著に削減したければ、機会削減手段を利用すべきことを示している。

コラム9　転移の主張は閉塞的警備装置のもとでしばしば消散する

　1980年代中頃、ジョン・エックはニューポート・ニューズ警察（バージニア州）内の転移論争を考察した。街角のマリファナ取引所の厳重な取締は取引所の閉鎖をもたらした。一部の警察官は、犯行者が薬物取引を行うために近隣の街角に単に移動しただけだと主張した。しかしながら、他の警察官による詳細な調査はいくつかの重要な事項を明らかにした。
・近隣の街角の売人は、マリファナではなくヘロインを売っていた。
・マリファナ取引所の犯行者はヘロイン取引所では1人も発見されなかった。
・ヘロイン取引所ははるかに小規模であった。
・ヘロイン取引所はマリファナ取引所の設置前に存在していた。
転移の主張は、おそらく選択的知覚による。マリファナ取引所の問題以前では、街角の薬物取引はそれほど大きな問題ではなく、多くの住民の注意を引いていなかった。その結果、警察は、薬物取引に高い優先順位を与えていなかった。近隣の住民がマリファナ取引所について不平を言うと、以前よりも多くの注意が他の薬物取引所にも払われたのである。

参考文献

Hesseling, Rene (1994). "Displacement: A Review of the Empirical Literature." Crime Prevention Studies, volume 3, edited by Ronald Clarke. Monsey, NY: Criminal Justice Press (accessible at www.popcenter.org).

ステップ 13
利益の拡散を予測する

　転移を探ろうとする研究者は、時にまさしくその逆を見いだしてきた。犯罪が他の場所や時間帯に押し出されたのではなくて、逆に犯罪が予想された以上に広範囲で削減されていることを見いだしたのである。つまり、対策が意図した対象を超えて及んでいたのである。これは、比較的最近の発見であるが、すでに多くの実例が存在する。

- 予想されたように、ウィスコンシン大学図書館で書籍に電子タグを装着したところ、書籍窃盗を減らす結果となった。ところが、タグが装着されなかったビデオカセットやその他の資料の窃盗もまた減少した。
- ニュー・ジャージー州の電器量販店は、倉庫で高額商品の在庫管理を毎日行う制度を取り入れたところ、これらの物品に対する従業員の窃盗が激減した。しかし、窃盗はまた、在庫管理されていない物品においても急減したのである。
- ロージャックの車両追跡システムが6大都市で導入された際、この装置を購入した車両所有者に対する窃盗だけではなく、市全体で窃盗の発生率自体が減少した。
- テンプル大学のサイモン・ハーキムらは、フィラデルフィア市近郊の富裕地域における侵入盗予防アラームが広範囲に普及したところ、地域全体の侵入盗発生率も減少した結果を示した。
- スコットランドのストラスクライド州で赤色カメラを一定の交差点に設置したところ、ほとんどの人々が赤信号で横断しなくなったばかりでなく、他の交差点でも同様の結果が生じた（地域住民しか通行しない小都市では、人々がどの交差点にカメラが設置されたかを正確に知るようになるにつれて、効果が短期間にとどまった。）
- イギリスのカークホルト公営住宅で繰り返し侵入盗の被害に遭っていた住宅

に対して警備装置を追加で設置したところ、敷地内全体で侵入盗が減少し、追加的な保護が与えられた住宅にとどまらなかった。

　これらはすべて犯罪予防手段によって生じた「利益の拡散」の事例である。潜在的な犯行者は、新しい予防装置が導入されたことを知っているように思われるけれども、犯行者は正確にどの範囲に導入されたかはしばしば確信していないのである。犯行者は、導入された範囲は実際よりも広いと考えがちであり、犯罪実行に必要な労力、あるいは負担すべきリスクは現実の場合よりもはるかに広範な場所、時間帯、標的に対して増大していると考えるかもしれない。これが意味するのは、拡散は、いくつかの形態があり得るし、転移に様々な種類があることと同様である（**図表9**を参照）。

図表9　共同住宅侵入盗の転移と利益の拡散

類型	定義	転移	拡散
地理的	地理的変化	別の建物へ転換	対象建物と近隣建物の侵入盗減少
時間的	時間の転換	昼間から夜間へ転換	昼夜の侵入盗減少
標的	犯行対象の転換	共同住宅から個人住宅へ転換	共同住宅と個人住宅の侵入盗減少
戦略的	犯行方法の変化	無施錠ドアから施錠ドアのピッキングへ転換	施錠・無施錠ドアへの攻撃減少
犯罪類型的	犯罪の転換	侵入盗から窃盗へ転換	侵入盗と窃盗の減少

　利益の拡散は、状況的犯罪予防の実用的な魅力を大きく増大させる「棚ぼた」ではあるが、それを意図的に強化する方法については依然として不明である。1つの重要な方法は、広報を使うことである。イングランド北部のバス車内におけるビデオ監視カメラの設置の例では、実際には、監視カメラは数台のバスにのみ導入されたにすぎなかったにもかかわらず、広報キャンペーンによって、80台のバス全体に利益が拡散した。カメラが装着されたバスの一台は当該地域の学校周辺を循環するものであったが、バスに悪戯をしたり、バスを損壊したりする場合には、その生徒は検挙されることを示した。最初の検挙者が出たとき、メディアは大きく報道した。

図表10　大学の駐車場における利益の拡散とビデオ監視

　イギリスのサリー大学の新しい警備主任は、ビデオ監視装置（CCTV：監視カメラ）を導入することで大学駐車場で多発する窃盗問題に対処することを決めた。彼は、駐車場を監視するため支柱に監視カメラ1台を設置した。ところが図が示すように、カメラは4カ所の駐車場に対して同じような監視ができなかった。なぜなら、建物が駐車場1の視界を遮ったからである。

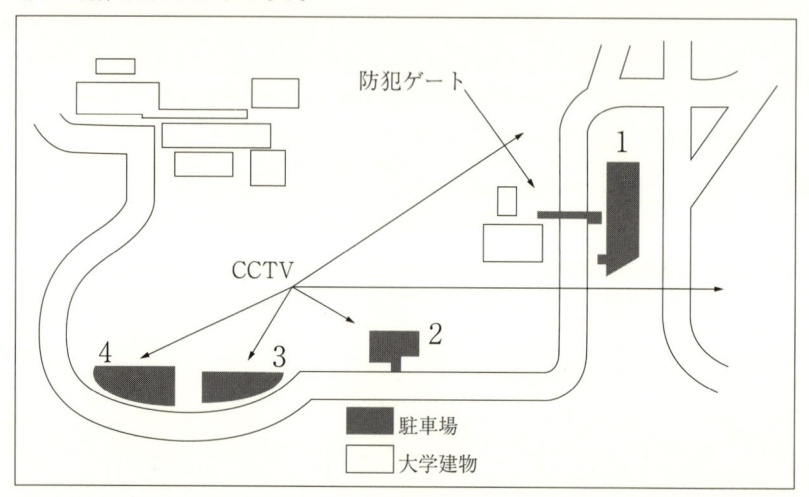

　それゆえ、カメラが犯罪予防に何らかの価値が有るとすれば、カメラが適切にカバーした駐車場にのみ有効であろうと予想した。また、これらの駐車場からカメラによって適切に監視されていない駐車場に犯罪が転移することも予想された。しかし、実際には、カメラ導入後、駐車場の窃盗とバンダリズムの事件数は導入前1年間の138件から導入後1年間の65件に半減した。事件数は減少し、カメラでカバーされていない駐車場1でも他の3ヶ所と同様に、しかも同程度に減少した。ビデオ監視によるこの利益の拡散は、おそらく潜在的犯行者が大学にカメラが設置されていることは知っていても、その限界は知らなかったために生じたのであろう。多くの者は、もはや犯罪を行うために大学の駐車場に行くというリスクを冒したり努力をしたりする価値がないとおそらく判断したのである。

出典：Poyner, Barry (1997). "Situational Prevention in Two Parking Facilities". *Situational Crime Prevention: Successful Case Studies*, edited by Ronald V. Clarke. Monsey, NY: Criminal Justice Press.

　犯罪実行のリスクや労力は、考えたほど多く増大するものではないと犯行者が知るとき、利益の拡散効果は弱まると考えるべきである。研究が示すところによると、飲酒運転に対する利益の拡散が生じたのは、イギリスにおいて飲酒検知器が導入された初期の頃であって、検挙リスクが現実に高いことが分かると、当初の予想よりも飲酒運転の減少に、はるかに大きな即効的なインパクトがみられた。

しかし、職務質問を受けるリスクが依然として極めて低いと運転手が知るようになるにつれて、飲酒運転は再び増加し始めた。これが意味するのは、検挙リスクの正確なレベルについて、あるいは犯罪を継続するのにどの程度の努力が必要なのかについて、犯行者に予測させ続ける方法を見いださねばならないことである。

実務的なレベルでは、利益の拡散は、予防手段の導入に抵抗する人々の転移の主張に対する再反論としても重要である。このような抵抗をする人々に今後も、多く遭遇するはずである。第2に、拡散を説明するための評価研究を企画することが重要である。これを行う方法は、**ステップ51**で議論されているが、統制地域を2セット、つまり、近隣と遠隔地をセットとして両地域を対象に行うことである。それを行わなければ、犯罪予防手段が実施された以上に広い範囲で犯罪が減少したことを根拠とする予防施策の実効性を人々が疑問視することになる。

参考文献

Clarke, Ronald and David Weisburd (1994). "Diffusion of Crime Control Benefits: Observations on the Reverse of Displacement". Crime Prevention Studies, volume 2. Monsey, NY: Criminal Justice Press (accessible at www.popcenter.org).

Ⅳ　問題の所在を走査(スキャン)する

ステップ 14
CHEERS テストを使おう

こ こにおける問題は、地域内で繰り返し起こっている、互いに関連した有害なでき事であり、一般公衆が警察にその対応を期待する事柄である。この定義は、地域社会（**C**ommunity）、害悪（**H**arm）、期待（**E**xpectation）、でき事（**E**vents）、反復（**R**ecurring）、類似性（**S**imilarity）といった、問題の6つの必須要素に関心を向ける。これらの要素はそれぞれの頭文字を取り'CHEERS'と表現される。

地域社会（Community） 公衆のメンバーは有害なでき事を経験する可能性がある。公衆のメンバーには、人、企業、政府機関やその他の集団が含まれる。全員や大半ではなくとも、一部の地域メンバーが問題を経験している必要がある。

害悪（Harmful） 人や施設が被害をこうむっていなければならない。この害悪には、所有物の損失や損害、人の怪我や死、精神的に激しい苦痛、もしくは（度重なる警察への嘘の通報のような）警察業務に支障をきたすことなどが含まれる。ここで重要なのは、違法行為は問題を決定づける特徴ではないということである。一部の問題には警察が対処しなくてはならない合法的な行為もある。合法的な商業活動に伴う騒音に対して近隣住民が苦情を言うのが一般的な例である。また、ある問題は初めは違法行為として報告されるが、よく調べると違法性を伴わないこともある。違法性の有無を問わず、もし通報が **CHEERS** のすべての基準を満たすなら、それは問題として捉えられるべきである。

期待（Expectation） 地域メンバーが警察に対して、害悪の原因への対応を期待するものでなければならない（人の数が多い必要はない）。人々の期待は決して推測で考えるべきではなく、実際の通報や地域会合、もしくは報道記事などを通して明白にされるべきである。この要素は、市民が考える問題の定義や原因、またはその原因への対応策を、警察に額面どおりに受け入れることを求めるわけではない。公衆が考えている問題の原因や特徴は間違っている場合がある。その原因

を明確にすることが分析者の役目である。

でき事（Events） 問題を形づくっているでき事の種類を述べることができなければならない。問題は、別々のでき事から構成される。住居への不法侵入、他の者を殴打する者、金とセックスを交換する2人の者、または騒音の放散などができ事の例である。たいていのでき事は短時間で発生するが、でき事（例えば詐欺行為）によっては、かなりの時間を要することもある。

反復（Recurring） これらのでき事は繰り返し起こることが前提である。問題の再発は急性のトラブル、もしくは慢性的な問題の兆候かもしれない。急性のトラブルは、ある地域で少なかった車上狙いが急に増加する場合に見られるように、突如現れる。急性のトラブルは何もしなくてもすぐに消えるものがあるが、対処しなければ慢性的な問題へと発展するものもある。急性のトラブルの出現が、もっと他に隠れた何かがあることのシグナルかどうかを判断するために、調査する必要がある。ある道路に沿って何年間も続いている売春の客引きのように、慢性的な問題は長期間にわたり存続する。何かしない限り慢性的な問題から生じたでき事は起こり続けるだろう。

類似性（Similarity） 繰り返し起こるでき事には何らかの共通点がなければならない。それらのでき事は同一人物による犯行だったり、同じタイプの被害者に生じたり、同じような場所や似たような環境で起こったり、同じ種類の武器が絡んでいたり、もしくは他の共通した要因があるかもしれない。共通した特徴がない場合は、適当にでき事を集めただけであって、問題とはいえない。アメリカのFBI統一犯罪報告書で使われるような一般的な犯罪分析は役に立たない。例えば車両窃盗には、単にドライブを楽しむための窃盗、車を分解して部品を手に入れるための窃盗、外国へ輸出するための窃盗、他の犯罪で使用するための窃盗など数多くの類似しないでき事が含まれる。したがって一群の車両窃盗は単一の問題ではないかもしれない。もっと多くの情報が必要である。逆に、都心部で白タクとして使用するために都市近郊で起こるミニバン盗難の例のように、共通した特徴がある場合には、一つの問題を示すでき事のパターンがあると言える。

細かな事柄をみると、有害なでき事を生み出す一連の状況とそうでないでき事を起こす状況の違いがあるため、問題は細部まで明確に調査される必要がある

(ステップ6・15参照)。CHEERSは、あなたが問題を把握する段階で答えなければならない以下の6つの基本的な質問を示唆する。

・その問題によって地域社会の中で影響を受けるのは誰か？
・その問題によって引き起こされる害悪とは何か？
・警察の対応に何を期待するのか？
・どんな種類のでき事が問題の一因となっているか？
・どの位の頻度でそれらのでき事が再発しているか？
・でき事はどのように類似しているか？

　警察の対応が要求される事柄すべてが、問題というわけではない。CHEERSは、問題とはならない要求を確認するうえで役に立つ。ここでは、「問題」という言葉を我々が普段使うような感じではなく、専門的なPOP観点（Problem-Oriented Policing Sense）で使用している。したがって、問題ではない事柄でも厄介なものだったり、警察の対処を必要とするものもある。それらは以下の通りである。

　単一のでき事　事の重大さに関わらず、ただ1つのでき事は、何の対応もしなければ他に似たようなでき事が起こる、といった合理的な見通しがない限り、問題とはならない。単一のでき事は、研究や他の警察対応に値するかもしれないが、防ぎようもないため、個々別々のでき事には問題解決法は適応することはできない。

　近隣地域　都心や特定の住宅団地といった小さなエリアは、時々問題として話題に上ることはあるが、これらの地域が問題になることは稀である。むしろ、それらの近隣地域が多くの場合、幾つもの問題を抱えている。個々の問題は関連しているかもしれないが、必ずしもそうだとも限らない。エリア全体を1つの問題として取り組むことは、対応策をより複雑なものにし、効果的な対策を見い出す機会を減らしてしまうことになる。それよりは、地域内で個別の問題を明らかにして、個々に対応していくべきである。もし問題が関連しているのであれば（例えば、道路網がいくつかの問題の源になっている）、問題を結び付けている事項に取り組むことが有益だろう。問題が相互に類似しているというだけで、それらが

関連してると推測をしてはいけない。もちろん、それぞれ異なった問題に対して共通した解決策もあるだろう（**ステップ6**参照）。

　境遇状況　学校をさぼっている生徒、退屈している10代の若者、大人の浮浪者、そして有罪判決を受けた犯罪者などが、学校に行っていない、何もすることがない、就職していない、または有罪判決を受けたというような境遇状況（status condition）だけで問題になることはない。地域の人々は、これらの者に対しての何らかの対応を警察に求めるかもしれないが、彼らの境遇状況には「害悪」とか「でき事」という特性に欠けている。ある者は標的、犯行者、もしくは他の立場で、問題の役割を演じるかもしれないが、それだけの理由でこれらの者が問題になることはない。境遇状況によって問題を定義することは、根拠の正確さに欠けるのであり、より深く問題点を検証する必要がある。それによって、境遇状況がもっと大きな問題部分に注意を向かせることもある。

　つねに **CHEERS** テストを使うこと。つまり、起こりうる問題は全て6つの要素を持っているのか？　もしそうでないなら、それはおそらく問題志向型ポリシングのプロジェクトには適していないと言えるだろう。

ステップ 15
どのような問題を抱えているかを知る

　地元の警察はCHEERSの定義を満たした広範囲の問題に対応しなければならないので、以下にこれらの問題の分類を試みた。この分類の試みは、あなたが問題を明確に定義するのに役立つはずである。表面上は似ていても本当はまったく異なるという問題を区別する手助けにもなる。この分類はまた、現在抱えている問題と以前に取り組んだことのある、似たような問題との比較を可能にし、検討のための重要な特徴を明確にするのに役立つ。例えば、一般的な問題に取り組むための一連のガイドブック拡張版が、地域志向型ポリシング・サービス室（the Office of Community-Oriented Policing Services）や問題志向型ポリシング・センター（the Center for Problem-Oriented Policing）のウェブサイトから入手することができる（**ステップ19**参照）。自分が調査している問題タイプを知ることは、たとえガイドブックがその問題を直接取り上げていないとしても、役立ちそうなガイドブックを見つける手助けとなる。下記の分類の試みは、問題がおこる「環境」と関係者の「行動」の2つの基準に根ざしている（この試みは、**ステップ8**で述べた持続的に起こる問題に焦点を当てた"wolf/duck/den分類"とは異なる。）。

　環境は、犯行の対象になりうる標的の存否、人々のとりうる行動、場所を管理する者を規制する。環境を明らかにすることで、問題がある環境とない環境の比較が可能になる。環境には、問題を解決する上で重要になる所有者が存在する（**ステップ44**参照）。一般的に共通した警察の問題には、次のような11の異なった環境がある。

・居住場所：人が居住する場所。家屋、アパート、ホテルの部屋などがそうである。たいていは固定された場所にあるが、キャンピング・カーのように移動するものもある。

・娯楽場所：人々が楽しい時間を過ごすために出かける場所。バー、ナイト・クラブ、レストラン、映画館、遊び場、マリーナ、公園などがその例である。
・事務所：ホワイト・カラーが働く場所で、労働者と一般大衆との対面的な交流は少ない。政府や企業の施設などがこの種である。これらの場所へのアクセスはしばしば制限されている。
・商店：徒歩や車で客が往来する金銭取引の場所。小売店や銀行などがそうである。
・工業所：製品を製造したり流通させる場所。これらの環境では金銭取引は重要な活動ではなく、一般公衆が招かれることもめったにない。工場、倉庫、荷物仕分け場所がその例である。
・農場：作物を育てたり動物を飼育する場所。
・教育現場：保育所、学校、大学、図書館、礼拝所等の学習・研究の場所。
・人的サービス施設：人々が何か悪い事を行った時に行く場所。裁判所、拘置所、刑務所、警察署、病院、麻薬治療センター等がその例である。
・公道：他のすべての環境をつなぐ道。道路、高速道路、歩道、自転車道、私道や駐車場がその例である。
・交通機関：多くの人々が移動するために使う場所。これらの場所にはバス、バス・ターミナルやバス停、飛行機や飛行場、電車や電車の駅、フェリーやフェリー乗り場、遠洋定期船や桟橋が含まれる。
・空き地／転用地：普段使われてなかったり、一定の使用目的がないエリア。人々は遊び場としてこれらのエリアを使うことがあるが、レクリエーションの場として指定されているわけではないため公園とは異なる。転用地には放棄された土地や建築現場が含まれる。

行動は、問題を分類する上で、環境の次に注目する点である。行動を明らかにすることは、害悪、犯行意図、犯行者と標的の関係などといった重要な側面を指摘する手助けとなる。行動には以下に記した6つの種類がある。

・捕食行動：犯行者は被害者と明瞭に識別され、被害者は犯行者の行為に対して強い拒絶を示す。通常の犯罪の大半はこのタイプである。例えば、強盗、

児童虐待、侵入盗、いじめ、窃盗が含まれる。

・同意行動：当事者同士が承知の上で積極的にやり取りをする。典型的に、ある種の取引形態が伴う。例としては麻薬密売、売春、盗品の密売。しかしここで注意して欲しいのは売春婦に対する暴行は捕食行動であるということである。

・抗争行動：以前に何かしらの関係があるほぼ同格の者同士の暴力的な行動である。大人同士によるDVもこの種の行為を伴うが、子どもや高齢者に対する家庭内暴力は危害を与える者と受ける者とが同等でないため、捕食行動として分類される。

・迷惑行為：犯行者と被害者の識別は可能であるが、被害者は多くの人々に広がり、また、害悪はそれ程深刻でもない。その多くの行動は、市民にとって鬱陶しかったり、目障りだったり、うるさかったり、平穏を乱すような行為であるが、深刻な財物の損壊はこのカテゴリーには含まれない。器物損壊がこのカテゴリーに含まれるかどうかは、その行為の詳細次第である。ある形態の器物損壊行為は捕食行動である。いくつかの迷惑行為は環境に関係なく問題を起こすが、特定の環境においてのみ問題になるものもある。

・危険行為：犯行者と被害者が同一人物であったり、犯行者が被害者に対して害を与える意図がない。自殺、薬物の過剰投与、車の衝突事故がその例である。

・警察利用の濫用：警察業務への不当な要請がこのカテゴリーに含まれる。例えば、虚報や誤報、または市民が自分達自身で対処できるはずの問題に対して度重なる通報を行うといったことがある。これは、最後の手段のカテゴリーであり、行動から生じる唯一の被害は警察力の浪費であって、他のどのカテゴリーにも当てはまらない場合に用いられる。

図表11は全ての分類を表している。問題の事項は、それぞれ縦列と横列が交わる適切なセルの中に入れることで分類される。例を挙げてみると、2001年度ティリー賞受賞者は、抗争行動と娯楽場所の問題（A）に位置づけられる、パブ周辺でのガラス瓶による傷害問題について取り組んだ。サンディエゴ市の警官は、コンビニでのギャングメンバーの脅迫行為につき度重なる嘘の通報に対処しなけれ

図表11 地元警察が直面する一般的な問題の分類表

行動＼環境	捕食行動	同意行動	抗争行動	迷惑行為	危険行為	警察利用の濫用
住宅地						
娯楽場所			A			
事務所						
商店		C				B
工業所						
農場						
教育現場						
矯正施設						
公道	G	F		E	D	
交通機関						
空き地／転用地				H	H	

ばならなかった（B）。これと、テキサス州プラノ市における未成年対象酒類販売の店の問題を取り上げた2003年度ゴールドシュタイン賞受賞者とどう違うかに注目して欲しい（C）。2002年度ゴールドシュタイン賞受賞者は、危険行為と公共道路の問題（D）、つまり季節農場労働者を巻き込む自動車事故を取り扱った。1999年度ゴールドシュタイン賞受賞者は、迷惑行為と公共道路の問題（E）、つまりゴミの不法投棄と浮浪罪を取り扱った。この他、街角での麻薬密売の問題（F）と、麻薬密売人の間でおこる抗争から生じる強盗及び報復発砲の問題（G）の違いを考えてもらいたい。これら2つの問題は重なる点もあるが同じではない。

　大半の問題は1つのセルにおさまるが、問題が複数の行動や環境に関わる場合もある。例えば、イギリスのスタッフォード州（Staffordshire）警察は、デモ隊が公道建設用地沿いに放棄された建物を占拠する際に生じた問題を抱えていた。これらは空き地／転用地の環境である。デモは迷惑行為に至ることがあるが、これらの建物を占拠するといった行為はデモ隊にも危険を及ぼす。したがって、危険行為はもうひとつの行動に当てはまる（H）。複数タイプの行動や環境は時には必要だが、使いすぎると正確さに欠けることとなる。

　警察機関は問題を分類することによって、同じ環境で起こっている同じタイプ

の行動の問題に対する別々の問題解決法を比較することができる。これらの問題に対して、共通した分析法や効果的な対策はあるだろうか？　問題に対する分析と対応の方法は、他のタイプの問題とは異なるだろうか？　このような問いに答えることで、問題解決の為の訓練だけでなく問題解決法を改良し、異なるタイプの環境で生じる異なるタイプの問題には何が有効なのかを深く理解する手助けとなる。

参考文献

Eck, John and Ronald Clarke (2003). "Classifying Common Police Problem: A Routine Activity Approach." *Crime Prevention Studies*, volume 16, edited by Martha Smith and Derek Cornish. Monsey, NY: Criminal Justice Press.

ステップ 16
犯行地への移動過程を知る

問題分析トライアングル（**ステップ8**参照）は犯罪の三大要素を明確にするものの、犯行者がどのようにして格好の標的を探し出すのかについては説明していない。マーカス・フェルソン（Marcus Felson）によると、犯行者は次のような3つの主要な手段でそれを実行するという。

1．被害者の個人情報を通じて（隣人の息子は、あなたがいつ家を空けるのかを知っているかもしれない）。
2．仕事を通じて（電話技師として働いている泥棒は、あなたが来週休暇を取ることを耳にするかもしれない）。
3．「活動空間」の重なりを通じて。

活動空間のコンセプトは、犯罪パターン理論の中心であり、この理論はカナダの環境犯罪学者パトリシアとポールのブランティンハム夫妻（Pat and Paul Brantingham）によるものである（**図表12参照**）。彼らは、犯行者が日常生活の中でどのようにして標的を見つけているのかを、そのコンセプトを使って説明している。トライアングルで見てみると、まずブランティンハム夫妻は、家から仕事場や娯楽場へ出かける犯行者を考察している。犯行者は、その3つの結節点（node）それぞれの周辺、そしてそれらの場所を結ぶ3つの経路（path）に沿って（但し、自分がすぐに認識されてしまうような緩衝地帯は除く）、犯罪機会があるかどうかを見て回る。犯行者は、少し経路から外れた場所で犯罪機会を見つけるかもしれないが、たいていの場合には、彼らは知らない遠く離れた場所まで行くことはない。これは、わざわざ犯罪を行う為だけに遠くに移動するよりも、日常の活動範囲内で犯罪をする方が簡単だからである。

また、ブランティンハム夫妻は、人々が住んだり、働いたり、買い物をしたり、娯楽を求める地域などが接する場所を指すために周縁（edge）という言葉を

ステップ 16　犯行地への移動過程を知る　73

使っている。「周縁」は、異なる地域から来た知らない者同士が出会う場所であり、人種差別的な暴行、強盗、万引き等のいくつかの犯罪は、これらの場所で頻繁に起こりうる。ブランティンハム夫妻は、フロリダ州タラハシー市での住宅侵入盗が、貧困地域と富裕地域とが接する場所に集まる傾向を初期の研究で発見した。ブランティンハム夫妻の解釈によれば、富裕地域は貧困地域からやってくる泥棒に魅力的な標的を与えるが、泥棒はその領域に不案内であったり、富裕地域の住民でないことを知られる恐れがあるため、彼らはそれらの地域に深く立ち入らないという。それに、遠く離れた地域で物を盗めば、その分自分のテリトリーへ戻るために盗難品を抱えて長距離移動しなければならないという弱みもあるからである。

　人々が日常活動で通る「経路」と日常活動の中で中心となる「結節点」は、犯行パターンだけでなく被害にあうリスクも明らかにする。ブランティンハム夫妻や他の犯罪パターン理論家が、地理的犯罪分布と一日の活動リズムに特に注目するのは、このような理由による。例えば、これらの研究者は、ある特定の犯罪類型と、通勤者の流れ、下校する小学児童、店の閉店時間、人々が「結節点」間や「経路」に沿って移動するその他の動きなどを結びつけながら、異なる時間帯や曜日ごとの犯罪マッピングを作成している。スリや万引き犯などのように、人混みを好む犯行者もいれば、人がいないことに注意を払う犯行者もいる。例えば、職場へ行く人の流れは、通勤者の不在につけ込んだ住宅街への空き巣狙いの逆の流れを生みだす。夜間や週末に家に帰宅する労働者の流れは、退社時刻の数時間後に商業地や工業地を狙いに行く泥棒の逆の流れを生みだす。

　犯行者は、一般的に自宅から 1 マイル（1.6km）ないし 2 マイル（3.2km）以内で犯罪を実行するといったように、多数の研究は、犯行地への移動は一般的にとても短いことを示している。例えば、イギリスで最大級の警察であるウェスト・ミッドランド警察（West Midlands Police）の犯罪分析家 アンディー・ブラムウェル（Andy Brumwell）は、2 年間にわたって研究し、258,094 回の犯行移動の分析を成し遂げた。彼が発見した事実は以下の通りである。

・移動の約半分は 1 マイル（1.6km）よりも短い（大半のアメリカ研究では、アメリカはイギリスよりも人口密度が低く、車への依存が大きいため、犯行地への移動距

離はもう少し長いと推測する)。
- 移動距離は犯罪の種類によって異なる。例えば、万引き犯は他のタイプの犯行者に比べ、より遠くに移動する傾向にある。
- 女性は男性よりも遠くに移動する。多分これは女性の犯行者の多くが万引きをしているからであろう。
- 犯行者の移動距離は個人差が大きい。一部の者はたいてい地元の近隣で犯罪を行うが、共犯者と共に行動する場合などはとくに、遠くへ移動する場合もある。
- 20代の犯行者が最も遠くへ移動する。他方、最も若い犯行者は自宅から非常に近い場所で犯罪を行う。

カンザス州オーバーランド・パーク市の犯罪分析家スーザン・ウェルニッケ (Susan Wernicke) は、カリフォルニア州サンディエゴ市で行われた国立司法研究所主催の2000年度全国犯罪マッピング会議 (the National Institute of Justice's 2000 National Crime Mapping Conference) で、青少年犯罪者についての詳細な情報を発表した。彼女によると、オーバーランド・パーク市で逮捕された11歳の少年たちは、自宅から平均1.05マイル (1.68km) 離れた場所で犯罪を行い、17歳になるとその距離は2.7マイル (4.3km) と年齢と共に次第に長くなるという。彼女はその移動距離が長くなる原因の一つに、年齢と共に車への依存が大きくなることを示唆した。

コラム10 犯行への移動と地元充足指標

> アンディー・ブラムウェルは、地元の犯行者によって行われた犯罪の比率を示す「地元充足指標」(self-containment index) を作成した。数値が100であれば、すべての犯罪が地元の犯行者によって行われたことを示し、数値がゼロは、地元の犯行者がその地域で起こる犯罪に全く関与していないことを示している。この数値は地元の問題を分析する時に使用されるべきである。略奪犯が地元の人間か、遠方から来ている者かは、効果的に導入されるべき状況的犯罪予防策のタイプに影響を及ぼす。例えば、近隣のある特定の道路を閉鎖することは、犯行者の多くが犯罪をするために車でその地域へやって来る場合に限り効果的である。

あなたは、管轄内で発生する犯罪を理解するために、犯罪パターン理論のコンセプトを用いることができる。「結節点」、「経路」、「周縁」を探して、犯行者と

犯行パターンをつなぎ合わせてみるべきである。犯行者が犯罪機会を計画的に見つけることと、犯行者がその機会を偶然見つけることを区別できるようになる。犯行者の居ない場所と犯行者がホット・スポットに集まる場所を見つけることができ、その理由を考えることができるのである（**ステップ17**参照）。地元密着型の犯罪パターンがそのことを物語ることが分かるだろう。たとえば、犯罪多発地区には犯罪が全く起こらない通りもあれば、問題の大半を生む場所もある。ある通りを歩くのは安全だが、別の通りを歩くのは安全でない、ということを住民は知っているかもしれない。もしくは彼らは通りの一方の側よりも反対側を歩くことを選ぶかもしれない。住民が、自分の住んでいる地元の事情を熟知しているとして、地域が抱えている問題とその原因を見つけ出すのに何か障害があるだろうか？　犯罪パターン理論はまさにそれに役立つし、走査（Scanning）段階において固有の問題を明確にする手助けとなり、分析（Analysis）段階においてはその問題に関与している原因を理解する手伝けとなる。

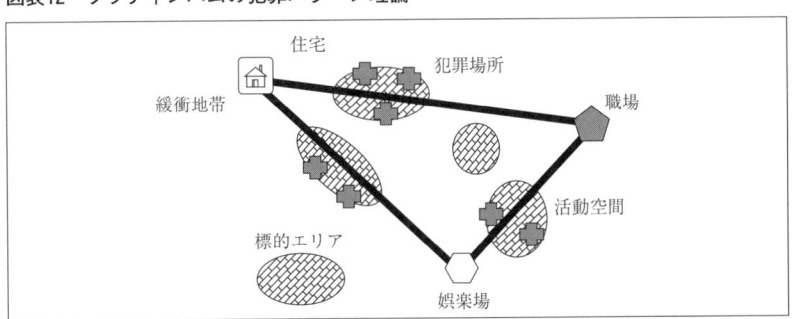

図表12　ブラティンハムの犯罪パターン理論

　この図は、ブランティンハムの理論を表すために、キム・ロスモによって作成されたものである。これが示すのは、犯行者の活動空間（住宅、職場、娯楽場とそれらをつなぐ経路）、犯行者が普通は犯罪をしないような自宅から近い緩衝地帯、犯罪の標的になりうる5つのエリア（例えば、駐車場）である。犯行者の活動空間と標的エリアが重なる場所が犯罪が起こる場所（✚で示されている）となる。この例では犯行者の職場の近くには格好の標的がないため犯罪が起きていないことに注意してほしい。また、犯罪が起きていない2箇所の標的エリアがあるが、これは犯行者がこれらのエリアに気付いていないからである。

出典：Rossmo, Kim (2000). *Geographic Profiling*. Boca Raton, FL: CRC Press.

参考文献

Brantingham, Patricia and Paul (1993). "Environment, Routine, and Situation: Toward a Pattern Theory of Crime." *Routine Activity and Rational Choice, Advances in Criminological Theory*, volume 5, edited by Ronald Clarke and Marcus Felson. New Brunswick, NJ: Transaction Publishers.

Felson, Marcus (2002). *Crime and Everyday Life*. Thousand Oaks, CA: Sage.

Wiles, Paul and Andrew Costello (2000). The Road to Nowhere: The Evidence for Travelling Criminals. Home Office Research Study 207. London: Home Office (accessible at www.homeoffice.gov.uk)

ステップ 17
ホット・スポットの形成を知る

分析家は、地理学のみを利用してホット・スポットを調査する場合が多い。これはしばしば良い出発点にはなるが、ホット・スポットを削減するには、なぜその場所がホット・スポットなのかを深く洞察する必要がある。われわれはホット・スポットが作り出される過程の理解を深めることに焦点を当てる。後述の**ステップ23・55**では、ホット・スポットの分析方法とホット・スポット地図の作成方法を検討している。但し、その場合地図作成ソフトに支配されないようにしなければならない。前のステップで見てきたように、小さなエリアや場所は、多くの問題を理解したり効果的な対策を展開するうえで非常に重要である。したがって、このステップでは、犯罪多発場所（hot spot places）に注目する。後述のステップで検討する、犯罪多発道路（hot spot streets）や犯罪多発地区（hot spot areas）もこの考えに基づいている。

以下は、それぞれ根本的な因果的メカニズムをもった3種類のホットスポットである。

犯罪生成場所（crime generators）とは、大勢の人々が犯罪の動機とは関係ない理由でやって来る場所である。犯行者と標的が同じ時間、同じ場所で交わり、多くの犯罪機会を提供することによって、犯罪や秩序違反行為が生みだされている。犯罪生成場所の例には、ショッピング・エリア、交通機関の乗換場所、祭ごと、スポーツ・イベントなどが含まれる。多くの犯罪や秩序違反行為が起こる主な原因は、その場所を利用する者と標的が多く集まっていることである。

犯罪誘引場所（crime attractors）とは、犯行者によく知られた、多くの犯罪機会を与える場所である。犯罪の動機を持つ者は、このような場所に引き寄せられる。短期的には、犯行者は地域外から通って来るかもしれないが、長期的ないし一定の状況下では犯行者はこれらの地域に移り住むかもしれない。売春や麻薬取引のエリアがその例である。また、一部の娯楽地域も逸脱活動を可能にする場所

としてよく知られる。最初は地元の人間だけがその場所を知っているかもしれないが、その評判が広がって多くの犯行者を引き寄せる結果、犯罪と秩序違反行為の件数が増えるのである。

犯罪可能場所（crime enablers）とは、行動規制がほとんどされていない場所、つまり行動についての規則がなかったり、規則が執行されていない場所である。例えば、駐車場の案内係を廃止すれば、人々が駐車場でたむろするのを放任することになる。その結果として、車上荒らしの増加を招く。これは場所管理の激変の例である。時として場所の管理は長期間でゆっくりと弛緩していき、問題の増大へとつながる。また、犯罪可能場所は監視（guardianship）と規制（handling）の低下と共に生まれる場合もある。例えば、親が子どもと一緒に遊び場にいるのであれば、子どもを保護する（監視）と同時に、子どもが悪い行為をしないようにもしている（規制）。子育てが少しずつ変化して、その結果、子どもを放置する機会が増えると、子どもが被害にあうリスクと犯行者になるリスクが高くなる。

ブランティンハム夫妻は、一定地域が犯罪中立的（crime neutral）であり得ることを指摘している。例えば、これらの場所では犯行者も標的も引き寄せられず、行動規制も十分な場所である。これらの地域にはほとんど犯罪が発生しておらず、犯罪がパターン化されない傾向にある。この理由から、犯罪中立的な場所が警察の注意を引くことはほとんどない。これらの場所は犯罪分析をほとんど必要としないが、他のタイプの場所と比較する際に役立つので重要である。例えば、犯罪が起きない場所と犯罪が頻発する場所の比較は、犯罪生成場所、犯罪誘引場所、犯罪可能場所における問題発生状況の違いを見い出すのに役立つ。この比較には事例対照研究（case-control studies）が便利である。

以上をまとめると、犯罪や秩序違反行為のホット・スポットが大きな問題になる場合は、一般的に、標的の数が増えたか、ホット・スポットにつけ込んだ犯行者の数が増えたか、もしくは場所の管理レベルが低下したかのいずれかである。この3つすべてが作用している場合もしばしばある。例えば、新しい道路が作られたことによって、ある地域での買物客が増える場合である。これは新しい犯罪機会に乗じた窃盗の数を増やすことにつながるかもしれない。そして、犯行に成功すると、さらに新しい犯行者を引き寄せることになる。犯行が増えることは、

逆に買物客の数を減らす原因となる。これは監視者（買物客）が少なくなるからである。しかし、買物客の減少は他にも影響を及ぼす。それは商店の経営を悪化させ、場所管理を難しくさせることである。したがって、犯罪生成場所として始まった問題は犯罪誘引場所になり、そして犯罪可能場所に発展する。

実数と比率を比較することで、これらのどのメカニズムが作用しているのかを診断することができる（**ステップ27**）。問題となっている犯罪件数を犯罪対象となりうる標的の数で割ると比率が出る。この数値は、対象標的100件当たりの犯罪数として表現される。したがって、例えば1年間に15件の車上荒らしがある駐車場で発生し、150台分のスペースを持つその駐車場がほぼ満車状態で運営されているとすれば、その車上荒らしの比率は150分の15すなわち0.1である。これは、年間1台スペースあたり10件の車上荒らしがあると解釈できる。この分析は、駐車場がほぼ満車状態で運営されている場合に限り、あてはまることに注意してほしい。大半の日が50台のスペースに止まっているとすれば、車上荒らしの比率は3倍高いことになる（年間1台当たり15÷50＝0.3すなわち30件の車上荒らしが発生）。

図表13-1は、ホット・スポットの重要度の順位付けにおいて、実数を用いる場合と比率を用いる場合の相違を示している。場所Aは実数では1番のホット・スポットであるが、比率では2番目になり、場所Cは判断基準が実数から比率に変われば3番から1番になる。

ホット・スポットのメカニズムがどのように実数と比率の指標的な組み合わせを生み出すのかを見てみよう。犯罪生成場所は多くの犯罪を抱えているが、標的の数も多いため犯罪率は低くなる（**図13-1**の場所B）。犯罪誘引場所もまた多くの犯罪を抱えているが、標的が比較的少ないため犯罪率は高い（場所A）。犯罪可能場所は、管理が行き届いていないため標的を引きつけない傾向がある。しかし、引きつけられた少数の標的は非常に高いリスクを有している。よって、比較的犯罪は少ないが犯罪率は高い場所は、犯罪可能場所であることを示している（場所C）。最後に、犯罪中立場所で起こる犯罪は少ないため、たとえ標的の実数が特に多くなくても犯罪率は低くなる（場所D）。**図表13-2**はこれらの関係をまとめている。

実数と比率の順位は相対的であるため、この作業は比較目的には有用である。そして、ここには複数のメカニズムが作用している。例えば、低い行動規制（犯

図表13-1 数と比率

場所	犯罪数	標的数	犯罪率	標的100台当たりの車上荒らし件数
A	341	898	.350	35
B	148	1,795	.082	8
C	117	243	.481	48

図表13-2 ホット・スポットのメカニズム診断

	犯罪数	犯罪率
犯罪誘引場所	多い	高い
犯罪生成場所	多い	低い
犯罪可能場所	少ない（多い）	高い
犯罪中立的場所	少ない	低い

図表13-3 悪化しているホット・スポットに何をすればよいか

種類	原因	対応	問いかけ
犯罪生成場所	多数の保護されていない標的	標的保護を拡大する	どんな状況で標的が被害に遭いやすいか？その脆弱性をどのように変えることができるか？
犯罪誘引場所	犯行者への誘惑	犯行者が来る気にならないようにする	何が犯行者を魅了しているのか？それはどのようにしたら変えられるか？
犯罪可能場所	管理の低下	標的の監視、人々の規制、または場所管理を維持する	誰が行動を規制できるのか？どのようにしたら規制をする気にさせられるか？

罪可能要因）は、時に犯行者も引き寄せるかもしれない（犯罪誘引要因）。それにも関わらず、このような比較は、これからどのように問題に取り組んだらよいのかを指示したり、のちの調査のための仮説を立てる手助けとなるだろう（**ステップ20**参照）。さらに、どんな対策が効果的であるかを示唆するのに役立つだろう。これは**図表13-3**にまとめてある。

参考文献

Brantingham, Patricia and Paul (1995). "Criminality of Place: Crime Generators and Crime Attractors". European Journal on Criminal Policy and Research 3 (3): 1-26.

ステップ 18
80－20ルールの適用を学ぶ

犯罪予防の極めて重要な原理は、犯罪が特定の人、場所、物に著しく集中するということである。これは、犯罪が集中しているところに労力を注げば、最大の予防効果が得られることを意味している。これらの集中状況には、犯罪分析家に下記の馴染み深い呼び名が付けられている（後のステップでは、これらをさらに細かく説明する）。

再犯行者（Repeat Offenders） ヴォルフガング（Wolfgang）の有名なフィラデルフィアにおける特定集団の長期追跡研究（コホート研究）では、全犯行者の約5％が全犯罪の50％以上を行っていたことが確認された。

再被害者（Repeat Victims） 英国犯罪調査によると、再被害者（全被害者の4％強）が通報犯罪の40％を占めていた（**ステップ29**参照）。

犯罪多発地点（Hot Spot） この概念を地図上で表した画期的な論文において、ローレンス・シャーマン（Lawrence Sherman）とその同僚は、ミネアポリス市の通報地点の6％が市内で起こった警察への全通報の60％を占めていたことを見い出した。

被害多発製品（Hot Products） 高速道路損害データ研究所（the Highway Loss Data Institute）によって作成された年報は、ある車種は他の車種に比べて盗難保険請求が30倍に達することを明らかにした（**ステップ30**参照）。

高リスク施設（Risky Facilities） マサチューセッツ州ダンバーズ市では、78軒の店舗のうち3軒（5％）が警察に通報された万引き件数の55％を占めていた（**ステップ28**参照）。

この種の集中状況は犯罪や秩序違反行為に限らず、ほとんど普遍的な法則である。地球上にいる大多数の生命は地表のわずかな部分に生きている。地震による大半の損害はほんのわずかな地震によるものである。大半の富は一握りの人間によって保有されている。大半の検挙はごく一部の警官によるものである。

ステップ 18　80-20ルールの適用を学ぶ　*83*

　この現象は、普通**80-20ルール**と呼ばれ、理論上ある事の20％が結果の80％の原因であることを示す。実際では、正確に80-20になることはほとんどないが、結果の大半をもたらしているのは、常にある事やある集団の一部である。次の**図表14**はこのルールを実際に表したものである。この図表は、フロリダ州ジャクソンビル市の55社の住宅建設会社を対象とし、建設現場での盗難及び侵入盗を研究したステイシー・ベレディン（Stacy Belledin）による分析結果である。2004年1月から9月の間でジャクソンビル保安官事務所に通報のあった、建設現場における盗難及び侵入盗の全事件のうち、85％が11社の住宅建設会社（全会社の20％）に集中していることが分かる。

　どんな問題を調査するにせよ、常に**80-20ルール**が適応できるかどうかを考えるべきである。下記は、この問いに対してどう答えるかを示した簡単な6段階の手順である。

1．人、場所、製品のリストを作成し、それぞれと結びついたでき事（event）の数を算出する。
2．でき事の最多から最少へ順番に並べる。
3．それぞれの人、場所、製品が一因となったでき事の百分率を算出する。**図表14**では、386件の盗難及び侵入盗が示されている。これらの事件のうち60件（15.5％）は1番目の建設業者が所有する建設現場で発生している。
4．最も原因となった人、場所、製品（あるいは、この例では住宅建築業者）の百分率を上から順に累計する。
5．人、場所、製品の百分率を累計する（この例では、5列目の住宅建設会社の累積百分率）。
6．人、場所、製品の累積百分率（5列目）と結果の累積百分率（4列目）を比較する。これが示すのは、最も多くの被害を受けた人、場所、製品がどれだけその問題の原因となったかである。

　この種の計算は、問題を走査（Scanning）する段階で、防止策を方向付けるのに大いに役に立つ。したがって、たった5社の建設業者が全事件の50％以上の被害を経験しているというようなジャクソンビル市の例では、55社すべての建設業者

図表14　建設現場での盗難及び侵入盗
55社の住宅建設会社　（フロリダ州ジャクソンビル市、2004年1月から9月まで）

1 住宅建設会社	2 事件数	3 事件率	4 事件の 累積百分率	5 住宅建設会社 の累積百分率
no. 1	60	15.5%	15.5%	1.8%
no. 2	39	10.1%	25.7%	3.6%
no. 3	38	9.8%	35.5%	5.5%
no. 4	34	8.8%	44.3%	7.3%
no. 5	34	8.8%	53.1%	9.1%
no. 6	31	8.0%	61.1%	10.9%
no. 7	29	7.5%	68.7%	12.7%
no. 8	26	6.7%	75.4%	14.6%
no. 9	19	4.9%	80.3%	16.4%
no. 10	11	2.9%	83.2%	18.2%
no. 11	8	2.1%	85.2%	20.0%
no. 12	7	1.8%	87.1%	21.8%
no. 13	7	1.8%	88.9%	23.7%
no. 14	6	1.6%	90.4%	25.5%
no. 15	5	1.3%	91.7%	27.3%
3社・4事件	12	3.0%	94.8%	32.7%
3社・3事件	9	2.4%	97.2%	38.2%
1社・1事件	2	0.5%	97.7%	40.0%
9社・1事件	9	2.3%	100.0%	56.4%
24社・0件	0	0.0%	100.0%	100.0%
計55社の住宅建設会社	386	100.0%	100.0%	100.0%

よりもむしろこれら5社の建設業者に防止策を集中的に講じる方が、市の抱える建設現場での盗難及び侵入盗の問題に対して効率的な戦略になりうると言える。

　分析の段階では、この種の表は、リスト上位に属するもの（人、場所、製品）と下位に属するものとの間で、重要な違いがあるかどうかを判断する手助けとなる。ここに挙げた例で、ステイシーは、建設された住宅戸数と各建設業者が被害にあった盗難及び侵入盗件数がほぼ比例していることを発見した（多く住宅を建てた業者は、その分犯罪の被害に多数あっている）。しかし、それだけではリスクの違いを完全に説明したとは言えない。建設が行われていた近隣の状況、被害通報の仕方、警備体制などといったような他にも重要な原因がリスクの違いに関与している可能性がある。

Ⅴ　深く分析する

ステップ **19**
問題をリサーチする

他の警察機関も、あなたが対処しようとした問題をすでに扱っていたり、他の研究者が研究しているかもしれない。彼らがそれをどのように分析し、何を行ったのか、とくにどのような対応が効果的で、あるいは効果的でなかったのかを見い出すことによって、あなたは多くの時間を節約することができるはずである。他の者の業績を調査すれば、自分自身の問題を検証する有用な仮説が提供されることになる（**ステップ20**）。

まずオンライン www.cops.usdoj.gov. や www.popcenter.org. で利用可能な警察向け問題志向ガイド（POPガイド）から始めよう。それぞれのガイドは、特定の問題に関する調査を要約し、それに対応する方法を示唆している（ガイドのウェブサイトのバージョンは、プリント・バージョンでは利用できない原資料とリンクしている）。新しいガイドが絶えず更新されているが、あなた自身の問題に固有のガイドがない場合は、関連するガイドを探そう。たとえば、あなたが対処しようとする問題が公営住宅における薬物取引である場合、ガイドは現在存在しない。しかしながら、「私営アパートにおける薬物取引」や「屋外薬物市場」に関するガイドはあるので、それらを読めば有用だろう。

有用なウェッブサイト

あなたのリサーチを拡張するために、以下に列挙したウェッブサイトを訪問しよう。オーストラリアやイギリスのウェッブサイトは読み飛ばしてはならない。というのも、問題志向型ポリシングは、これらの国でも広く実践されており、犯罪問題はアメリカと類似しているからである。事実、サンフランシスコの犯罪は、オーストラリアのシドニーと非常に似ており、ルイジアナ州やテネシー州の小さな町よりはるかに類似しているのである。

問題志向型ポリシング・センター（www.popcenter.org.） POPガイドとは別

に、同ウェッブサイトはまた、ゴールドシュタイン賞やティリー賞に過去に申請された問題志向型プロジェクトに関する何百という報告書が掲載されている。ウェッブサイトの検索エンジンは、トピックごとにこれらのプロジェクトを検索することが可能であり、読んだりダウンロードしたりできる。

NCJRS 要約集データ・ベース　このの膨大なデータ・ベースは、ごく一部の要約集しかポリシングを直接扱っていないが、有用な情報が含まれている場合がある。要約集は、ときに論文やレポートの全文とリンクしている場合があり、ダウンロードが可能である。そうでない場合は、この中にある書籍が貸出されるかどうか問い合わせできる。この貸出サービスは無料であり、効率的である。原本が届くのに2～3週間もかからないのが一般的である。

イギリス内務省　イギリス内務省は、大雑把に言って、アメリカ合衆国司法省に相当するが、警察のトピックに関する優れた研究を行ったり研究資金を助成したりしている。まず、ホームページの検索ボックスを利用して「クイック・サーチ」から始めよう。各ページには要約が掲載されている。これをさらにクリックすると全文の内容に到達する。

イギリス内務省犯罪削減ウェッブサイト　「ツール・キット」や「ミニ・サイト」を閲覧しよう。そこには、強盗、住宅侵入盗、家庭内犯罪、街頭犯罪、大学生の犯罪被害など多くの犯罪を扱う実践的なガイダンスが提供されている。

オーストラリア犯罪学研究所　最初のページから、このウェッブサイトの検索を始めよう。検索によって示された各ページには短い記述がみられる。タイトルをクリックすると全文の記述が得られる。多くの文書について全文のダウンロードが可能である。

その他の情報源

グーグル　ウェッブサイトの提供する情報があまり利用価値がないなら、問題を「ググって」みよう。グーグルはインターネット上の第1の検索ツールと考えられている。質問項目を入力するには、いくつかの用語を入力し関連するウェッブページのリストからサーチボタンをクリックしよう。これらの関連ページは、サイトへのリンク数によって算出された重要性の順に、上から列挙されている。検索を絞りたい場合には、すでに入力した検索用語に別の用語を単純に足

せばよい。新しい質問項目を入れると、もとの「広すぎる」質問項目で見つかった小さな組み合わせのページに戻る。

他の警察署　他の警察署があなた自身の問題と同様の問題に取り組んでいることがわかった場合、電話で問い合わせてみよう。プロジェクトに最初から関与した犯罪分析者や警察職員とも話をしてみよう。報告書が手に入らない場合、口頭で伝えられたことにあまり重きをおかないほうがよい。というのも、記憶の曖昧さはよくあることだからである。

地元大学　とくに地元の大学に刑事司法コースがある場合には、学部メンバーから有用な助言を得ることができるかもしれない。彼らに接触する前に、大学のウェブサイトから当該学部の関心事項を学んでおくと良い。問い合わせが一時間以上かかるような事項については、学部メンバーは報酬を期待するかもしれない。もっとも、一部の州立大学は、学部の通常任務の一部として、政府機関への支援に配慮している場合がある。

国内の専門家　調査中に同じ専門家の名前を何度もみる場合には、その人に助言を求めて e-mail を送ろう。その専門家には、迅速に提供しうる固有の情報が欲しいと依頼してみよう。文献を依頼する場合には、あなたがすでに見いだした文献をリストアップして見せた方がよい。そのリストで、あなたが重要な文献を見逃したかどうかを専門家は判断できるからである。

図書館同士の貸出　たいていの大規模な公共図書館や大学図書館は、図書館同士の貸出サービスに同意しており、これを利用して、あなたは他の図書館から必要な書籍や論文を手に入れることができる。図書館が提供する申請用紙に記入したら、資料が到着するのに約2週間ほどを要すると考えた方がよい。

刑事司法要約集（CJA）　CJA へのオンライン・アクセスは、通常、刑事司法コースのある大学からしか利用できないが、生きた情報源である。会員登録するように、あなたの所属部署を説得してみよう。CJA は、当該領域の主要な雑誌、書籍、報告書を網羅している。NCJRS 要約集よりも学術文献の網羅範囲が広い。他方、NCJRS 要約集は、政府研究や専門雑誌の範囲が広い。

情報の制約

最良の情報源は、（1）あなたが直面している問題をすでに調査している研究

者の論文、（2）当該問題を扱う警察プロジェクトの報告書、である可能性が高い。しかしながら、いずれも次のような制約がある。

- 大半の犯罪学者は、個別の犯罪形態よりは、犯罪・非行全般に関心がある。彼らはまた、社会的不利条件や機能不全家庭といった犯罪の遠因に関心があり、貧弱な警備装置とか監視の欠如といった近因の問題にはそれほど関心がない。したがって、あなたが関心を有する問題を扱う学術論文を見いだしたときも、この論文が発見した犯罪原因は、効果的な犯罪対策を展開するうえでは、ほとんど役立たないことが分かるだろう。
- あなたの問題があまり一般的でないならば、関連する多くの警察プロジェクトを見いだすことは期待しない方がよい。研究の成功を主張するその論文が評価データによって支持されていなければ、その成功を疑うべきである。ゴールドシュタイン賞やティリー賞を受けたプロジェクトでさえ、十分に評価研究を受けていない場合がある。また、特定の町や地域社会で機能した対策もあなた自身の地域で機能しないことがあることに留意すべきである。というのも、これらの状況は、あなたの状況と異なっているからである。しかしながら、当該問題を扱った過去の警察の経験が、あなたの状況において、何が有用かを考えるうえで一つの重要な情報源であることには間違いがない。

コラム11　学術論文検索

> たいていの学術論文は、簡潔な要約（アブストラクト）を冒頭に掲げている。もしこれが興味深いようであれば、概要、議論、結論を読もう。これらが有用でありそうならば、論文の初めの文献レビューを細かく調べよう。通常、データ、分析、結果を扱う方法論は読み飛ばしてよい。その論文が直接的に関連しない場合でも、参考文献に列記されている有用な資料を見いだすかもしれない。

対策をとるために、さらに詳細な情報が必要である場合（たとえば、防犯カメラによる監視）、コンピューターや図書館を再び利用することで、あなたが必要な事実を見つけだすことになるかもしれないし、他の者の経験から利益を得るかもしれない。

図表15　対応を確認すること

POPガイドで示された表を作成して、あなたが検討している対応を要約せよ。1つの列に、対応、資源、効果などの5つの欄を作り記入せよ。

	対応	人的物的資源	どのように効果があるか	どのような場合に最も良く効果があるか	注意事項
1					
2					

参考文献

Clarke, Ronald and Phyllis Schultze (2004). Researching a Problem. Problem-Oriented Guides for Police, Problem-Solving Tool Series No. 2. Washington, DC: Office of Community Oriented Policing Services. (accessible at www.popcenter.org and www.cops.usdoj.gov).

ステップ20
仮説を立てる

新たな、しかも複雑な犯罪パターンに直面するときは常に、しばしば不完全な情報に基づいて、その原因についての仮説を立てる傾向にある。

経験や理論は、仮説の良好な源泉である。あなたは、（1）明瞭に自分自身の仮説を述べること、（2）仮説に執着しないこと、（3）客観的にそれらを検証するためにデータを利用すること、をすべきである。仮説が完全に正しくないという理由から関連データが検査された場合は、全ての仮説は変更され、あるいは無視されることを予期すべきである。この理由から、複数の相反する仮説を検証することがしばしば最善の方法である。

一連の仮説は、分析のための道路地図である。仮説は、収集すべきデータの種類、データの分析法、分析結果の解釈法を示す。居酒屋における飲酒関連暴力を調査しているとしたら、まず「どのくらいの居酒屋が問題であるか」という問いから始めなければならない。80-20ルール（**ステップ18**）に基づいて、一部の居酒屋では多くの喧嘩があるが、大半の居酒屋には喧嘩はほとんどないか、全くないという仮説を立てることになる。それから、営業許可を受けた居酒屋をリストアップし、過去12ヶ月以内にそれぞれの場所で通報された暴行件数を算出することによって、この仮説を検証することになる。

仮説が支持される場合、次に「暴行件数の少ない居酒屋と比較して多くの喧嘩が起こる居酒屋は何が違うのか」という問いを問題にしなければならない。危険な施設の概念は、一連の3つの仮説（**ステップ28**）を立てるのに役立つ。

1. 危険な居酒屋には多くの顧客がいる。
2. 危険な居酒屋は暴行犯を引きつける特性がある。
3. 危険な居酒屋の店員はこれらの行動を統制できないか、喧嘩を誘発する。

これらの仮説を検証できるのは、リスクの高い居酒屋とリスクの低い居酒屋の

顧客数のデータを収集したり、顧客1人あたりの暴行件数ないし暴行率を分析したり、問題のある居酒屋と問題のない居酒屋の客同士の交流を観察したり、店員や顧客にインタビューすることである。

　最初の仮説が、データ間で矛盾したり、居酒屋間の暴行件数に大きな相違がないことが分かった場合、「なぜそれほど多くの居酒屋は問題を起こすのか」を問わねばならない。これは、別の仮説を示唆している。つまり、それは認知の問題、すなわち、この都市は他の都市に比べて多くの居酒屋の暴行事件が発生している、などである。この仮説は、比較可能な他の都市のデータが必要であることを示している。

　関連データを収集後、調査対象の都市に問題のある居酒屋が非常に多いことを見いだした場合、「この都市において膨大な数の暴行事件をうみだす多くの居酒屋に共通するものは何か」を問題としよう。1つの仮説は、酒類の許可証が交付される方法、あるいは居酒屋が規制される方法に問題があるというものである。もう1つの仮説は、その都市における飲み客の性向に何かがあるというものである。それぞれを検証するためには、関連データを収集し、仮説の妥当性を考察することが求められる。

　これらの疑問や仮説がどのように分析を構造化したかに留意すべきである。検証結果、つまり肯定・否定の結果がさらに多くの新たな固有の問題を明らかにすることになる。その目的は、広範な疑問や仮説からスタートすることであり、余分なものを除去して、一連の高度に焦点が絞られた問題に至り、この問題が可能な対策を指摘する。

　仮説は、収集すべきデータの種類を示唆する。居酒屋における暴行事例では、各仮説の検証には固有のデータが必要である。ときに同じデータが、複数の仮説を検証することもある（それは、危険な居酒屋に対する3つの説明の中から選択する場合と同様である）。また、しばしば、多様なデータが仮説の選択に必要となる（前述の仮説の3番目の場合と同様である）。仮説が個別になればなるほど、あなたのデータ収集もいっそう焦点が定まるようになる。あなたは個人的には嫌がるかもしれないけれども、明瞭な仮説を持つことが重要なのはこの理由からであり、不明瞭な仮説をたてたり、さらに悪く、まったく仮説を持たない場合よりもよいのである。

コラム12　分析による麻痺

> 明確な仮説がないと、データを過剰に収集したり、過剰に分析したり、いかなる有用な結論も導かなかったりして「分析の麻痺状態」に陥る可能性がある。

　仮説は、データの分析を方向付けるのに役立つ。どの明瞭な仮説も、それが正しければ、観察可能なデータ・パターンを示唆する。上記の例では、リスクの高い施設という概念に由来する仮説は、単純な分析手続を用いて検証可能である。居酒屋が犯罪生成場所である場合、多くの暴行事件が起こり、多くの顧客も集るが、暴行率は低いのである（**ステップ17**参照）。このパターンを見いだすことができないならば、仮説が誤っていることを示している。したがって、仮説が正しい場合に何を観察すべきか、仮説が誤りである場合に何を観察すべきか、という明瞭な考え方を持つことが重要である（**図表16**の第3の事例を参照せよ）。これができない場合、仮説はあまりにも曖昧な指標となる。

　仮説は、分析結果を解釈するのにも役立つ。居酒屋の喧嘩の分析によって、少数の居酒屋に多くの喧嘩が集中していることが分かり、高いリスクと低いリスクの居酒屋を観察したところ、リスクの高い居酒屋の警備員が喧嘩を誘発していると仮定しよう。これは、直ちに介入可能な方法を示している。要するに、仮説が妥当性を持つためには、違いがなければならない。つまり、仮説が正しい場合、あなたはそれが誤りである場合とは異なった決定をすることになる。正しいという検証結果が出たにもかかわらず、誤りの場合と同じ決定を行うならば、仮説ないしその検証は不適切なのである。

　要約すると、仮説は分析を導くために重要である。仮説を立てるためには、重要な問いを発し、この問いに対する単純で直接的な答えを推論する必要がある。この答えがあなた自身の仮説なのである。この推論があまりに大胆である場合、推論は誤っている可能性があり、どこかに推論が正しいか誤っているかを示す方法があるに違いない。もし可能であれば、競合する仮説を立てると良い。

　仮説を立てることはグループで行う有用な作業であり、反対の見解を持つ関与者は自らの視点を主張することができ、明瞭で客観的な検証を可能にする方法で、**図表16**に示されている視点を示すことが許されるのである。このように、妥当ではない仮説に寄与した関与者は、問題分析に対して実質的な貢献をしたこと

になる。それぞれの仮説が潜在的な解決策と結びつく場合、これらの仮説の検証は、同時に実現可能な対策への関心に向け、非効率なアプローチを排除することになる。

図表16 疑問、仮説、検証

疑問	事例仮説	可能な検証
なぜこの場所はリスクが高いのか？	それは多数の標的があるからである。	その場所の標的数を計算し、犯罪率を算出せよ。その比率を周辺地域の比率と比較せよ。リスクの高い場所の方が高い比率であるならば、仮説は誤りである。その比率が同じか低いのであれば、仮説は正しい。
なぜ隣接の地域よりも問題地域で自動車窃盗が多いのか？	この地域の住民が、他の地域の住民とは異なって、路上に駐車するからである。	問題地域が他の地域と比べて路上駐車率が同じか低い場合、仮説を否定せよ。高い場合、仮説を許容せよ。
なぜ新しい建物の配管窃盗が急に増加したのか？	新しい建物の所有者が近くの金属くずの取引業者から購入したからである。	所有者の交代前後の配管窃盗を比較せよ。前後で窃盗率が同じか、窃盗の傾向が交代前にすでに上昇していたのであれば、仮説はおそらく誤りである。そうでない場合、仮説が妥当であることを示す。

ステップ 21
自分自身のデータを収集する

日常の分析（Analysis）活動の過程では、おそらく犯罪発生および犯人検挙に関するデータを主として利用することになるが、問題志向型プロジェクトにおいては、はるかに広範な一連のデータを使用する必要がある。たとえば、緊急通報のデータは、検挙データよりも問題地点の薬物取引量に関する手がかりを与えるはずである。また、自治体や企業によって保存されたデータは、バンダリズムや万引きの問題を分析するうえで役立つであろうし、それらの犯罪はいずれも、警察通報ではうまく測定できないものである。しかし、大半の問題志向型プロジェクトでは、現場に通じている必要があることが分かる。つまり、専門用語を使用し、データを自分自身で収集するのである。たとえば、プロジェクト・チームは、犯行現場の環境的特性を体系的に考察しなければならない。つまり、被害者を調査したり、犯行者にインタビューしたり、他の警察官に調査やインタビューをするように説得したりしなければならないのである。あなた自身のデータ収集の必要性は、以下の例が示すように、SARA 4 段階の 1 つで生じる。

1．ロナルド・クラークは、ノース・カロライナ州シャーロット市における都心駐車場での車関連窃盗に焦点を当てたプロジェクトに関与した。それによって明らかになったことは、シャーロット市は、すべての駐車場の場所を示す最新の地図を有していなかったということである。というのも、駐車場は、取り壊されたビルの場所に絶えず新設されたり、以前の駐車場の場所に新しいビルが建設されていたからである。その結果、当該プロジェクトに関与した警察官は、完全な駐車場リストを作るために市内全域を調査しなければならなかった。後に、プロジェクトでは、警察官が各駐車場のスペースを算出したが、それによって、駐車場ごとの窃盗リスクを算出することが可能となった。このことは、各駐車場を窃盗リスクの最高から最低までランク付けできることを示している。次に、リスク

のこのような幅を説明するために、警察官は、各駐車場のセキュリティに関する詳細な情報を収集したが、それには照明・柵の適切さ、管理人の存在・警備パトロールの使用などが含まれている。

2．建設現場の窃盗に焦点を当てた別のシャーロット・プロジェクトにおいて、同プロジェクトで活動する2人の警察官ダン・カニウスとエリック・ロストは、建設業者が協定した対策の実施を確認するために、プロジェクト対象の全住宅を定期的にチェックした。調査が完了する時期までに、警察官は、個々の住宅に対して、全8,050項目のチェックを終えた。つまり、まさしくあらゆる天候のもとで、大規模なデータ収集の活動が行われたのである。

3．国立法執行・矯正テクノロジー・センターの報告書で、カリフォルニア州チュラ・ビスタ市公共安全分析専門官のカリン・シュマーラーは、ゴールドシュタイン問題志向型ポリシング優秀賞に申請したプロジェクトにおいて、次のような別の実例の一次データを収集した。

・ニューヨーク州バッファロー市における売春関連の緊急通報削減プロジェクトにおいて、警察は、売春婦への徹底したインタビューを15回、「ジョン（売春婦の客）」に対する調査を116回行っている。獲得された情報は、客に対する法執行の強化、売春婦に対する薬物治療の強化、裁判所の量刑に対する地域の支持を得るために利用された。
・カリフォルニア高速道パトロール・プロジェクトは、田舎の危険な直線道路において、死亡事故を35％削減したが、その際に30人の警備隊がバスを使って20マイルにわたる道路脇で検問を行うのに5時間を要した。この警備隊が推奨した鍵となる事項は、24時間「車のヘッドライト点灯」政策を採用することであった。
・オハイオ州サウス・ユークリッド市における校内いじめ削減プロジェクトにおいて、警察は生徒がどこでいつ危険を感じているかを判断するために、生徒に対してフォーカス・グループ・インタビューを行った。生徒は、いじめリスクの高い時間帯や場所として廊下や教室移動の時間であると答え、警察は校内事件記録でこの点を確認した。これらの事実に基づいて、教室移動の時間帯をず

らし、教師は廊下の監視を強めるためにチームで行動した。これによって、廊下におけるいじめは60％減少するに至った。

カリン・シュマーラーは、論文で、その場しのぎのデータ収集でさえ有用な場合があるとし、その例として、頻繁に犯罪の標的となったATMの場所と照明の関係を調査するため、何度も現場を訪問したことを挙げている。その他の事例では、データ収集には、当該活動を設計し実行するのに地元大学の支援が必要であることが明らかとなった。

コラム13　あなた自身のデータを収集する際に注意せよ

> 問題志向型ポリシングは、あなたに多くの要求をするが、路上強盗や暴行のリスクにあなた自身をさらすことまでを求めるものではない。

さまざまな困難と時間の制約ゆえに自分自身のデータを収集するのに抵抗があるかもしれないが、しかし問題志向型プロジェクトにとって、データ収集はしばしば基本的であり、常に以下のような利益をもたらす。

1. 現場でデータを収集することは、問題理解に大いに役立つものであり、コンピュータの前に座って操作できるデータがいかに豊富であっても、それによって決して得ることのできないデータである。
2. データ収集のツールを設計すれば、問題の性格や効果的な対応方法、さらにはあなたの労力を最も良く評価する方法について真剣に考えさせることになる。
3. データ収集（およびその作業の企画）に警察官を関与させれば、問題志向型プロジェクトにおける厳密で体系的なアプローチの必要性を、彼らに修得させる貴重な機会となる。
4. あなた自身のデータ収集を行うことは、研究技法を磨き、純然たる創造性を生む機会を与える。

図表17　偽造ナンバー・プレートを一覧にすること

マット・ホワイトとチャールズ・ディーンは、シャーロット・メルケンブルク警察署に勤務しているが、多くの犯行者が自分の車に偽造ナンバー・プレートを使っ

ていると確信するようになった。これらのナンバー・プレートによって、彼らが何年何ヶ月もの間、非課税・無保険の車を使うことができ、このため犯罪を行う際にこの車を使うと捕まるリスクが減った。偽造ナンバー・プレート制度改革を立証するために、ホワイトとディーンは、シャーロットにおける2つの同規模の隣接地区〜高犯罪地区と低犯罪地区〜を夜間に非公的に調査した。高犯罪地区（色の薄い地図の左側のベルモント）は、調査前の12ヶ月で暴力犯罪通報件数が低犯罪地区の6.4倍もあり、住民の逮捕件数も低犯罪地区（色の濃い地図の右側のプラザ・ミルウッド）の5.6倍あった。予想どおり、彼らはベルモント地区で偽造ナンバー・プレートを付けた12台の自動車（地図上の黒点）を発見した。プラザ・ミルウッド地区には1台もなかった。両地区での路上駐車状況は同じであるが、ベルモント地区では多くの自動車がパトロールからナンバー・プレートを隠すために、自宅の敷地に駐車していた。

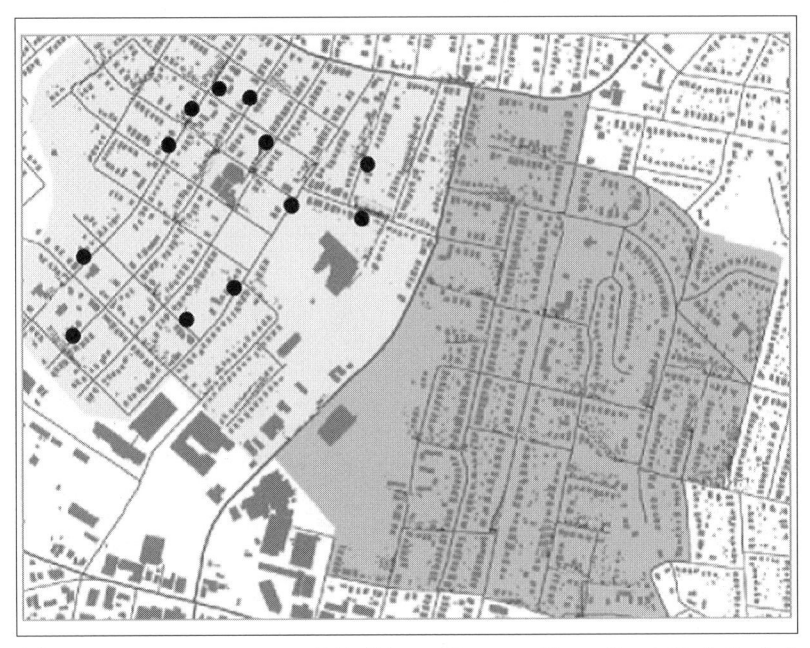

出典：White, Matt and Charles Dean (2004). "Abuse of Temporary License Tags in North Carolina". *Understanding and Preventing Car Theft, Crime Prevention Studies*, Volume 17, edited by Michael Maxfield and Ronald Clarke, Monsey, NY: Criminal Justice Press.

参考文献

Schmerler, Karin and Mary Velasco (2002). "Primary Data Collection: A Problem-Solving Necessity". Advanced Crime Mapping Topics. Denver, CO: National Law Enforcement & Corrections Technology Center, University of Denver.

ステップ 22
データ分布を検討する

　データを収集後、そのデータが何を語っているかを知る必要がある。タクシー運転手への暴行事件を収集したと考えよう。暴行は、ごく一部の運転手の間に集中しているのか。犯行は、週の特定日、特定時間に集中しているのか。

　これらの質問に答えるために、データの分布をみる必要がある。以下の**図表18**が示すのは、36ヶ月間にわたるシンシナティ市内53カ所の地域における殺人事件の分布である。横軸は、地域における殺人件数を示している。縦軸は、どのくらい多くの地域でこれらの殺人件数が発生したかを示している（したがって、一番左の棒グラフは13カ所の地域では殺人件数が0を示す）。大半の地域では殺人はほとんど起こっていないが、右の方に長い尾が伸びており、ごく一部の近隣で多くの殺人が発生していることを示している。

　分布の特徴を要約して捉える必要がある。これには、2つのタイプの「基本統計量」があり、観測値の平均や代表を表す代表値と、観測値の広がりやばらつきを表す散布度である。

　代表値　平均や代表を表す統計量には、以下の3つの方法がある。
- **平均値（算術平均）**　これは、代表値の最も通常の測定方法である。シンシナティ市の全地域における殺人の中間値は、一地域あたり3.7件である。これは、53地域で198件の殺人事件を割ることによって算出された。
- **中央値（メディアン）**　これは、観測値を二つの同数の集団に分割する数値である。シンシナティの全地域の半分は2件以上の殺人事件が発生し、また残りの半分は2件以下の事件が発生している。
- **最頻値（モード）**　これは、最も多くの観測値が測定される数値である。この例では、最頻値は0である。なぜなら、地域の最大グループは、殺人が発生していないからである。

散布度　データの広がり・ばらつきを表す一般的な測度には、次の3つある。

- **レンジ（範囲）**　これは、データの広がりの最も基本的な測度である。最小値と最大値で示される。われわれの例では、範囲は0から27の殺人事件である。
- **四分位範囲**は、データを同じ数になるように4つに分割したうちの真ん中の2つ（50%）の上の部分と下の部分をみるものである。シンシナティの例では、四分位範囲は1から5である。地域の半分はこの層に属する。第1四分位の25%は殺人事件が1件以下であり、第4四分位の25%は5件以上である。四分位範囲を求めるためには、観測値を階級昇順に並べて、それらを4つの同数集団に分割する。真ん中の2つの集団が四分位の内側である。四分位範囲は、これら真ん中の2つの集団の最小値と最大値を示す。
- **標準偏差**　この散布度の測定法は、分布の平均値からの平均的差を示すものである。標準偏差が小さければ小さいほど平均値周辺のデータのばらつきも小さくなる。標準偏差を計算する数式はかなり面倒であるが、表計算ソフトないしは統計ソフトを使えばこれを計算できる。分布形状が「正規分布」という左右対称な分布に近い場合、観測値の3分の2は、平均値±1の標準偏差の範囲内に収まる。シンシナティの例では、標準偏差は5.2であった。

図表18　シンシナティ地域における殺人度数分布

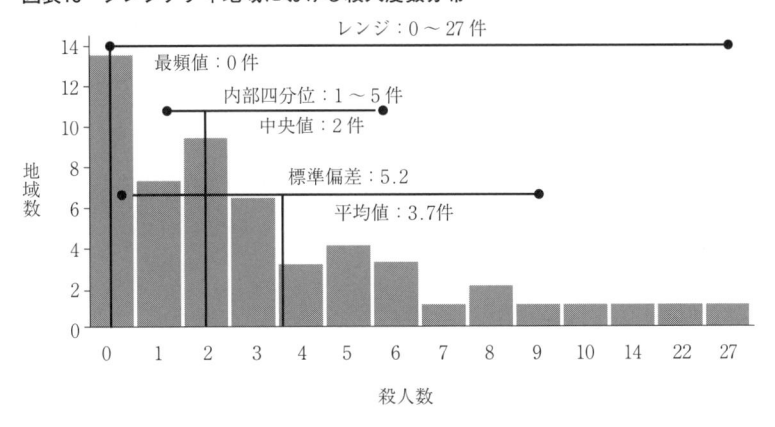

事例によって、散布度のどの測定法が最も良いかはデータの２つの特性次第である。第１の特性は、分布のシンメトリー（左右対称性）である。左右対称の分布において、平均値の片方の側の形はもう一方側の形と対称をなす。平均値は、左右対称分布では中央値と同値である。最も多い事例を持つ数値が中央にある場合、最頻値は、他の２つの平均値の測定法と同じ結果になる。しかし、最頻値は、中央値や中間値と同じであるとは限らない。分布は、２つの最頻値を持つことがあり、それが、中央値の両側にそれぞれ１つずつある場合もある。分布がおおざっぱにみて左右対称である場合、平均値や標準偏差は適正である。

分布が左右対称でない場合、平均値と標準偏差を用いるべきではない。中央値や最頻値、または四分位範囲ないしレンジを用いよう。問題分析において、非左右対称性が非常に一般的である。

事例によって、散布度の測定値を選択するのに用いられる第２の特性は、データ分析に対して用いられる測定尺度である。尺度には３つの典型的なタイプがある。

- **名義尺度**は、単純にラベルを適用する。性別（男性は１、女性は２）は、名義尺度によって測定される。なぜならば、数値は単純に用語ラベルに代替するにすぎず、カテゴリーは男性が２、女性が１と再びラベルづけをしても問題がないからである。データが名義尺度である場合、最頻値のみが適正である。
- **順序尺度**は、データに順序を表すラベルを付ける。地域の殺人発生件数の順序付けリスト、つまり殺人件数の最大から最小へと順序付けすると、順序尺度となる（１番目、２番目、３番目……53番目のように）。順序付けデータは、加減剰余できない。唯一決定できるのは、事例が他の事例よりも大きいか小さいか、同等かだけである。データが順序づけである場合、平均値も標準偏差も使うことはできない。中央値や四分位範囲を用いるべきである。
- **比例尺度**では、データを加減剰除できる。なぜなら、各数値の差分や比を考えることができ、ゼロ（原点）に意味があるからである。ある地域における殺人件数は、比例尺度によって測定される。つまり、殺人０件と殺人

1件の差分は、殺人26件と殺人27件の差分と同じであり、殺人1件と2件の比は殺人10件と20件の比と同じである。また、殺人0件は意味を持つ。このデータ・タイプであれば平均値および標準偏差を用いることができる。

図表19　データの類型、使用、限界

	名義尺度	順序尺度	比例尺度
説明	名義的カテゴリー	順序のあるカテゴリー	数値の差や比を考えることができ、ゼロに意味がある
指標	0＝被害者ではない 1＝被害者 入れ替えても同じである 0＝被害者 1＝被害者ではない	0＝犯罪なし 1＝犯罪1件 2＝犯罪2件以上	犯罪件数：0, 1, 2, …… （0＝犯罪なし）
尺度が右に行くほど、それ自体の特性に加え、左側の尺度の特性を全て持つ（例えば、名義尺度や順序尺度を用いてできることは比例尺度でもでき、さらに別のこともできる）。			
許される計算	同一か非同一か	大きいか、小さいか、あるいは同じか	加減剰除
許される代表値	最頻値	中央値と最頻値	平均値、中央値および最頻値
許される散布度	レンジ	四分位範囲およびレンジ	標準偏差その他
注釈	カテゴリー（例、男か女か）および集団（例、チェーン店か、非チェーン店か）を扱うときに用いられる。	カテゴリー（例、警察階級）にランクや順番がある場合に用いるが、ランクの間の違いは必ずしも同じではないか不明瞭である。	百分率、実数、多数のその他の測定法のために用いる

参考文献

Help for elementary to advanced statistics with many useful links

www.prndata.com/statistics_sites.htm - Hyperstat

HyperStat Online Textbook

http://davidmlane.com/hyperstat/index.html

ステップ 23
ホット・スポットを診断する

犯罪発生地点をマッピングする場合、ホット・スポットの急性と慢性を識別することが有用である（**ステップ17**）。急性のホット・スポットは犯罪の急激な山型グラフを示し、自然に下降するかもしれないが、慢性的なホット・スポットは一貫して他の地区よりも高い犯罪レベルを持続し、何か対策をとらなければ低下する可能性はない。慢性的なホット・スポットには以下の3種の基本的な形態があり、それぞれ特有の理論や対応パターンと結びついている。

犯罪多発ドットは、高い犯罪レベルを示す地点である。これらの地点は多重の被害を受けた設備や住所に集中した犯罪を示す（**ステップ28・29**）。それぞれの場所における多重の犯罪発生はドットによって表示される。

犯罪多発ラインは、犯罪が集中する通りの断続部分である。犯罪多発ラインが生じるのは、たとえば特定の通りに沿って駐車した乗り物が車上ねらいに高い比率で遭遇する場合である。通りの断続部分に沿って生じる多重の犯罪は、ライン（線）で示される。

犯罪多発エリアは、犯罪が集中する地域である。犯罪多発エリアが生まれるには多様な理由がある。エリアの特徴が犯罪を生じさせるのである。すなわち、犯罪多発エリアは多くの別々の具体的な問題を抱えている。地図の上で、犯罪多発エリアは陰影のある領域、等高、犯罪レベルを示す色の階調として表示される。ジェリー・ラトフリフのホット・スポット分類法（**コラム13参照**）は、2種のエリア・ホット・スポットを識別している。つまり、

・厳密にグループ化された犯罪発生パターンをもつホット・スポット
・ホット・スポット・エリア全般への比較的均等な犯罪発生の広がりをもつホット・スポット、である。

図表21は、これらの3種の形態のホット・スポットを表している。トラブルの多い娯楽街の地域は、暴力行為が特定の住所で発生する。これはドットで示されている。しかしながら、車上ねらいは、通りの断片部分で連続して発生するため、その集中は二つの交差する線（ライン）で示される。最後に、住宅地ホット・スポットの階調的に濃淡のある輪郭は、小さな地域で侵入盗リスクが最も高く、中心から離れるほどリスクが減少することを示している。この濃淡のある領域内部のドットは、再発している侵入盗の地点を描いている。

地域のホット・スポットの性格を明らかにすることによって、必要な対応が暗示される。

・犯罪多発ドットは、特定場所の物理的環境を変えること、ないしはその管理を変えることを示唆する。また、高いリスクを抱える被害者への介入を示唆する。
・犯罪多発ラインは、通り、脇道その他の道路、あるいはそれに随伴する環境を変えることを示唆する。
・犯罪多発エリアは、近隣地域を変えるために大規模なパートナーシップが必要なことを示唆する。

図表20は、犯罪の集中が地図化された状況といかに関連しているか、どこに対策の焦点が当てられているかを示している。

図表20　集中、地図化、活動

集中	多発地点の表示	活動レベル	活動例
場所：特定の住所、街角、施設	ドット	施設、街角、住所	駐車場の監視カメラ、居酒屋で酒類が提供される方法の変更
被害者	ドット	被害者の住所	標的の堅固化を通じた被害者の再被害予防支援
通り：通り沿いや街区表口	ライン	歩道沿い、通り沿い、高速沿い	行き止まりの設置、交通パターンの変更、駐車規制の変更
エリア：近隣地区	濃淡エリア	近隣地区、領域、その他エリア	地域パートナーシップ、近隣地区の再開発

図表21　ホット・スポットのタイプ

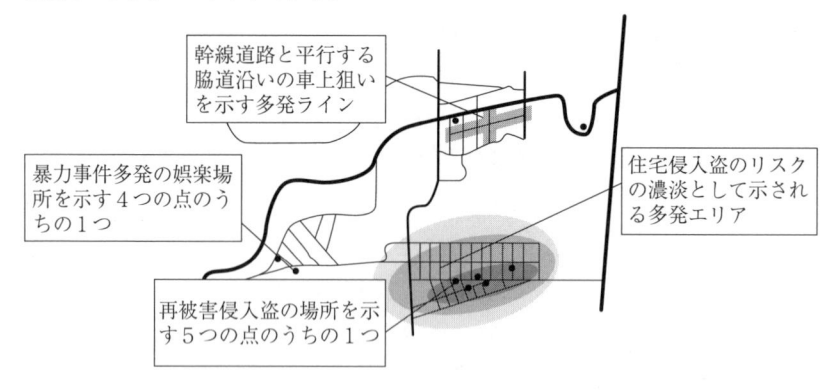

- 幹線道路と平行する脇道沿いの車上狙いを示す多発ライン
- 暴力事件多発の娯楽場所を示す4つの点のうちの1つ
- 住宅侵入盗のリスクの濃淡として示される多発エリア
- 再被害侵入盗の場所を示す5つの点のうちの1つ

コラム14　ラトクリフの多発地点分類

　ジェリー・ラトクリフは、3類型の多発地点を識別している。彼は、多発エリアから始め、そして、点パターンを検討している。事件全部が同一場所で発生している場合、そのホットスポットは「多発点（hot point）」である。多発点は、同一の現象の場所を多発ドット（hot dots）として記述する。事件が地域全体に緊密に群れをなしている場合、ラトクリフはこれを「群発した」ホットスポットと呼んでいる。最後に、事件が多発エリア全体に比較的均一に分散している場合、彼はそのホットスポットを「分散した」ホットスポットと呼んでいる。群発ホットスポットと分散ホットスポットはわれわれの「多発エリア（hot area）」類型のサブ・カテゴリーである。ラトクリフのアプローチは、事件の集中度に注目し、分析者がホットスポットの分類をする前に、多発エリアの境界線を確定することを求めている。

出典：Ratcliffe, Jerry (2004). "The Hotspot Matrix: A Framework for the Spatio-Temporal Targeting of Crime Reduction". *Police Practice and Research* 5:5-23.

　ホット・スポット分析は場所から始まり、次に通り、最後には地域へと移るべきである。たとえば、焼き払われた車の問題を考えてみよう。焼かれた車は特定の住所で繰り返し発見されたのであろうか。もしそうであれば、他の場所ではなくて、特定の場所がなぜ選択されたのかを問うべきである。もし違うのであれば、通りの検討に移るべきである。もし通りに事件の集中がみられた場合、なぜある場所は車の焼き払いするのに都合がよくて、他の場所はそうではなかったのかを理解するために、通りの比較を行うべきである。通りレベルの集中がほとんどみられない場合（たとえば、犯罪が多くの通りにまたがって比較的均等に発生している場合）、地域への集中を検討し、高い集中と低い集中がみられる隣接地域を比

較すべきである。このアプローチによって、高度に照準を絞った対策を確実に行うことができる。

　図表21において、住宅侵入盗多発を示すドットは、全般的な地域問題内部の再被害者を示している。一つの地域ホット・スポットだけでは、これを明らかにすることはできない。さらに分析を進める前に、地域ホット・スポットが、大半は少数の再被害侵入盗スポットに原因があるものかどうかを確かめるべきである。これを行うには、各犯罪発生地点をあたかも1件のでき事しか起こらなかったかのように扱い、それからその地域を検討してみればよい。そうした場合、もはや犯罪多発ではないとしたら、問題は少数のホット・スポットによって引き起こされている。依然として犯罪多発である場合には、これらの再被害侵入盗ドットは、侵入盗のエリア集中の断片である。

　ホット・スポット分析は、早期の問題解決過程における価値のあるツールであるが、ホット・スポットを発見した場合、あるスポットに多発し、他のスポットがそうではない理由を問う必要がある。ホット・スポットの発見後に分析を停止すると、結果は表面的な分析となり、非効率な対策の実践となってしまう。もし問題に地理的な要素がない場合、ホット・スポットのマッピングはほとんど利用可能性がなく、他の分析アプローチを用いなければならない。

参考文献

Eck, John, Spencer Chainey, and John Cameron (2005). Mapping Crime: Understanding Hot Spots.Washington, DC: U.S. Department of Justice, National Institute of Justice

ステップ 24
高解像度地図の使用時期を知る

　　従来のソフトウェアは都心、大学構内、公営住宅、大規模ビル街における犯罪をマッピングするときには、ほとんど役立たない。これは、大半のビルは大きいにもかかわらず、住所は1つしか持たず、ビル内で発生した犯罪が同じ住所に割当てられるからである。したがって、マッピングによって特定のビル・施設が犯罪問題を抱えているようにみえるが、これはただビル・施設があまりに大きいからである。多くの人々がビル内で働き、施設を利用している人が多いことを考慮すれば、ビルや施設は比較的安全であることが証明できるはずである。たとえば、ジョージ・ランガートは、車犯罪ホット・スポットとされたフィラデルフィア都心における駐車場ビルが、同施設に駐車する自動車が非常に多いことを説明して、現実には周囲の通りよりも自動車窃盗の比率が低いことを示した。

　実際には、多くの高層住宅は安全ではない。オスカー・ニューマンは、1960年代アメリカ公営住宅を痛烈に批判し、高層住宅が高ければ高いほど、住民100人当たりの犯罪率が高いことを証明した。彼が論じるところによれば、非常に大きい住宅棟は、住民が隣人を知らず、またビルの設計や間取りは、廊下、エレベーター、踊り場などの共有スペースに住民の監視が行き届かないために、犯罪を招くのだとした。彼の考えはそれ以来、一連の原理として展開された。つまり、これが、安全なビルや公共スペースを設計し配置する「環境設計による犯罪予防」(CPTED) である。

　なぜ特定のビルが安全ではないかを理解するためには、犯罪を特定カテゴリーに分割し、ビル内部の犯罪発生地点をチャート化する必要がある。ここが高解像ないし3Dマップが役立つ場面である。残念ながら、高解像度マッピングは難しく、時間を浪費する。そこには二つの主要な問題がある。

　1．警察の犯罪記録はビル内の事件発生場所を正確に示すのは稀れである。た

だし、ビル管理者や警備部門がときにこの種の情報を提供できる場合もある。彼らが提供できない場合は、特別な犯罪記録の手続を構築して、この種の情報を獲得するために一定期間、犯罪を記録しなければならない（**ステップ21**）。

2．新しいビルなら、電子化された形式の設計図を獲得することが可能であり、マッピングするのが容易である。しかし、ビルが古いと、更新された設計図を獲得するのが困難となり、これらを書き直してもらうことになる。

多くの場合では、これらの問題は単に高解像度マッピングを適用できないだけにすぎず、問題を克服することは可能である。ジョージ・ランガートや彼の共同研究者は、フィラデルフィアのテンプル大学構内で発生した犯罪の研究でそのことを示した。彼らは、大学構内を示す「オートキャド」ソフトの描画と地図ソフトを結合して、高密度GISを作り上げた。水道管、電気配線などの図は削除し、通りが線で示されるように地図を修正した（遊歩道の両脇に線を引いて）。他方、ビルの土地専有面積や運動施設・運動場の形状を示すために多角形が用いられた。植え込み、塀、街灯、その他の物理的特性も地図上に記入された。次に、大学警察によって記録された犯罪が発生地点に正確にプロットされ、犯行者の待ち伏せが可能な暗い街灯や死角といった環境特性と関連づけることができるようになった。

犯罪が大学ビルの各階ごとにマッピングされ、ビル内部の水平面での犯罪発生位置の図が1階の地図に投影された。**図表22**は、建物の一つ、グラッドフェルター・ホールの調査結果を示している。犯罪は全ての階に分布しているが、10階は例外である。地図はまた、大半の階に共通した明瞭な犯罪群、つまり建物の中心近くの4基のエレベーター乗り場に最も近接した場所で発生していることを示している。ここは、秘書や受付がいる研究管理事務所のある「金魚鉢」と呼ばれる場所で、ガラス張りであるからそう呼ばれているが、そこに誰がいるか、何か盗る物はないかと泥棒が覗くことのできる場所である。ランガートの所属する刑事司法学科は、現在ブラインドを設置し、人が金魚鉢を覗くのを防ぐために、夕方の時間帯にはブラインドが下ろされることになっている。

写真と見間違えるような都市空間を作成する市販のソフトウェアがすでに出回っており、3Dのレーザー・イメージングのような技術発展はグラッドフェル

110　V　深く分析する

図表22　テンプル大学キャンパスのグラッドフェルター・ホールの3次元地図

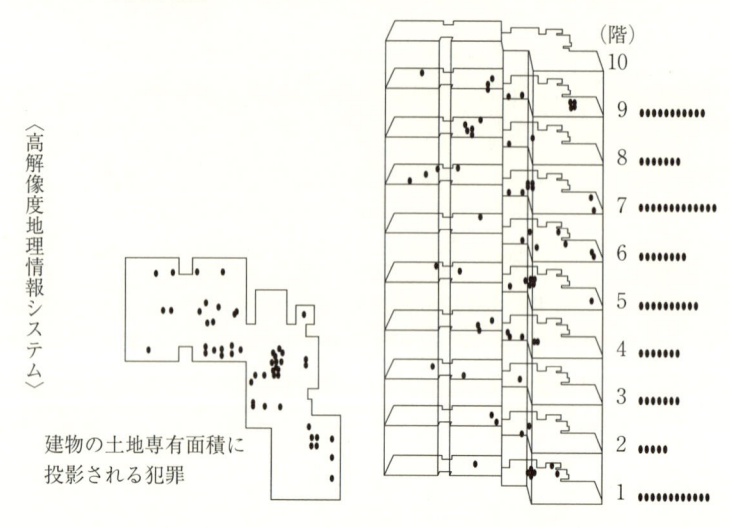

〈高解像度地理情報システム〉

建物の土地専有面積に投影される犯罪

(階)
10
9
8
7
6
5
4
3
2
1

図表23　リッソン・グリーン公営住宅の連絡通路における強盗・ひったくり発生場所

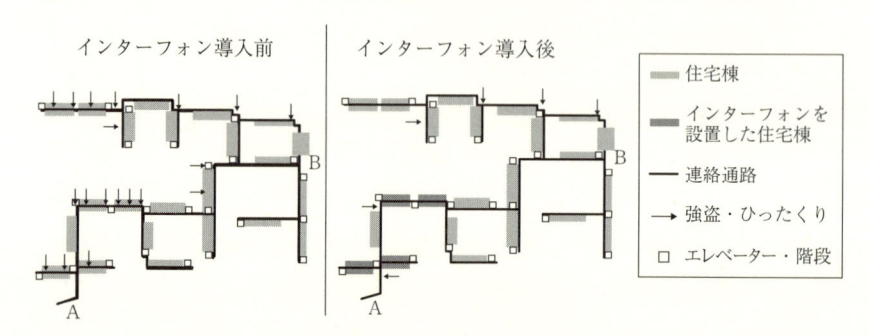

インターフォン導入前　　インターフォン導入後

凡例：
- 住宅棟
- インターフォンを設置した住宅棟
- 連絡通路
- 強盗・ひったくり
- エレベーター・階段

ター・ホールの地図と同様にコンピュータ地図の制作を単純化することだろう。その一方で、事件数が少ない場合、犯罪地点を明瞭に描写すれば、ときにこれと同じように、うまくいくこともある。**図表23**は、ロンドンのリッソン・グリーン公営住宅の設計図で、バリー・ポイナーが描いたものであるが、ビルとビルを繋ぐ連絡通路における前後6ヶ月間の強盗とひったくり発生地点を示している。防犯対策が行われる以前と4棟でインターフォンを取り付け後の2つの期間を示

す。実際、インターフォンによって、表通りの入り口から連絡通路への接近が封鎖された。この事例では、高密度マッピングが予防活動の評価を支援したのである。しかも**図表23**はまた、問題の診断を行うことにも役だった。というのは、強盗やひったくりは隣接するビルと地上から監視がきかない連絡通路の部分で発生する傾向があることを示しているからである。

参考文献

Crowe, Tim (1991). Crime Prevention Through Environmental Design. Applications of Architectural Design and Space Management Concepts. Boston: Butterworth-Heinemann.

Rengert, George, Mark Mattson, and Kristin Henderson (2001). Campus Security. Situational Crime Prevention in High-Density Environments. Monsey, NY: Criminal Justice Press.

ステップ25
1日単位、週単位の周期に注意する

人々の活動の周期は、さまざまな問題に大きな影響を与える。たとえば通勤や買い物の周期によって起こる自動車の増減は、駐車施設における標的や監視者の数を変化させる。これは、同様に、自動車窃盗や車上ねらいが最も頻発する時間帯に影響を与える。酔っぱらい対象強盗は金曜と土曜の酒場の閉店時間に最も頻発する。というのも、標的数が比較的多くなるからである。この実例では、二つの重要な周期が問題行動に集中する。第1は、金曜土曜の夜間が娯楽・レクリエーションでにぎわう時間帯になる就業日・週末の周期である。第2は、酒場の開店閉店の一日の周期である。このステップでは、時間単位、日単位で発生する短期的な変動を議論する。**ステップ26**では、月単位、年単位を含む比較的長期の変動をみる。

さまざまな施設には、問題と結合した事項に影響するそれぞれの周期がある。学校はどこでも周期が似ているが、職場の周期とは異なっている。バス停は通勤や買い物の周期によって影響を受けるが、バスの発着回数によっても影響を受ける。

犯罪や秩序違反行為の発生周期を図表化することは、問題の一因であると思われる重要な活動周期を考察するのに有用である。下記の**図表24**において示されるように、数日間にわたって（最新の表のデータ行列）毎時間（ないし別の時間間隔で）発生するでき事数の平均値を計算し、次にその結果をプロットする（**表A**）。**表B**は毎日発生するでき事を曜日別にして割合を示したものである。レイチェル・ボーバは、日常活動が曜日ごとに極めて異なる周期を示すことから、曜日と時間をともに図表化することを推奨する（**表C**）。その結果、週を通して多発時間帯（hot time）を示す。このような表は、簡単に作成できる。これらの3つの表すべては、標準的な図表手順を使って、一つの集計表にまとめられた。

時間的解析（temporal analysis）は、問題のでき事が頻発するときに最も容易である。したがって、時間的解析は、殺人のような一般的でない重大なでき事よりも騒音苦情や軽微な交通事故などのありふれた軽微なでき事に対してきわめて有

図表24-1　1週間の時間・曜日毎のでき事数の事例

	24時間																								
	1	2	3	4	5	6	7	8	9	10	11	12	13	14	15	16	17	18	19	20	21	22	23	24	平均値
月曜日	7	3	6	9	9	11	10	17	16	17	5	6	12	7	9	5	20	18	16	8	7	10	8	7	10.1
火曜日	10	9	10	11	7	6	13	15	15	18	6	12	7	7	8	5	16	18	17	12	5	11	10	4	10.5
水曜日	4	11	12	6	8	3	18	17	24	14	10	7	4	2	4	9	23	24	24	7	5	12	3	4	10.6
木曜日	8	8	7	9	4	10	17	21	20	17	11	4	3	3	9	6	1	24	18	4	5	4	10	8	10.0
金曜日	3	12	6	7	9	12	13	19	20	19	3	4	2	4	2	3	15	16	17	8	10	18	12	13	10.6
土曜日	10	12	3	1	1	1	1	2	3	4	3	4	6	4	7	8	7	5	10	21	24	23			6.9
日曜日	21	22	10	2	1	1	1	1	1	1	1	1	1	1	1	1	1	1	1	1	1	1	1		3.1
平均値	9.0	11.0	7.7	6.4	5.6	6.3	10.4	13.0	14.0	11.9	5.6	5.4	5.0	4.1	6.6	4.7	14.1	15.6	14.3	6.4	6.1	11.0	9.7	8.3	

用である。でき事がほとんど発生しない場合、より多くのでき事を収集するために長期的に観測するのがよい。しかし、その問題が長期間のうちに変質する場合、明らかにされた事実は、歪曲されているか、あるいは古臭くなっているかもしれない。

　かなり正確な時間にでき事が発生する場合、時間的解析がやりやすくなる。強盗や強姦、暴行などの接触犯罪は、これらの犯罪がいつ発生したかを被害者がしばしば語るので、発生時間は正確に特定される可能性がある。自動車犯罪や侵入盗、器物損壊などの財産犯は、発生時間を特定するのがはるかに難しい。なぜなら、被害者は通常犯罪が発生した時間の範囲しか答えられないからである。犯罪発生の時間を予測するために、これらの範囲の中間点を使用することが一般的であるが、これは、解析に歪みがでる可能性があり、また長期間（たとえば8時間以上）の範囲がある場合、データを用いることは避けねばならない。

　ジェリー・ラトクリフは時間的分布の3形態も考察した。第1に、でき事が一日全体では比較的均等に分布している場合である。彼は、これを拡散パターンと呼んでいる。第2は、集中パターンが異なった時間帯に群発する場合である。ラッシュ・アワー時間帯に集中するでき事は、集中パターンに従う。第3に、急性パターンは短時間内にでき事が密集する。酒場の閉店時間直後に発生する騒動は、この例であるかもしれない。集中パターン、急性パターンは、調査すべき時間的周期を直接的に示唆する。

　ラトクリフは1日単位のパターンの分類法を展開したものであるが、その基本的な考え方は週単位の周期にも適用しうる。特定の曜日が日常活動として問題が

ない場合、これは週の拡散パターンを示す。問題のでき事が顕著な増加を示す一群の曜日は、集中パターンを示す。最後に、週の1日か2日にでき事が顕著に集中する場合、これは急性パターンを示す。

図表24-2 時間的周期の検証

表A 時間単位の平均周期

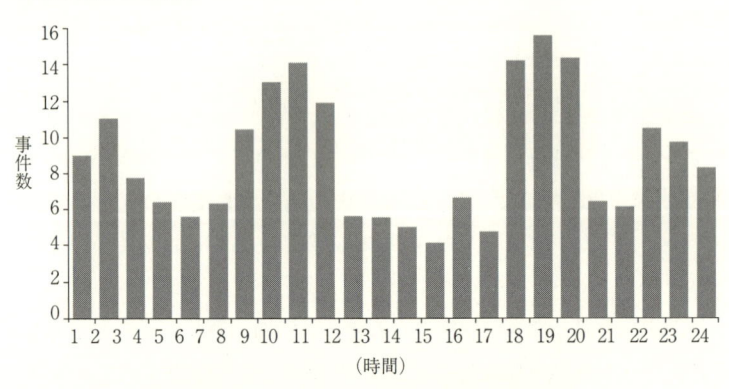

表B 曜日単位のでき事の割合

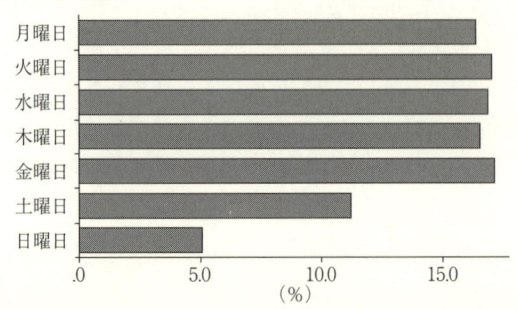

表C 曜日・時間単位の周期

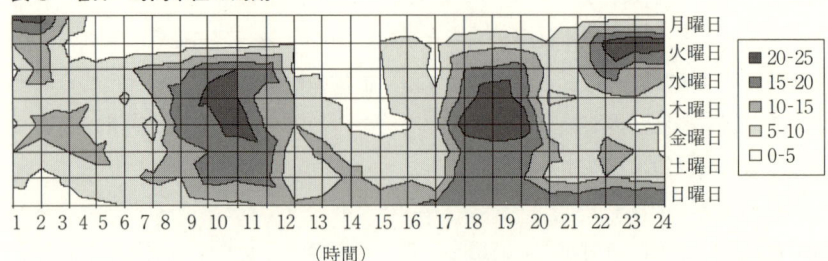

参考文献

Boba, Rachel (2005). *Crime Analysis and Crime Mapping: An Introduction.* Thousand Oaks, CA: SAGE Publications.

ステップ 26
長期の変動に注意する

あなたが取り組んでいる問題は悪化しているか、それとも好転しているか？ その問題は規則的に変動しているのか、それとも不規則か？ これらの疑問に答えるために、時間ごとの問題発生件数ないしは発生率をグラフ化してその問題を研究する必要がある。発生率は、通常、犯罪・秩序違反行為の問題数をリスクのある標的数で割ったものである（**ステップ27**）。

1つの問題の時間的経過（time course）は、以下の3つの基本的な要素に分けられる。

- **全体的傾向**（overall trend）であり、これは視覚的に明らかな場合もあり、また当該問題が悪化しているか、好転しているか、長期間同じ状態にとどまっているのかどうかを示す。
- 季節単位、1日単位、週単位の**周期**（cycle）
- 多数の軽微な影響因子によってひき起こされた**不規則変動**（random fluctuation）

犯罪の時間的経過の体系的な研究は、「時系列分析（time series analysis）」と呼ばれる。

図表25は、ニューヨーク州バッファロー市における殺人件数を示している。グラフの真ん中を通る横線は、全体的傾向を示す。その線は、ごくわずかな上昇傾向を示しながら、視覚的には平らである（もっとも、100ヶ月あたり約1件の割合で僅かに増加している）。2001年5月は特に悪化した月であり、また2000年の10月と11月は特に少ない月であった。

58ヶ月を通じて、月別にギザギザの山と谷によって示される顕著な変化がみられる。発生頻度の低い事例では、このような特徴を示す傾向がある。他方、一定期間当り多くの事件が発生する事例は、なだらかな変化を示す。これらの不規則変動（random variation）は体系的な変化を隠す場合がある。不規則変動によって

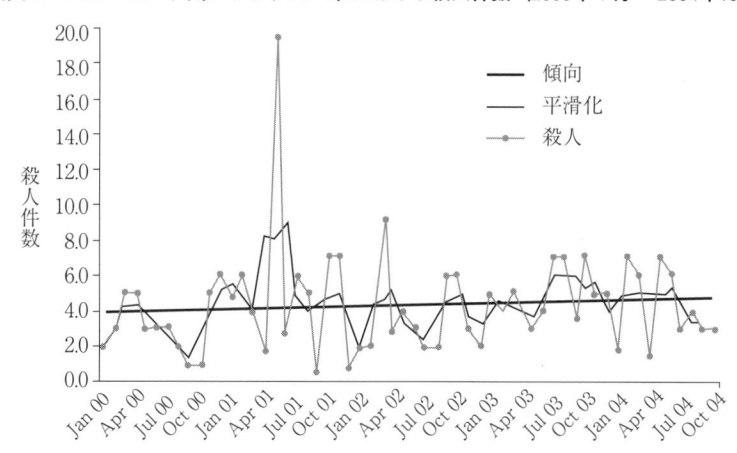

図表25　ニューヨーク州バッファロー市における殺人件数（2000年1月 – 2004年10月）

曖昧になった傾向を明らかにするための1つの方法は、移動平均を利用することである。これは「平滑化（smoothing）」といわれる。3ヶ月移動平均がこの事例でも利用されている。たとえば、7月の数値は6、7、8月の平均であり、他方、8月の数値は7、8、9月の平均である。最初の月と最後の月の連続データがないことに注意せよ。なぜなら、これらの月（最初と最後の月）は3ヶ月のデータがないからである。移動平均は、谷を埋め山を削る。長期移動平均は、短期移動平均より滑らかなグラフを示すが、滑らかすぎて有用な情報を覆い隠す可能性がある。

　周期は、ある年の同じ月（あるいは、月の同じ週、週の同じ曜日、日の同じ時間など、検討する時間的間隔による）を比較して発見される可能性がある。月の日数が異なる期間（うるう年の2月に注意せよ）を記すことは、問題発生件数に影響を及ぼす可能性があるので、重要である。一部の分析家は、この問題を解決するために月ではなく4週間単位を利用する。

　明確な季節周期は**図表26**にみることができる。ここでは、32ヶ月間の月ごとの自転車窃盗件数をみよう。窃盗は、一貫して7・8月に頂点に達し、1・2月に最低になっている。また、前年同月比で2001年は2002年およびデータのある2003年の月よりも悪化していることが分かる。これは理にかなっており、夏には窃盗対象の多くの自転車があり、冬は窃盗犯でさえ自転車をほとんど利用しないから

図表26 バッファロー市の自転車窃盗における季節的影響（2001年1月 – 2003年8月）

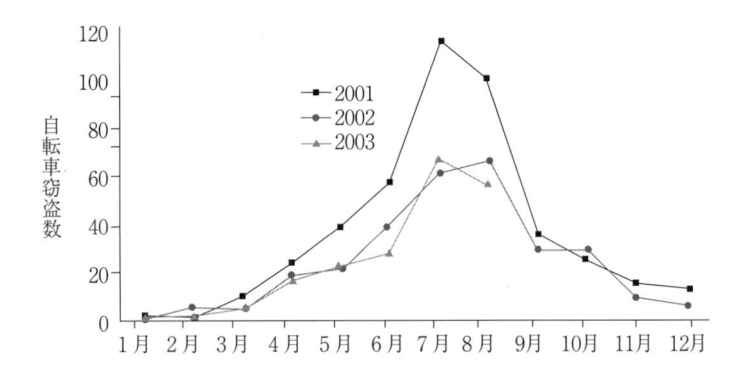

である（特にバッファローでは！）。

　時系列を構成部分に層別することは、可能性のある原因を明らかにするためにきわめて有用である。たとえば、殺人の傾向は、家庭内殺人と非家庭内殺人（あるいは銃器利用と銃器非利用）を示す二つのグラフに分けることができる。そこで、非家庭内殺人が上昇傾向にあり、他方で家庭内殺人が減少している場合、これは非家庭内殺人に注意が向けられるべきことを示す。

　時系列分析は、対策の有効性を評価するのに有力な道具である。基本的な原則は、問題の自然な傾向や周期、変動についての有用な考えを得ることで、その場合、対策がなされる前に、まさにこれまでに議論した技巧を使うのである。これにより、問題に対して何もしなかった場合に、将来、問題から予測できることは何かが分かるのである。これによって、対策後の時間枠を検討するための基礎が提供される。傾向や周期あるいは不規則変動における変化は、対策に影響力があったことを示す。前後の時間枠が長くなればなるほど、結論に対する自信もより大きくなる。

　時系列分析はまた、きわめて複雑になる可能性もある。だから、時間枠分析への正確な答えに大きく依存する場合、この領域を専攻する統計家の支援を求める方がよいかもしれない。

ステップ 27
比率と分母の使い方を知る

　ある場所が他の場所よりも多くの犯罪が発生している場合、一つの考えられる理由は、その場所が他の場所より多くの標的（被害者、被害物）を有していることが考えられる。比率を調べると、標的数がその問題性に関係していることが分かるであろう。

　比率は、リスクを抱える標的ごとの一定時間内の犯罪件数を表す。たとえば、2002年における1,000世帯当たりの侵入盗件数など。標的率は、平均的な標的が一定期間に犯罪に巻き込まれるリスクを示している。

　標的率を計算するためには、以下のことをする必要がある。

1. 関心のあるでき事のタイプを限定する（たとえば、車上狙いとか）
2. リスクを抱える母集団を限定する（たとえば、車両とか）
3. 場所と時間を限定する（たとえば、2004年の繁華街地域の駐車場数とか）
4. 関心のある問題件数や対象としている各場所の標的数を示すデータ・ソースをみつける（例えば、警察の認知犯罪データは、窃盗の発生住所に関する情報を有し、その場所は特定の駐車場に関連するものかもしれない。また、都心の駐車場の観察は各駐車場の車両数の見積りを示しうる。）。
5. 各場所で、比率を得るために問題件数（分子）を標的数（分母）で割る。

　リスクのある標的に限定する場合、慎重な考察を必要とする。侵入盗を分析するとき、標的は人とすべきか住宅とすべきか？　「住宅」がより合理的な回答である。すべてのことが均等であるとして、人口1,000人が500軒に住む場合、同じ人口が250軒に住む場合よりも侵入盗数が多いと予測できるであろう。路上強盗を分析する場合、今度は、リスクのある母集団は調査対象の地域における歩行者数とすべきである。

　警察の事件記録は、通常、対象とした事件発生住所情報を伴ったデータを含んでいる。したがって、特定場所での問題件数を獲得できる。しかしながら、一定

の場所では、リスクのある標的数を記述する情報を獲得することは困難である。例えば、通報された車上荒らしは、駐車場の住所では手に入れることはできるかもしれないが、駐車場を利用する車両数はすぐには手に入れることはできないであろう（**図表28**参照）。

この問題を打開するために、標的の代理尺度を見つけなければならない。例えば、駐車場を利用する車両数は、駐車場の規模に比例するかもしれない。このように、リスクのある自動車の代理尺度は、駐車面積やスペースの数である場合もある。**図表27**は、リスクのある標的率見積りの若干の事例である。

図表27　異なる犯罪の比率の事例

類型	場所	比率	説明
共同住宅侵入盗	共同住宅の建物	共同住宅1棟当りの侵入盗ないし1世帯当りの侵入盗件数	居住者1人当りの侵入盗数は大規模家族をあまりに強調しすぎることになる。
万引	小売店	棚に陳列された1商品当りの窃盗、小売店の単位面積当りの窃盗件数	消費者1人当りの窃盗数が犯行率を示す。
オートバイ盗	近隣地区	登録済みオートバイ1台当りのオートバイ盗件数	オートバイ乗用者が通行するが、居住していない地域で問題が多い。
落書	商業地域	単位面積当りの落書件数	測定困難
タクシー強盗	会社	タクシー1台、運転手1人、運転1時間当りの強盗件数	客との接触時間数が望ましいが、データは手に入らないかもしれない。
モーテルからの迷惑行為通報	モーテル	顧客1人、1部屋当りの迷惑行為通報件数	顧客でない訪問者数にも目を向けよ。

標的の代理尺度は、2つの特徴を有しているはずである。第1に、代理尺度は標的に論理的に関連していなければならない。一部の者は、スペースが車両数に関連すると考えるだろうが、われわれは駐車場の間口の広さが車両数と関連するとは考えない。なぜなら、非常に奥まった駐車場は通りに面した正面口が狭い可能性があるが、多数の自動車を収容できるからである。第2に、代理尺度とリス

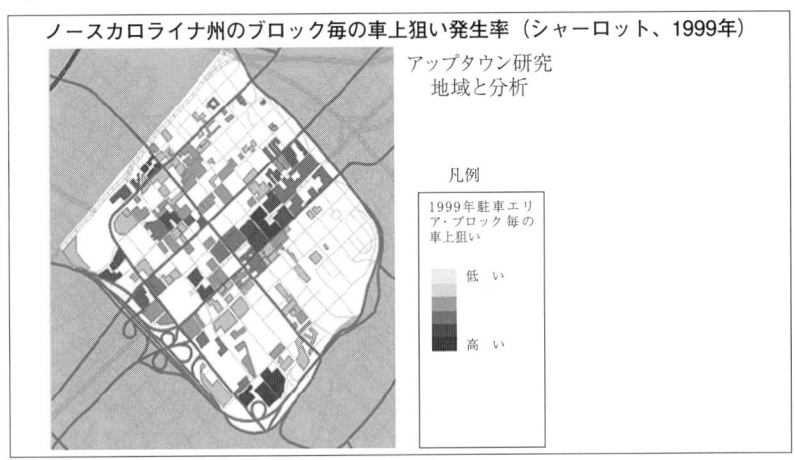

図表28　リスクのある駐車場を識別するために比率を使用すること

ノースカロライナ州のブロック毎の車上狙い発生率（シャーロット、1999年）

アップタウン研究
地域と分析

凡例

1999年駐車エリア・ブロック毎の車上狙い

低　い

高　い

　比率を算出する価値は、著者の1人（クラーク）がハーマン・ゴールドシュタインと協働したノースカロライナ州のシャーロットのプロジェクトによって示されている。地域分析者と警察官による支援を受け、ある都市の都心（地元ではアップタウンとして知られる）の駐車場施設における車上狙いを検証した。多発地点分析は、窃盗が地域の中央に集中するという、極めて画一的な一群を示すが、窃盗率に基づく地図の方が、はるかに明瞭である。この地図は、犯罪分析者のマット・ホワイトによって作成された。彼は、各施設における駐車スペースを計算する際に地域警察官の支援を取り付けた。次に彼は、平地駐車場と立体駐車場の窃盗率を算出した。その結果を記した地図ははるかに詳細なリスク情況を示していた。さらに、分析者は、平地駐車場に駐車された自動車が立体駐車場に駐車された自動車よりも6倍もリスクが高かったこと、一部の駐車場が不適切な警備のために犯罪の機会を与えていたことを示した。

クのある標的の間の関係は、場所ごとにあまり大きく変更してはならない。都心のすべての駐車場が毎週約2／3は満車である場合、スペース数は有用な代理尺度である。しかし、一部の駐車場が十分に利用され、他はほとんど利用されていない場合はスペース数は良い標的指数にはならない。

　代理尺度を用いたとしても、標的データを得るのが難しい場合がある。政府機関は、あなたが必要とする情報の一部しか持っていないかもしれない。例えば、オハイオ州ハミルトン郡の会計検査官は、間口面積や場所を含む郡内のすべての土地区画に関する情報を有している。企業や企業連合は、ときに、売上高についての情報を有している。また、州が提供する消費税情報は、顧客数の代理尺度と

して利用されうる（同様の商品を販売する店舗を比較する際に）。

　比率を計算すると、リスクの高い施設を見つけるのが極めて容易である（**ステップ28**）。カリフォルニア州チュラ・ビスタ市警察のカリン・シュマーラーとその同僚は、市内のモーテルからの通報件数を調査した。10軒の全国チェーン・モーテルと16軒の地元の独立モーテルが似たような通報件数を記録していた。しかし、全国チェーンの方が部屋数が多かった。

　シュマーラーは地元の独立モーテルからの通報数をすべて合計し、合計通報数をモーテルの部屋数で割ると、独立モーテルの平均通報率が1部屋当たり1.8件であったことが分かった。全国チェーンでは、0.5件の通報率であった。明らかに、地元の独立系の方が1部屋当たり多い通報数を記録している。

　件数の多さや比率の高さを強調すべきか？　調査目的が犯罪量全体を削減することにあるならば、その際、数に注目することが最善の選択肢であるかもしれない。しかし、目的が損害の機会を減らすことであるならば、比率に注目すべきである。

参考文献

Clarke, Ronald and Herman Goldstein (2003). Thefts from Cars in Center City Parking Facilities. From Innovation to Mainstream. Crime Prevention Studies, vol. 15, Monsey, New York: Criminal Justice Press. (available at: www.popcenter.org)

ステップ 28
リスクの高い施設を確認する

　施設は特別な機能をもつ環境である（**ステップ15**）。教育施設は教育や研究に関与する。産業施設は材料を生産したり加工したりする。事務所施設は情報を処理する。小売施設は販売や金銭のやり取りに関わる。一部の施設は犯罪や迷惑行為の多発現場である。これらには、居酒屋、駐車場、鉄道駅、公衆電話ボックスなどがある。これらの施設は、犯罪や秩序違反行為が異常に多く発生する。すなわち、「リスクの高い施設」である。

　しかし、この用語はまた厳格な意味で使われる場合がある。すなわち、各タイプの施設の中でごく一部が特にリスクが高いという事実を示唆する場合である。われわれが**ステップ18**において80-20ルールを考察したように、マサチューセッツ州ダンバーズ市にある店の5％が、警察に通報された万引きの50％の被害を受けていた（ダンバーズ警察署の犯罪分析者クリストファー・ブルースによって提供された**図表29**を参照）。以下はリスクの高い施設の事例を記録した一部である。

- **コンビニエンス・ストア**　全国調査では、コンビニエンス・ストアの6.5％が全強盗の65％を経験していることが明らかになった。
- **ガソリン・スタンド**　テキサス州オースティン市のガソリン・スタンドの10％が、1998年から1999年にかけてガソリンの入れ逃げや薬物犯罪で通報された件数の50％以上を占めていた。
- **銀行**　イギリスにある銀行の4％が、他の銀行よりも4～6倍の強盗被害率を示した。
- **学校**　ストックホルムにある学校の8％が、1993年から1994年（学年度）に報告された暴力犯罪の50％を経験した。
- **バス停留所**　アンドリュー・ニュートンの最近の博士論文によると、イギリスのリバプール市にあるバス停の待合所の9％が、バンダリズム事件の40％以上を経験したと記述している。
- **駐車場**　別のイギリスの都市ノッティンガムにおいて、わずか1カ所の駐車

場（ロイヤル・モート・ハウス）が、2001年で全19カ所の都心駐車場で報告された415件の犯罪の約25％（103件）を占めた。

なぜ特定の施設はリスクが高いのかについては、少なくとも以下の8つの理由があり、さまざまな分析手段が、一定の状況で次のどの理由が原因となっているかを決定するのに手助けとなりうる。

1．不規則変動 ランダムに調査した結果偶然の状況から、ごく一部の場所に犯罪が集中することがありうる。これは、ほとんど事件が発生していない少数の施設だけを観察するときに生じやすい。そこで、同じ施設の異なる時間帯もチェックしてみよう。事件の序列が二つの期間で大まかに同じである場合、その偏差はランダムではない。

2．報告実務 一部の施設は、常に事件を警察に報告するかもしれないし、他方、同数の事件を経験しているのに他の施設は、それよりも少なく報告するかもしれない。チェックするのは困難であるが、これらの施設に詳しい警察官に尋ねて、記録された犯罪率が当該施設に対する警察官の認識と一致するかどうかをチェックすべきである。

3．多くの標的 一部の施設には多くの標的が存在する。ダンバーズ市で多くの万引きが生じている店は、市内で最大規模の店舗の一つであった。しかし、これが、全てを物語るわけではない。なぜなら、店舗面積100フィート四方当りの万引き数を計算した場合でも（**図表29**の一番右の列を参照）、この店舗はそれでも万引きのリスクが最も高い店舗の一つであったからである（**ステップ27**を参照）。

4．ホット・プロダクト リスクの高い施設は、多数の標的がないとしても、特に被害が「多発する」標的があるかもしれない。**図表29**にある15番目の店は、1,000フィート四方当りの市内万引率が最高であった。この店は、**ステップ31**で述べたCRAVED基準に適合する、小型で高価な電化製品の販売に特化していた。

5．所在地 犯罪多発地域はおそらく多くの常習犯行者が住んでいる場所であり、この地域にある施設は、犯罪リスクをかなり抱えやすい。これは犯行者が犯罪を行うのに遠出したがらないからである（**ステップ16**を参照）。

6．再被害化 一部の場所は、特に犯罪に脆弱な人々を惹きつけやすい。リス

クの高い施設とリスクの低い施設内で被害にあった人々を比較してみよう。再被害化率が異なる場合、再被害化は高いリスク要因である（**ステップ29**）。

7．犯罪生成場所　多くの犯罪者を引き寄せる施設は犯罪生成場所である（**ステップ15**）。犯罪誘引要素は犯罪多発件数や高犯罪率を示している。追加として行われる診断チェックでは、逮捕歴や犯行者の名前などの他の情報の分析も行う。

8．不十分な管理　所有者や管理者が適切な統制や管理を行っていない場合、その施設には高いリスクが生じうる。**図表30**のボックスが示しているのは、スラム地区の家主の管理不足が自らの不動産をリスクの高い施設に変えていることである（**ステップ44**）。

図表29　マサチューセッツ州ダンバーズ市における店舗単位の通報された万引件数
（2003年10月1日から2004年9月30日まで）

店舗番号	万引	万引の割合	万引の累積割合	店舗の累積割合	1000平方フィートあたりの万引件数
1	78	26.2	26.2	1.3	1.54
2	42	14.1	40.3	2.6	0.70
3	28	9.4	49.7	3.8	0.22
4	16	5.4	55.0	5.1	0.24
5	15	5.0	60.1	6.4	0.28
6	12	4.0	64.1	7.7	0.31
7	11	3.7	67.8	.0	0.09
8	11	3.7	71.5	10.3	0.16
9	9	3.0	74.5	11.5	0.28
10	7	2.3	76.8	12.8	2.82
11	5	1.7	78.5	14.1	0.16
12	5	1.7	80.2	15.4	0.10
13	4	1.3	81.5	16.7	0.35
14	4	1.3	82.9	17.9	0.12
15	3	1.0	83.9	19.2	3.32
16	3	1.0	84.9	20.5	0.90
17	3	1.0	85.9	21.8	0.02
事件数2件の7店舗	14	4.7	90.6	30.8	0.08
事件数1件の27店舗	28	9.4	100.0	66.7	0.06
事件数0件の28店舗	0	0.0	100.0	100.0	0.00
合計店舗数＝78	298	100.0	100.0	100.0	0.15

※上位17店は、（アルファベット順に）：Best Buy, Boater's World, Circuit City, Costco, CVS Pharmacy, Galyan's, Home Depot, Kohl's, Linens & Things, Lowe's, Marshall's, Old Navy, Radio Shack, Stop & Shop, Target, Wal-Mart などである。

図表30　スラム地区の家主、低家賃共同住宅における犯罪そして近隣の荒廃

不動産	取得年	建物数	年間平均逮捕数 所有前	年間平均逮捕数 所有後
1	1977	4	0	1.6
2	1982	15	0	16.9
3	1983	8	0	2.3
4	1985	8	0	4.5
5	1985	10	0.1	6
6	1986	16	0.2	27.9
7	1986	6/8	0	3.4
8	1987	5	0	8.3
9	1987	12	0	11.3
10	1988	6	0.4	8.1
11	1991	10	0.2	9.3
12	1991	10+	2.3	21.8
13	1992	4+	1.1	0.7
14	1992	4	0.2	10.7

　あらゆる大都市において、ごく一部の低家賃共同住宅が警察に対して著しく時間をとらせている事実がある。これらの「リスクの高い」施設は、スラム地区の家主によってしばしば保有されている。スラム地区の家主とは、貧困地域の不動産を購入し管理・維持に最低限の投資しか行わない悪質な家主をいう。管理業務は低下し、まともな借り主は転出し、その場所はまともでない借り主、つまり薬物取引者、ポン引き、売春婦によって占拠される。まともでない借り主は、支払い能力はあるが、まともな管理者が行う素性調査にはパスできない者たちである。カリフォルニア州サンタ・バーバラ市における問題志向型ポリシング・プロジェクトの過程で、キム・フライルシーとマイク・アプスランドの両警察官は、スラム地区の家主が所有する賃貸共同住宅における14件の逮捕を、スラム地区の家主が建物を所有する前後に分けて分析した。**図表30**は、スラム地区の家主が共同住宅を獲得した後の数年間に、その居室で逮捕された者の数が急激に増加したことを明確に示している。これらの住宅で増加した犯罪や秩序違反が共同住宅近くの他の場所にも波及しているという証拠もみられた。すなわち、スラム地区の家主が近隣地域の荒廃の原因であるという広く受け入れられている考えを支持する知見である。

出典：Clarke, Ronald and Gisela Bichler-Robertson (1998). "Place Managers, Slumlords and Crime in Low Rent Apartment Buildings". *Security Journal*, 11: 11-19.

参考文献

Eck, John, Ronald Clarke and Rob Guerette, "Risky Facilities: Crime Concentration in Homogeneous Sets of Facilities." Crime Prevention Studies, in press.

ステップ 29
再被害化に備える

　　　　部の人たちは繰り返し被害に遭っており、80-20ルールに一致して、被害者のごく一部が被害の大部分を受けている。ケン・ピースとグラハム・ファーレルは、独創性に富んだ内務省報告書「一度噛まれると二度噛まれる」の中で、この事実を突き止めている。イギリス犯罪調査のデータ（**図表31**参照）を利用すると、年間で約4％の人々がすべての被害の約40％を経験していることが分かる。また、彼らが示したのは、再被害化が、家庭内暴力、性的暴行、侵入盗、自動車関連窃盗を含む多様な犯罪で発生していることである。しかも、再被害は最初の事件直後に発生しており、しばしば最初の被害から1週間以内に生じている。もっとも、これは犯罪によって多様である。

図表31　被害者の約4％が全犯罪の約40％を経験している

被害を受けた犯罪回数	回答者の割合	被害の累積割合
0	59.5	0.0
1	20.3	18.7
2	9.0	16.5
3	4.5	12.4
4	2.4	8.8
5+	4.3	43.5

出典：British Crime Survey, 1992, all offenses

　調査によると、いくつかの理由により、再被害化の広がりを安易に見逃すことが多い。
・多くの被害者は警察に被害を通報しておらず、これは再被害化が公的な警察記録において少なく計上されていることを意味する。研究者が種々の被害調査を利用しようとしてきたのはこのためであり、これらの調査では、調査対象者は警察に報告しなかった犯罪について質問されている。イギリス犯罪調査に相当する全米犯罪被害調査では、残念ながら、再被害化を低めに計上しているが、

その理由は、全米犯罪被害調査が過去わずか6ヶ月以内の被害を調べるにとどまっており、特定被害者に対し連続して発生した全ての犯罪を計上していないからである。
・犯罪分析者は、しばしば同じ住所で発生した犯罪数を計算して再被害化を見い出そうとするが、警察データには特に共同住宅などの不完全な住所情報が含まれていることが多い。このため、1回しか発生していない被害を現実に発生した件数よりも多く見積もる結果となっている。この問題はGISシステムの高度な利用やマッピング・ソフトウェア(たとえば、位置情報技術)の住所照合の方法を通じて解消されつつある。
・再被害化は「時間窓効果(time-window effect)」によっても、低く見積もられる可能性がある。特定期間の被害だけをカウントされた場合、たとえば2002年1月から6月までの時間窓で被害を受けた場合、2001年12月から6ヶ月の時間窓で一度被害を受けても再被害者とは計上されないことになる。被害者が2002年7月に被害を受ける不運に見舞われた場合も、われわれはこの人が過去3回被害に遭ったことを知ることはないだろう。理想的には、新規の被害者ごとに最初に報告した事件から1年間追跡されるように、移動窓(moving window)が利用されるべきであろう。

再被害化を説明する際に、ケン・ピースは2種の根拠を識別している。
1．ブースト根拠
　これは犯人が最初の犯罪で成功経験をした点から反復を説明しようとする。たとえば侵入盗の犯人は侵入している間に被害住宅について多くのことを学ぶ。この知識は、彼をして別の機会に侵入するように奨励するかもしれない。侵入盗の犯人は、また他の者に彼が以前の窃盗の際に盗まなかった物品について話すかもしれないし、それが他の犯人による侵入に至らせるのである。
2．フラッグ根拠
　これは、多様な犯罪者によって被害を受けた標的について他にはみられない魅力と脆弱性の点から反復を説明しようとする。ある職業は他の職業よりはるかに高い被害化率を示し(たとえば、タクシー運転手)、リスクの高い施設で時間を過ごす人々(たとえば、コンビニの従業員)もまた再被害を受ける傾向が強い。最後に、

被害多発物品（たとえば、暴走族に魅力的な車）の所有者もまた再被害化の可能性を高めている。

コラム15　「雷は2度と同じ場所には落ちない」

> 気のいい警察官は、侵入盗の被害者が再び被害に遭わないと安心させるためにときどきこの諺を使う。残念ながら、ここで検討された調査はそれが本当ではないことを示している。

「仮想」あるいは「準」再被害化とは、元々の被害者や標的と同様の特性を持つ被害者を巻き込む現象である。犯行者は最初の攻撃がうまくいった後、同様の特性を持つ標的に範囲を広げる。たとえば、同じ間取りの住宅や最初の侵入盗と同じ近隣地域の住宅は、犯行者が以前の侵入からこれらの住宅についても何らかのことを学んだために、高いリスクを有すると予想される。

再被害化の知識は、誰のリスクが極めて高いか、そのリスクはいつ高いかを予想するのに有用である。これが意味するのは、犯罪予防に関する資源はこれらの人々に焦点を当てるべきであり、犯罪リスクの極めて低い多くの人たちに資源を浪費すべきではないのである。

現在、多くの警察機関もまた再被害者を扱う際に「段階的な対応」をとっている。つまり、ある者が被害を受ければ受けるほど、警察による予防活動もこの者に集中的になるということである。被害と再被害の時間的間隔を知ることによっても、犯罪被害リスクが最大になる期間の犯罪予防策を一時的に採用することが可能となる。たとえば、ある警察機関は再度の侵入盗被害が直ちに起こるリスクが高い場合に、臨時に侵入盗アラームを設置したりする。

図表32　お隣さんは用心せよ！

> 再被害化は、同一被害者が再び被害を受け、それも極めてしばしば最初の犯罪直後の時期に受けるというリスクの高さを語っている。しかも、リスクは近隣の場所にも及ぶ。ジル・ダンドー犯罪科学研究所のケイト・ボワーズとシェーン・ジョンソンは、侵入盗リスクがどのように街路に沿って伝達されるかを示した。これは下のグラフに示されている。ある家が侵入盗の被害に遭ったとする。それを基準侵入盗と呼ぶことにする。横軸の数値は基準侵入盗からの距離尺度である。距離が1というのは、その通りと同じ側の侵入盗発生場所に隣接する家か真向かいの家を示す。距離が2というのは、その通りと同じ側に沿った2軒目の家か対角にある反対側の家を示し、以下同様である。縦軸の座標は、基準侵入盗の後に生じた侵入盗の件数

を示す。このデータは、イギリスのマージーサイド警察のものである。別の侵入盗リスクは基準侵入盗から距離が離れるほど減少することを理解できる。距離が一定であれば、リスクはその通りと同じ側の家が（反対側の家よりも）高い。犯罪予防策の優先順位は、侵入盗に遭った家に近接する家、特に通りと同じ側（の家）に与えられるべきである。

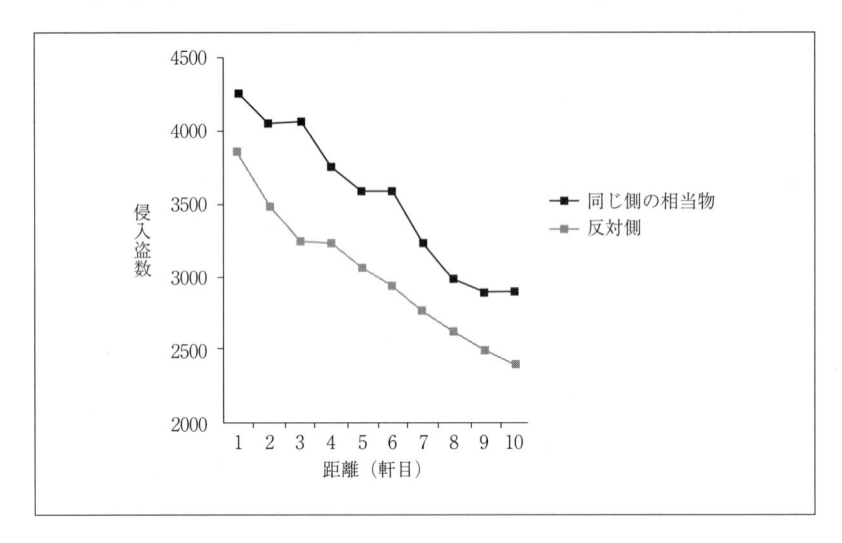

参考文献

Weisel, Deborah (2004) Analyzing Repeat Victimization, Problem Solving Tool Series, No.2. Washington, D.C.: Office of Community Oriented Policing Services, U.S. Department of Justice. (accessible at www.popcenter.org and www.cops.usdoj.gov).

Johnson, Shane and Kate Bowers (2004). "The Burglary as Clue to the Future: The Beginnings of Prospective Hot-Spotting." European Journal of Criminology, 1 (2), 237-255.

ステップ 30
再犯行を考察する

犯罪学の基本的な事実の1つは、一部の者が大部分の犯罪を行っていることである。マービン・ウルフギャングの有名なフィラデルフィア・コホート研究によるデータは、約5％の犯行者が犯罪の40％を行っていると指摘した。このような再犯行に対して2つの説明がある。その第1は、他人に対して社会的愛着が弱く衝動的な者が、非衝動的で愛着の強い者よりも頻繁にトラブルに巻き込まれる可能性が高いことである。第2の説明によると、多くの犯罪や秩序違反の機会にさらされた者は、犯罪機会を巧みに利用して、それに合わせて機会に適応するということである（**ステップ9**参照）。これらの理論いずれも妥当だろう。弱い愛着を持つ衝動的な者は、犯罪機会に日常的にさらされることを求めており、再犯行者となる。

再犯行は、80-20ルールの存在を検証することでも見いだされうる（**ステップ18**）。もっとも、これは、実際には難しい場合がある。特に、犯行者は匿名であり続けようとするし、その結果、データはめったに包括的なものではなく、また、データさえ存在しないかもしれないからである。情報機関から得た知見は再犯行の証拠を提示可能ではあるが、その情報の質はきわめて多様で、犯行者について包括的であることはまずない。われわれは、しばしば犯行者よりは場所や被害者についてはるかに多くのことを知っており、それを知ること自体大きな意味がある。それでも、犯行者やその一味に対する体系的なインタビューを行って、問題の解決と取り組みへのきわめて有用な情報を示すことができるのである。

再犯行者の目的や動機を理解することは、予防戦略の立案に役立ちうる。同じ自動車盗の解決であっても、泥棒が格好のいい車を乗り回して楽しい時間を過ごす場合、深夜のパーティ後に自宅へ帰る交通手段として使う場合、薬物常習を維持するために自動車を盗んだ後に転売して現金に換える場合では、それぞれ違いがある。犯行者がギャングの縄張りをマークしたり、「公衆芸術」を生み出したり、その影響力を誇示したり、さまざまな宗教・人種・民族の地区住民の縄張り

を作ろうとしたりする場合、同じ落書き問題でも、その解決方法には相違があるのである。

首尾良い犯行はさらなる犯行を導くことがある。これが生じるのは、以下の3つの方法である。

・他の者と同様に、犯行者も犯行から学ぶ。成功した犯罪は重要な教訓をもたらす。これが、同一標的に対する再度の攻撃に犯罪者を導くのである（**コラム15**参照）。しかも、犯行者はその他の者と同様に犯行の成功を一般化する。だから、彼らは同様の標的を攻撃すれば、次もうまくいくだろうと考えるのである（**ステップ29**参照）。

・犯行者は相互に学びあう。情報は、小集団や分散した集団や新しく形成された集団で活動する者たちを通じて伝播する。これが犯行者ネットワークを理解する必要性を強調しなければならない理由である。したがって、逆に警察は、犯行者のリスク認識や標的・場所が望ましくないという認識を高める情報を伝播するため、このネットワークを利用することができる。たとえば、マサチューセッツ州ボストン市で少年殺人事件を減少させる活動の一つに、ギャングメンバーを主要な対象としてメッセージを送付する活動があった。

・首尾良い犯行は次の犯行を容易にして予防を浸食する。たとえば、他人の住宅フェンスに少し穴をあけることは、侵入可能性を増大させる。犯行者や犯行的な行動の流れが監視者や場所管理者の対応よりも早い場合、小さな問題が大きな問題に悪化するであろう。

コラム16　再被害化に焦点を当てて、多産型犯行者を検挙する

> ケン・ピースは、最近、再被害化に焦点を当てた結果、これによって得られた捜査の利益について記述している。再被害化は、最も熱心な犯罪者の活動であるという証拠が蓄積されつつある。彼が指摘するには、これによって、同じ家屋、人物に対し繰り返された犯罪を捜査するだけでも、犯行者を絞り込むことができるという興味深い可能性を引き出したという。なぜなら、これらの犯罪は、人が何としても捕まえたいと願う犯行者によって行われているからである。この種の犯行者絞り込みは、市民的自由の侵害という苦情を回避する。というのも、多産型犯行者が行った最も問題の多い一連の行為に焦点を当てるからである。

多くの犯罪予防技術は、確かな威嚇力を持つことを前提にする（**ステップ40**）。監視カメラ（CCTV）が威嚇力を発揮して決定的な抑止力を与えるのは、潜在的

な犯行者が、誰かが犯行を見ているかもしれないとか、監視カメラの録画によって身元がばれ逮捕されるかもしれないなどと考える場合である。このことが意味するのは、必ずしも多くの逮捕者を生み出すというのではなく、逮捕者が少数であっても、逮捕したことをうまく公表して重要なメッセージを強化できるのである。そのメッセージが犯行者のネットワークを通じて伝わるとき、効果を発揮するかもしれない。

　一部の者が問題の大半に関与しているという特定の情報があるとき、これらの者に焦点を当てることが多くの利益を生む。ボストン警察署は、比較的少数のギャング構成員を監視することによって若年男性間の殺人を減らした。フランシス・カレンと共同研究者が指摘するところによると、プロベーション・パロール当局は犯罪者がトラブルに巻き込まれる際の特定状況を学ぶべきであるという。そうすれば、犯罪者がこれらの状況を回避する計画を立てる際に役立つし、これらの計画の遵守を最終的に監視できるからである。

　犯罪誘発的環境の除去による再犯行問題への取り組みは、効果を生む可能性がある。たとえば、イングランドのステイニング村では、くず鉄置き場が、盗品の自動車、部品、他の窃盗犯からの略奪品の置き場となっていた。ここを利用する犯行者仲間の多くは警察に知られていた者であった。しかし、通常の警察活動を行ったにもかかわらず、この問題を解決することはできなかった。そこで、地区警察官は、汚染その他の環境公害を規制する法令を使用してその場所を閉鎖することができた。これによって実質的に同村における犯罪の減少をもたらした。同様に、合衆国の警察は、しばしば民事法を利用して薬物取引、売春その他の犯罪や秩序違反を誘発する施設の閉鎖を行っている。

　逆に、犯行者検挙のために犯罪機会を生み出すことは、事態を悪化させる可能性がある。1970年代末から80年代初期にかけて、多くの合衆国の警察署は「おとり」捜査を試みた。その捜査では、警察は盗品の偽のマーケットを作り、そのような物品を誰が販売したかを記録し、そして多くの窃盗犯を逮捕した。これらのおとり捜査の多くはその効果が検証された。しかし、これらの捜査が犯罪を減らすという証拠は見いだされなかったのである。証拠が見いだされたのは、警察活動が盗品を売買する有利で便利な方法を潜在的犯行者に教えることになって、かえって犯罪を増大させたことである。本書を通じて、われわれは強力な影響力を

持つ誘発的環境が犯罪行動を促進することを示唆してきた。したがって、未確認の多産型犯行者を集める人工的な犯罪機会を生み出すことについては極めて慎重であるべきである。

再犯行者やその共犯者からの情報は、犯行を誘発する環境の特性を確認するのに利用できる。コンビニで実施された初期犯罪予防策の多くは、犯行者に対するインタビューから得た情報によって展開されたものであった。1970年代初期において、コロラド州レイクウッド警察署は、有罪判決を受けた侵入盗犯にインタビューし、彼らがどのようにして住宅を標的にし、盗品を取り扱ったかにつき、多くのことを学んだ。バージニア州ニューポート・ニューズ警察署は、犯行者へのインタビューを利用して車上狙いの分析に役立てた。獲得された情報の重要部分によると、窃盗犯は違法薬物が車内にあると思った車両を狙っていることであった。ごく最近では、カリフォルニア州チュラ・ビスタ警察署は自動車窃盗犯にインタビューを行い、窃盗犯は刑事が考える以上にはるかに単純な手口で自動車を盗んでいることが明らかとなった。これは、特別仕様の中古車には知られていない脆弱性があることを示し、刑事に注意を喚起するものであった。そのような情報は、他の情報源からは得られないのである。

参考文献

Cullen, Francis and colleagues (2002). "Environmental Corrections: A New Framework for Effective Probation and Parole Supervision." Federal Probation, 66 (2): 28-37.

Kennedy, David and colleagues (2001). Reducing Gun Violence: The Boston Gun Project's Operation Ceasefire. Research Report.Washington, D.C.: National Institute of Justice.

ステップ 31
泥棒に CRAVED される物品を知る

80-20ルールによると、窃盗犯は盗みたい物について選り好みするため、全ての物品が同様の盗難被害リスクを抱えているわけではない。窃盗犯は、比較的少数の「ホット・プロダクト（被害の集中する物品）」、たとえば、自動車、ノート型パソコン、DVD プレイヤーや携帯電話などに照準を当てる。全ての中で最も多発する物品は現金であり、マーカス・フェルソンはこれを「犯罪の母乳」と呼んでいる。現金は、夜盗、侵入盗および強盗において最も盗まれる頻度の高い品目である。現金は、銀行や場外馬券売場に対する強盗、公衆電話の破壊、ATM付近の強奪行為を刺激する。

　人々の所持品は、被害リスクを説明するのに役立ちうる。たとえば、自動車の所有は、関連する地理的社会的変数が考慮されるとしても、犯罪被害者になるリスクを倍加する。所有する自動車の特定モデルは、このリスクをさらに数倍高める。ワシントン D.C. の高速道損害データ研究所は、人々にリスクの高い自動車を知らしめ、メーカーにセキュリティを改善するように強く求めて、車種ごとに路上における窃盗関連の保険金請求件数を示した年間データを公表している。**図表33**は、2001年から2003年までの期間における305の新規車種のうち、5つの車種の窃盗に関し最高・最低保険金請求頻度（路上の千台当たり）を示している。キャデラック・エスカレードと日産マキシマは、最低請求頻度の5つの車種に比べて30倍の請求頻度があった。エスカレードは別注のホイールが、マキシマは HID ヘッドライトが標的とされた。この HID ヘッドライトは、そのようなライトを装備していない初期モデルにも装着可能である。

　これらのデータは有用ではあるが、どの車種が窃盗の特定形態の中で最もリスクが高いかは示していない。しかしながら、1980年代に行われた研究では、暴走族によって好まれる車種は、シボレー・カマロなどパワーのある「マッスル・カー」であることが見いだされた。きわめて頻繁に盗難に遭い、まず取り戻されることのない車種は、リンカーンやメルセデスのような高級車、最も車上狙いの

頻度が高く貴重品が盗まれやすい車種はフォルクス・ワーゲンなどのヨーロッパ・モデル、特に様々なモデルに装着できる高級ラジオを装備したモデルである。家庭用のステーション・ワゴン、つまり家庭の運搬移動用の主要モデルは、窃盗のあらゆる形態においてリスクが高くなかった。これらのモデルは廉価であり、精度の悪いラジオを装着し、暴走族はステーション・ワゴンに乗っているところを見られたくないのである。

損害予防リサーチ・カウンシルによって行われた調査によると、万引き犯は一貫してCD、たばこ、酒類やヒル・フィガーのジーンズやナイキのスニーカーなどの人気商品を選択していることが示された。これらの多くは、一部の場所の街頭ないし宅配便で容易に売却が可能である。警察は盗品の故買についてほとんど注意を払ってこなかった。それは立証が困難で比較的軽い刑罰が科されるからであるが、多くの警察署は現在、質屋の取引に関する電子報告書を規則的に受け付けている。これらの報告書を収集することは、侵入盗犯その他が一定の地区で何を盗んでいるかについての情報を管理するのに役立つ。また、盗品が売買されている方法、闇市場を崩壊させる方法について考えるのに役立つのである。

図表33　盗難車種の保険金支払請求頻度

盗難最高支払請求の頻度、2001-03		支払請求頻度
キャデラック・エスカレード・EXT（2002-03）	大型高級ピックアップ	20.2
日産・マキシマ（2002-03）	中型4ドア車	17.0
キャデラック・エスカレード（2002-03）	大型高級SUV	10.2
ダッジ・ストラトス／クライスラー・セブリン	中型4ドア車	8.3
ダッジ・イントレピッド	大型4ドア車	7.9
盗難最低支払請求の頻度、2001-03		
ビュイック・ルセイバー	大型4ドア車	0.5
ビュイック・パーク・アベニュー	大型4ドア車	0.5
フォード・トーラス	大型ステーション・ワゴン	0.5
ビュイック・ランデブー	中型SUV	0.7
サターン・LW	中型ステーション・ワゴン	0.7
全車平均		2.5

出典：Highway Loss Data Institute（www.hldi.org）

頭文字の略語 **CRAVED** は、どの品目が最も盗難に遭っているかを想起させるのに役立つ。この略語は、**C**oncealable（隠匿可能）、**R**emovable（携帯可能）、

Available（利用可能），**V**aluable（売却可能），**E**njoyable（享楽可能），**D**isposable（処分可能）を意味する。

Concealable（隠匿可能）　ポケットやバッグの中に隠すことのできる物品は、万引き犯やその他のコソ泥の被害に遭いやすい。盗難後にその被害を確認するのが困難であったり、容易に隠すことのできる物品はさらにリスクが高い。建築現場付近に放置されたままの木材や煉瓦が盗まれる事例では、窃盗犯自身でさえ身を隠すのが可能である。

Removable（携帯可能）　自動車やバイクが移動可能であるという事実は、きわめてしばしば盗難に遭う理由を説明するのに役立つ。また、ラップトップ・コンピューターがしばしば盗まれるのも単に欲しい物というだけでなく、携帯が容易であるという理由からであり、驚くべき事ではない。携帯が容易であるということは窃盗の種類にもよる。侵入盗犯や万引き犯は、たばこ、アルコール、薬品、化粧品をスーパーマーケットから盗むが、侵入盗犯は万引き犯よりははるかに重量のある物品を盗む。

Available（利用可能）　広く利用可能で犯人に見つけられやすく好まれる対象物は、リスクが高い。これは、なぜ家主が宝飾品や現金を侵入盗犯から隠そうとするかの理由を説明する。この状況は、車は古くなるにつれて、盗難リスクが高まる理由を説明するのにも役立つ。旧型車は、貧困地域の駐車場の少ない脇道に入ったところに住む人々やその近くに住む多くの犯行者が所有する可能性がある。最後に、窃盗のブームは、携帯電話のような魅力的な新製品を手に入れる可能性から生じ、それによって闇市場が素早く立ち上がる。

Valuable（売却可能）　泥棒は一般的に、特に売却目的の場合には、より高額な物品を選ぶものである。しかし、価値は売却価値の点では単純に比較できない。たとえば、自己使用のために盗む場合、少年の万引き犯は仲間の間で地位を高める物品を選ぶものである。同様に、暴走族は、その経済的価値よりも自動車の性能に関心を有する。

Enjoyable（享楽可能）　ホット・プロダクトは楽しむことができる物が多く、アルコール、たばこ、DVDのような所持する喜びや使用して楽しむ嗜好品・物品である。たとえば、住宅侵入盗は、電子レンジのような価値のある電化製品よりもDVDプレイヤーやテレビのような物を盗む可能性が高い。これは、多くの

泥棒(そしてその買い手)の娯楽志向の生活様式を反映するものである。

Disposable（処分可能） ごく最近、ホット・プロダクトと盗品市場との間の関係について体系的な研究が開始されたが、泥棒は売却が容易な物品を選択する傾向があることが明らかになった。これは、電池や使い捨てカミソリがアメリカのドラッグ・ストアから最も頻繁に盗まれる品目の1つである理由を説明するのに役立つ。

図表34 クローン電話の増加と減少

携帯電話が一般的になったとき、犯罪者は携帯電話を複製する方法を発見した。その結果、いかなる支払いもせずに携帯電話を使用できた。彼らは各携帯電話が通話を送受信する際に発する電話番号を傍受するために、空港やホテルの近くで無線傍受装置を使用した。そして、盗んだ電話に電話番号を再プログラムして元の電話の「クローン」を作成したのである。その結果、元の電話所有者はクローンで使われた通話料金を請求されることとなった。これは、急激に巨大なビジネスになった。グラフの折れ線グラフは、全携帯電話会社のクローン損失額が1992年6月から1996年6月にかけて急激に増加したことを示している。その損失は最高の6ヶ月間で総計約4億5千万ドルになった（その損失は、複製された電話の正規の契約者の請求書を電話会社が清算した金額である）。この時から、電話会社は、電話番号を盗みクローンを使用することを極めて難しくする様々な技術を導入し始めた。1999年12月までに、複製は急激に減少し、ほとんど駆逐された。ちなみに、携帯電話詐欺の2番目に多い一般的な形態である「加入詐欺 (subscription fraud)」(偽名・偽住所の口座開設)はクローン詐欺が駆逐されても、転移論者が予測したようには、急激に増加することはなかった。これは、「クローン」が組織犯罪者によって「大量生産」することが容易であったのに対して加入詐欺はそうではなかったからであろう。

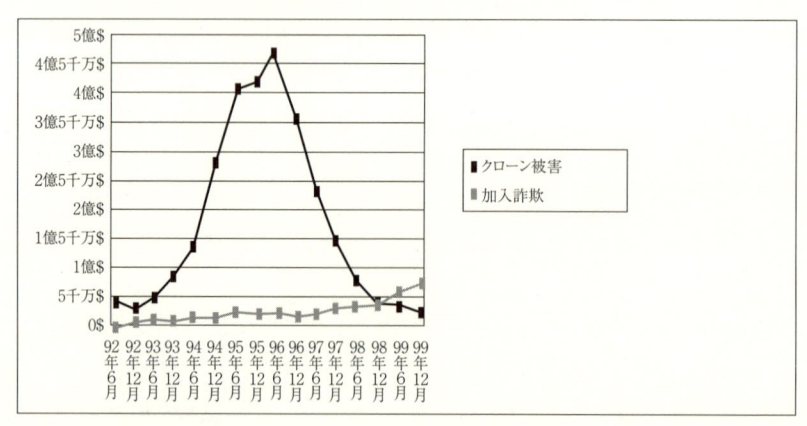

出典：Clarke, Ronald, Rick Kemper and Laura Wyckoff (2001). "Controlling Cell Phone Fraud in the U.S.," Security Journal, 14:7-22.

参考文献

Clarke, Ronald (1999). Hot Products. Police Research Series. Paper 112. London: Home Office. (Accessible at: www.popcenter.org).

ステップ32
事例対照研究を行う

問題を分析する際に、「他の類似した要素がほとんどトラブルがないのに、なぜこれらの人、場所、時間、でき事にトラブルが多いのか？」を問うことは常に有用である。その質問に答えるために、問題事例と非問題事例を比較する必要がうまれる。

　この種の比較は、「事例対照研究」とよばれる。事例対照研究とは、問題のある人、場所、時間、でき事と問題のない人、場所、時間、でき事を比較することである。調査対象を「事例群」、比較の対象となる事例を「対照群」とよんでいる。

　1つの実例は、カンザス州ショーニー警察署の犯罪分析者であるスーザン・ヴェルニケによって提示されたデータに示されている。ショーニー地区のすべての酒場において、ヴェルニケは座席数100人あたりの通報件数を算出した。この算出方法は、様々な規模の酒場に対して調整したものである（**ステップ27**参照）。この数値は、最高の比率から最低の比率までランク付けされた酒場を示している。そこで、基本的な事例対照研究がここに適用された。酒場を営業する方法、酒場における店員や客の行動、酒場が好む顧客タイプに体系的な相違があるかどうかを見るために、最も高い比率を示した酒場と最も低い比率を示した酒場とが比較されたのである。

　問題事例が非問題事例と比較してきわめて稀であるとき、事例対照研究は非常に有用である。これが問題解決の状況を示すことがしばしばある。

　妥当な事例対照研究を行うために、次のことをすべきである。
・事例群を正確に定義すること
・これらの事例群の代表サンプルを選択すること
・対照群を定義し、これらは事例群と同様の条件（たとえば、同じ地域や都市で、同じタイプの犯罪機会がみられた場合）にさらされており、問題となる可能性はあったが、問題とはならなかったグループである。

・これらの対照群の代表的サンプルを選択すること
・事例群の特性と対照群の特性を比較すること

　実質的な相違は、問題の一因となっている特性を示している。類似性は、おそらく問題の一因となっていない特性を示している。1つの例を用いて、これらのステップを展開してみよう。
　ショーニー地区酒場の単純な事例は、ごく少ない地点に対して上記の上から4つのステップを示している。また、事例対照研究の詳細の一部を指摘するために、さらに複雑な事例を検証することもできる。

事例群を正確に定義すること
　1990年代初期、ジョン・エックは一部の場所が恒常的な薬物取引地点であり、近隣の場所の大半がそうではない理由に関心を示した。カリフォルニア州サンディエゴ警察署の協力を得て、サンディエゴの一地域で300ヶ所以上の常習的薬物取引地点が確認された。これらは、市民の通報、薬物への法執行活動、職務質問記録、逮捕データ、パトロール警察官の観察に基づいて確認されたものである。常習的として分類されるためには、各地点で別々の日に1件以上の薬物事件の逮捕、通報、職務質問があったか、あるいは、1件以上の捜査令状が発出されたか、パトロール警察官によって確認されたかのいずれかに該当しなければならない。これらの地点を確認するために多重の指標が用いられ、多くの常習的な場所が存在すると考えるのは合理的であった。

問題のある事例群の代表サンプルを選択すること
　取引地点が1ヶ所しかない地域の各ブロックでは、調査に適合する取引地点が選択された。取引地点が2ヶ所あるブロックでは、2ヶ所とも選択された。2ヶ所以上ある場合、ランダムに2ヶ所が選択された。これが合計189地点の代表サンプルとなった。全ての事例群を選択することも別の妥当な選択肢として考えられたが、調査費用が高額になるとして行われなかった。また単純な無作為抽出法が用いられたため、影響を受ける全ブロックをカバーすることを保証するものではなかった。

問題であるはずの対照群を定義すること

対照群は、薬物取引があるという証拠のない地域の地点が選択された。取引地点を探す薬物売人はこれらの地点を知っているかもしれないので、事例群の近隣の地点が有用であった。それゆえ、この近隣の地点は薬物取引者に機会は与えたが、選択されなかった場所である。対照群は、事例群となってもおかしくない地点であるが、不思議な理由からそうはならなかったのである。当該調査の目的は、この不思議な状況を解決することである。

対照群の代表サンプルを選択すること

各ブロックにおいて、取引地点と同数の非取引地点が選択された。これらの地点は、薬物活動の兆候がみられない各ブロックの地点リストから無作為に選択されたものであった（宝くじの場合に該当する）。すべての非取引地点を選択することは実際的ではなかった。というのも、数千もの非薬物取引地点がみられたからである。事例群・対照群を同じブロックから設定することによって、対照群が薬物取引者に機会を与えていることを地点選択の過程で確認した。無作為抽出によって、対照群がすべての非取引地点の代表サンプルであることを確認した。

事例群を対照群と比較すること

各地点についての情報を記録するために、調査員が事例群と対照群の地点に配置された。これには、次の項目に関する情報が含まれた。すなわち、建物タイプ（会社、アパートの建物、単身家庭、空き家など）、道路タイプ（車線の数、一方通行・対面通行など）、最寄りの州間高速道路からの距離、周辺建物のタイプ、街灯の照度、アパートの棟数、フェンスその他の防犯装置の有無、路地脇道への近接性、その他の多くの要因である。調査の目的は、これらの特性に関して、取引地点が非取引地点と実質的に異なっているかを理解することであった。2つのパターンが見いだされた。1つはクラック取引地点のパターンであり、もう1つは覚せい剤取引地点のパターンである。対照群と比較して、クラック取引地点は小さなアパートで、しかもフェンスの内側で鍵の掛かる門がある場所で行われている可能性が高かった。対照群に比較して、覚せい剤取引地点は、単身家庭や路地に隣接する地点である可能性があった。薬物取引者が小さな建物（ほとんどの場合、アパートではない建物か単身の家庭）の借りた部屋を好むと思われるのは、家主がほとんど管理していない場所であることが指摘された。後の実証研究において、エックは

家主への介入策が薬物関連犯罪を減少させたことを見いだしている。

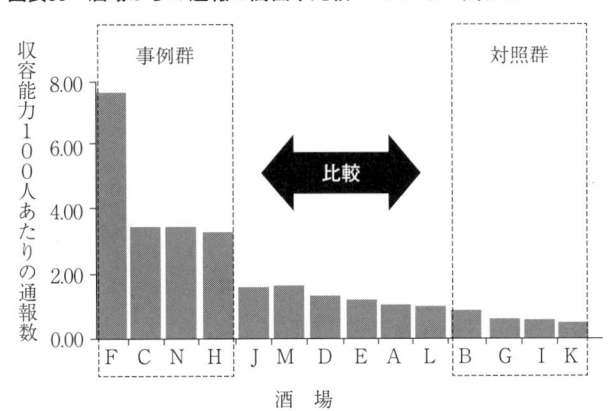

図表35　酒場からの通報の高低率比較 － カンザス州ショーニー

縦軸：収容能力100人あたりの通報数（0.00〜8.00）
横軸：酒場
事例群：F, C, N, H
対照群：B, G, I, K
中央：J, M, D, E, A, L
中央に「比較」の両矢印

　事例対照研究は、大半の他の研究と異なってデータ分析のために特殊な技法が必要である。**ステップ33**は、特に有用な技法の1つを記述している。

　事例対照研究は、問題分析においてきわめて有用である。このアプローチは、少数の場所（ショーニーの事例と同様に）でも膨大な数の場所（サンディエゴの事例にみられるような）にでも適用できるほど柔軟である。これらの事例は場所に焦点を当てるものであったが、同じプロセスは人、時間、でき事にも適用可能である。

コラム17　統制されていない事例研究を実行するな

　一般的な間違いは、問題となっている人、場所、時間、でき事に関するデータだけを収集することである。これは誤解を招く結果を示す可能性がある。なぜなら、問題事例間に共通する特徴についてのみ理解するからであり、それらの特徴が非問題事例とは異ならないかもしれないからである。この実例は、警察官殺しを理解するために1990年代初頭にFBIによって行われた研究がある。その研究者は職務中に殺害された警察官に関する情報を収集した。しかし、殺害されなかったが同様の状況にさらされた警察官に関する情報を収集しなかった。結局、われわれは、何かあるとして、死亡した警察官の特徴の何が殺害の要因となったのかが分からないのである。同様の状況にさらされて生存している警察官は、これら同様の特徴の多くを共有しているかもしれない。

ステップ33
関連性を評価する

たとえば、係員のいる駐車場は係員のいない駐車場より車上狙いが少ないであろうか。管理人のいるアパートは、管理人のいないアパートより薬物取引のリスクが少ないであろうか。このような問題に答えるためには、人、場所、でき事（イベント）の特徴と（犯罪や秩序違反行為などの）問題の測定との間に統計上の関連があるかどうかを決定する必要がある。

関連性を計算する方法は多い。しばしば相関係数が利用される。相関係数は、－1から1までの範囲がある。負の相関は、1つの特性における増加が他の特性の減少と関連していることを意味する（および減少は他の特性の増加と関連する）。正の相関は、1つの特性における増加が他の特性の増加と関連していることを意味する（また、ある特性における減少は他の特性の減少と関連する）。大きな係数は強い相関を意味する（正あるいは負の）。もし相関係数が0に近い場合、関連はみられない、つまり1つの特性における変化は他の特性の変化と関連しないのである。あらゆる表計算ソフトあるいは統計分析プログラムによって、相関係数の計算を実行することができる。

フロリダ州ジャクソンビル・デュバル郡警察署の犯罪分析課は、50棟以上の団地を検証した。彼らが見いだしたのは、269の団地において棟数と犯罪数の間の相関は約0.57であり、緩やかな正の相関がみられた。これらの団地において、財産犯件数と暴力犯件数の間には、極めて高い正の相関（0.91）がみられた。

事例対照研究（**ステップ32**）における関連を測定するのに、相関係数を使うことはできない。その代わりに、オッズ比を利用することができる。

オッズ比は、0よりも大きいあらゆる値をとりうる。オッズ比が1に等しい場合、特性と結果との間の関連はみられない。つまり、結果のリスクは、その特性があっても無くても同じである。オッズ比が0から1の間にある場合、リスクは、特性が存在する場合（負の関連）よりも特性が存在しない場合の方が高い。オッズ比0.1は、特性が存在する場合の結果のリスクが特性が存在しない場合の

10倍高いことを意味する。オッズ比が1より大きい場合、特性が存在しない場合（負の関連）よりも特性が存在する場合の方がはるかに高い。オッズ比3が意味するのは、結果のリスクが、特性が存在する場合よりも3倍高いことを意味する。オッズ比を利用するためには、結果と特性という2つの数値のみ用いることである。たとえば、結果において、1が意味するのは犯罪が多発している酒場であり、0が意味するのは犯罪の少ない酒場である。特性においては、1が意味するのは暴力を予防する方法をスタッフが訓練されていることであり、0が意味するのはスタッフがそのような訓練を受けていない場合である。オッズ比は、暴力を予防するために、スタッフが訓練をされている酒場と犯罪の多い酒場との間の相関があるかどうかを教えるものである。ここでわれわれは、負の相関を予想するとすれば、オッズ比は、われわれの予想に合致するためには1未満でなければならないのである。

図表36-1には、オッズ比の計算の仕方が示されている。結果は横列に示され、特性は縦列に示されている。結果および特性いずれに対しても、適切な数値を有する実験群の数は各セルの中にみられる。セルAは、当該特性を有する事例群の数を意味する。セルCは、当該特性を持たない実験群の数を意味する。セルBは、当該特性を有する対照群の数を意味する。セルDは、当該特性を持たない対照群の数を意味する。オッズ比は表の下にある数式を用いて手動で算出できるが、多くの統計ソフトウェア・パッケージによって自動で計算できる。

図表36-2は、サンディエゴ市における薬物取引場所の事例対照研究にオッズ比を適用したものである。結果は、常習的なコカインないしヘロインの取引を示している。また、この研究で、常習的取引（事例群）の指標を有する58棟の団地がみられた。いかなる薬物取引の指標も示さない（対照群）団地が47棟みられた。施錠された門、あるいは施錠されていない門、場所管理者の存在が、薬物取引者がその地点を選択したかどうかに影響を与えているであろうか。施錠されていない門のある団地は、施錠された門のある団地あるいは門のない団地と比較した場合、オッズ比は1より大きかったが、これは有意な相違を示すものではなく、したがって、施錠されていない門と薬物取引との間に相関はないという可能性を明らかにすることはできない（オッズ比が1である場合、相関がないことを想起せよ）。施錠された門と薬物取引の間の関連は、有意に正の相関を意味する。施錠された

門を持つビルは、その他の団地よりコカインやヘロインの取引を行う可能性がほぼ3.5倍であった。場所管理者のいる団地は場所管理者のいない団地の10分の3の確率で取引場所になる機会があった。これは、統計的に有意に負の相関がある。しかし、相関は因果関係と同じでないことに注意すべきである。相関が示すのは当該特性が結果に寄与する原因であるかもしれないが、それだけでは因果関係を証明するのに不十分であることである。

図表36-1　オッズ比の算出

特性＼結果	Yes（1）	No（0）	合計
Yes（1）－実験群	A	C	A＋C
No（0）－対照群	B	D	B＋D
オッズ比＝（A／B）／（C／D）＝（A×B）／（C×D）			

図表36-2　共同住宅の治安と薬物取引

	無施錠門	施錠門　又は　門なし	オッズ比
取引あり	16	42	1.857
取引なし	8	39	

	施錠門	無施錠門　又は　門なし	オッズ比
取引あり	33	25	3.452
取引なし	13	34	

	施設内管理者あり	施設内管理者なし	オッズ比
取引あり	14	44	0.305
取引なし	24	23	

ステップ 34
犯罪の誘発要素を探る

犯罪誘発要素は、潜在的犯行者の犯罪や秩序違反行為を助長する。これには、3つのタイプがある。

- **物理的**誘発要素は、犯行者の能力を増大させたり、予防手段に対抗する一助となったりするものである。トラックは盗品を運搬する犯行者の能力を伸ばし、電話は猥褻電話を犯行者に許し、銃器は強盗犯に抵抗感を克服させる一助になる。一部の物理的誘発要素は道具であるが、他は物理的環境の一部である。フェルソンとその同僚は、ニューヨークの港湾局バス・ターミナルの古い構造が様々な犯罪をいかに誘発したかを記述している。ある犯罪タイプは古い駅における設計特性の多様性が生み出す固有の生態学的な空間で発生していた。
- **社会的**誘発要素は、犯罪の報酬を高めたり、犯行に対する言い訳を正当化したり、犯行を促進したりすることによって犯罪や秩序違反を刺激する。たとえば、若者の集団はスポーツ・イベントにおける乱暴な行動を助長する社会的雰囲気をもたらす可能性がある。ギャングや組織犯罪ネットワークはその構成員によって犯罪行動を誘発する。
- **化学的**誘発要素は、リスクや道徳的禁止事項を無視する犯行者の能力を高める。たとえば、ある犯行者たちは、緊張感を和らげるために犯行前に深酒したり薬物を使用したりする。

それぞれの誘発要素タイプは、特定形態の状況的犯罪予防に対して機能する（**ステップ39～43**）。このことは**図表37**に示されている。（横列における）各誘発要素は（黒丸でマークされた）固有の予防方法に対抗可能である。物理的誘発要素は、リスクや労力を浪費させる予防的手段を犯行者が克服する一助になる。これらはまた、非行の挑発として機能することもある。社会的誘発要素は、それぞれの予防方法を相殺する可能性がある。たとえば、賄賂はリスクを相殺する。ある犯罪

は、累犯者に労力を相殺することを求める。標的を望ましいとする認識は、他の者が望ましいと認識することでしばしば影響を受ける。許容できる言い訳は、しばしば他の者が受け入れるかどうかに依存する。そして、仲間がけしかけて犯罪や秩序違反を挑発するのである。化学的誘発要素は、犯行者に犯罪の実行に関わるリスクや労力を無視させ、受け入れ難い言い訳をさせることを許す。

誘発要素には犯罪予防を鈍らせる能力があるので、当該誘発要素の役割を確認することが重要である。誘発要素についての証拠が捜査報告書や捜査官からもたらされることがあるが、他にも被害者や犯行者にインタビューしたり、社会的状況を考察したりすることによっても可能である。犯罪報告書の分析は、犯罪と様々な誘発要素の間の結びつきを見い出すのに利用できる。

誘発要素が当該問題において一定の役割を演じる場合、次のステップは誘発要素の原因を見いだすことである。もちろん、その原因は誘発要素のタイプごとに多様である。物理的誘発要素は容易に発見できる。たとえば、暴徒が利用する小石や薬物取引者が利用する公衆電話などがそれである。あるいは、合法的に購入することも可能で、多くの侵入盗の道具がこれである。ときに重大犯罪に使用される乗り物がそうであるが、盗まれたものかもしれない。ひとたび、これらの原因が発見されると誘発要素について何らかの対策を講じることができるかもしれない。次の図表37は、薬物取引における公衆電話の利用や現金自動支払機（ATM）付近の誘発的環境に取り組むためにとられる手段を示している。

図表37　犯罪予防手段に対抗するために犯行者によって使用される促進要因

犯罪予防手段	使用される促進要因の類型		
	物理的	社会的	化学的
リスクの増大	●	●	●
労力の消費	●	●	●
報酬の減少		●	
正当化の除去		●	●
挑発の減少	●	●	

コラム18　アメリカ諸都市における薬物取引者の公衆電話使用の予防手段

携帯電話が一般的に利用可能になる前、薬物取引者は、しばしば、売り手や買い手への連絡を公衆電話に頼っていた。それを阻止するために下記のような方法が試された。
・特定の場所や特殊な場所での公衆電話の許可、禁止、台数制限に関する条例
・ポケベルへの発信を認めない回転式ダイヤルの導入
・着信払い通話を防止するための電話機の改良
・公衆電話を撤去し明るい地域・管理された地域に再開発するための地元電話会社や市役所への地域社会の圧力
・電話の現金使用を廃止し交換手対応の電話・夜間の緊急電話のみを許可
・コンビニエンス・ストアやガソリン・スタンド兼業店の公衆電話の撤去ないし改良
・警察のパトロール増加、電話への警告ラベル貼り、問題通報のための「緊急直通電話」などのその他の介入

出典：Natarajan, Mangai and colleagues (1996). Drug Dealing and Pay Phones: The Scope for Intervention. *Security Journal* 7: 245-251.

図表38　ニューヨーク市とロサンジェルス市における ATM のための警備規定

	ニューヨーク市	ロサンジェルス市
警備玄関ホール内の閉鎖	○	
照明を明るくすること	○	○
施設の囲いに透明窓使用		
利用者のための高角度鏡	○	
機械近くの植生削減		○
監視カメラ	○	◎
利用者への安全注意喚起	○	○
潜在的犯行者への警告書	○	○
ATM 導入前の犯罪アセスメント		○
警備職員の配置	○※	
地域内の時間的犯罪パターンに基づく		◎
ATM 稼動時間の縮小、時間の削減		

○　法律で義務付け
◎　法律で義務付けされていないが銀行の裁量で一般的に導入されている
※　銀行営業時間外のみ要求

出典：Guerette, Rob and Ronald Clarke (2003). "Product Life Cycles and Crime Automated Teller Machines and Robbery." *Security Journal* 16: 7-18.

社会的誘発要素は、犯行者が付き合っている者、またその結びつきの状況に著しく依存する。たとえば、リスクのある施設（**ステップ28**）は、社会的誘発の状況を提供する可能性がある。ギャングは、犯罪に対する社会的支持を提供する。しかも、合法的な活動でさえ、しばしば社会的誘発を刺激する可能性がある。政治的に動機づけられた暴力の場合や、長年にわたる伝統的ライバル同士のスポーツ試合後の大学生の騒ぎなどがこれに当たる。

化学的誘発要素は豊富にあり、しばしば犯罪や秩序違反と結びつく。アルコールは特に誘発要素としての意味を持つ。誘発要素のさまざまな混合形態が普通であるが、特に歓楽街には社会的化学的誘発要素がしばしばみられる。状況的犯罪予防の「25のテクニック」のうちのいくつかは、これら3種の犯罪誘発要素の影響を緩和するために考案されたものである。

ステップ 35
犯行の開始から終了までを理解する

われわれは、犯罪が瞬時に終わるものと考えている。街頭でネックレスをひったくったり、スリを行ったり、車上狙いを行うには数秒しかかからない。稀なのは、考えられる全ての隠し場所を探す侵入盗犯である。その代わり、侵入盗犯は、盗む価値のある物を発見するや否や直ちに現場を立ち去ろうとする。通常、住宅は侵入して数分以内で立ち去る。事実、ネックレスのひったくりや住居への侵入は、これらの犯罪を完結するのに必要な一連のステップの一段階にすぎない。

そこで、あなたは犯罪や秩序違反問題に関する一連のステップの連続性を理解すべきである。あなたが追求できるいくつかのアプローチがある。

- ラトガーズ大学のレスリー・ケネディと同僚のビンセント・サッコは、犯罪ステップを前兆、処理、余波の段階に分け、これらの3つの段階に構成される『犯罪イベント』という犯罪学の教科書を出版した。
- ウィリアム・ヘイドンは、交通事故予防についての考えに役立つ同様の分類法を展開した。彼は、予防行動を衝突前、衝突中、衝突後に分けている。
- ドレイク・コーニッシュは、分析を導くために犯罪「スクリプト（筋書き）」という概念を利用する。その根底にある考えは、犯罪のあらゆる特定カテゴリーが、まさに演劇の筋書きのように特定の順序を経て実行される一連の標準的な行動を必要とするというものである。シーンとは、犯罪の連続的なステージである。キャストとは、犯罪者、被害者、傍観者からなる。彼らが利用する道具とは、小道具である。

これらのアプローチはいずれも、犯行者が犯罪を完了するために行わなければならないステップの連続性を列挙している。以下の**図表39**は、暴走族が完了しなければならない多くのステップの代表的なものをコーニッシュが単純化したもの

図表39　暴走族の段階と関連した対応

局面	段階	対応
準備	道具（たとえば、ねじ回し、合い鍵、スライド・ハンマー、短い鋼管）の入手 共犯者の選択	ハンド・スキャナーや合い鍵などの道具の販売規制
侵入状況	駐車場への侵入	駐車場の検問所；係員；入口の削減
機会付与状態	目立たない不審者	不審者抑止のためのCCTVや定期的巡回
標的選択	警報装置付きの車を回避 適切な自動車を選択	魅力的な自動車の可視的な保護
窃盗の完了	車内に侵入（合鍵、ねじ回しの使用） 点火装置錠の破壊（鋼管やスライド・ハンマー） 不正エンジン作動・車運転	不審な行動を監視するためのCCTV；駐車場の自然監視の改善；セキュリティ警報を出す自動車警報装置；自動車作動禁止装置
撤退状況	駐車場を去る	係員ないし他の出口検問所
結果	暴走のための車使用 荒地に車を遺棄 車に放火	自動車追跡システム作動；自動車消灯プログラム；投棄現場の監視

出典：Cornish, Derek (1994). "The Procedural Analysis of Offending and its Relevance for Situational Prevention." *Crime Prevention Studies*, volume 3. Monsey, NY: Criminal Justice Press

であるが、犯罪（この場合、自動車を盗ること）と考えられる特殊な行動は、それ以前に準備行為があり、それ以後に逃走や利益の獲得があることを示している。これが示すのは、犯罪分析をこのように注意深く段階的に行うことの理由である。犯罪が成功裏に完了するのに必要な一連の行動を明瞭に理解することは、より多くの介入点があることを示している。言い換えると、これは予防プロジェクトで考慮する対応策の選択肢を広げることになる。**図表39**の右端の縦列は、暴走行為の各段階で鍵となる対応可能な策を列挙したものである。

　暴走行為は比較的単純な犯罪の1つであるが、複雑な犯罪に対するのと同様に、犯罪を構成段階に分解するプロセスを考えるとよい。1つの例は、群衆の騒乱（暴動を含む）である。クラーク・マックファイルは、群衆に関する研究の第一人者であるが、すべての集会を分析するために3段階プロセスを生みだした。つまり、集合をかけるプロセス、集合するプロセス、解散するプロセスである。シンシナティ大学の大学院生であるタマラ・マデンセンは、2つの初期段階を追

加した。つまり、初期の謀議と集合前の準備である。警察は、初期の謀議の機先を制するために、大規模な飲酒パーティを主宰することについて警告を与えることがある。放火行為を防ぐために、容易に燃焼可能なゴミを集合前の準備行為の間に除去すべきである。警察は、集合プロセスの間に、到着した学生たちに違法行動をとるように声をかける。群衆が集合すると、警察は、行動を監視しトラブルが生じると介入する。解散プロセスの間に、警察は、群衆が迅速にかつ平穏に散会するのを確実にしたいと考えるであろう。

不法移民の死を防ぐ

　フロリダ国際大学のロブ・ゲイレットは、状況的予防論を独自に適用して、不法移民がアメリカ・メキシコ国境を横断する際に死亡する状況を合衆国国境警備隊向けに注意深く研究した。毎年、約300名の移民が悲劇的な状況で死亡している。たとえば、運河や河川で溺れたり、砂漠地域の熱波にさらされたり、あるいは交通事故の結果として死亡している。不法移民が国境を横断するステップを追跡し命を落とすことに至る状況を理解することによって、ゲイレットは、数多くの人命救済策を考案した。彼は、**図表40**にこれらの示唆を分類している。

- 上段において、彼はウィリアム・ヘイドンの方法に従い、生命を脅かすイベントの前、中、後に適用される示唆を整理した。
- 表の左側において、犯罪トライアングルに従い、手段の対象を（1）移民ないし被害者、（2）国境を安全に横断できるように移民が雇い入れた「コヨーテ（不法移民を案内する人）」、（3）砂漠、河川、都市領域などの「場所」、すなわち環境の3つに整理した。

　これらの示唆のいくつかは、一定の場所ですでにとられている手段の拡張や改善であるが、その他の示唆は目新しく、ゲイレットのアプローチの価値を示している。示唆の大半は自明であるが、一部（表で番号が付けられているもの）を理解するには、より多くの基礎知識が必要となる。

1. ゲイレットの研究は、多くの女性がおしなべて熱波にさらされて死亡していることを示した。
3. 移民は、典型的には、「コヨーテ」に接触するメキシコの国境付近の中継

図表40　ロブ・ガレットの不法移民死亡防止研究

	生命の脅威	生命の脅威中	生命の脅威後
移民	1．砂漠を横切ることの危険性について女性の移民に知らせること 2．危険な状態のための警報システムを導入すること	3．移民が困っているときに辿る中継地に説明書を配布すること 4．より広範な巡回捜査・救助能力を拡大すること	5．外側の本国送還 6．内側の本国送還
コヨーテ	7．危険な状態のための警報システムを導入すること 8．移民死亡の場合に起訴の可能性をコヨーテに警告すること	9．コヨーテを逮捕の対象とすること	10．死亡事件が発生した場合、コヨーテを起訴するための特別捜査班を創設すること
環境	11．問題となる時間・場所を対象とすること 12．危険な横断地点に防柵を立てること 13．リスクの高い地域に目立つ警告標識を設置すること	14．「命を救え／移民を報告せよ」宣伝キャンペーン 15．砂漠位置標識	16．新しい事故パターンを見つけるために継続的にデータを検討すること

　　地に集合している。
4．ゲイレットは、高度に訓練を受けた捜索・救助機関が救助のために配備されている場合の方が、通常の国境警備機関が配備されている場合よりも移民が生き残る可能性が高いことを見いだした。
5．移民が猛暑の時期に砂漠を再横断することを防ぐために、2003年にアリゾナ砂漠でこの時期に身柄拘束された移民は、テキサス国境に近いメキシコの街に砂漠を回避して帰還させられた。この実験は、救命に効果的であった。
6．2004年、メキシコ当局は、アリゾナからメキシコへの帰還を受け入れることに同意した。
　〈中略〉
14．アリゾナ州のマイカー旅行者は、猛暑の時期に砂漠を横断しようとする小

集団の不法移民を普通に見かける。そこで、目撃したら、その情報を1-800番に電話することによって救命支援を行うというキャンペーンが行われた。

15. アリゾナの国境警備機関がゲイレットに語ったところによると、当該機関がしばしばすでに逮捕された移民から別の移民が苦況に陥っているとの報告を受けた場合、その移民の位置を確認するのは非常に難しいとしている。この理由は、巨大な帯状の砂漠は極めて特徴がなく、逮捕された移民によって示された方角がしばしば曖昧であるからである。カラー・コーディングやシンボルを一時的に砂漠にマーキングするという体系的なプログラムはこの問題を改善できるかもしれない。

ステップ 36
「5Wと1H」問題に確実に答える

　これまでに議論してきた概念を用いて分析を完了した際に、あなたはよくできた新聞記事の体裁と合致するかどうか問うべきである。つまり、5W1HつまりWhat, Where, When, Who, Why, Howの問題に正確に答えているかどうかを検討しよう。

　これらの問題は、大きな問題をその構成部分に分解するというバリー・ポイナーの犯罪分析方法を構造化した。たとえば、コベントリーとバーミンガム（イングランドの2つの大都市）の都心における「路上襲撃」を研究するように内務省に求められたとき、ポイナーは警察がこれらの犯罪を強盗と対人窃盗に分類していることを知ったが、事件の大多数は数多くの全く異なった問題に分類されるべきと考えた。つまり、

・街頭露店への強盗
・泥酔者への強盗
・銀行に預けに行く間の現金のひったくり
・女性の財布のひったくり
・話しかけた直後に被害者の手から財布・現金をひったくること
・ショッピング・バックからのスリ
・バス停におけるスリ

　これは、「路上襲撃」のはるかに意味のある特徴づけであり、犯罪イベントを理解するのに重要な最初のステップであった。ポイナーは、そこで、事件報告書を分類し始め対策の一助となる各問題の実像に迫ろうとしたのである。

　事件報告書は記録された情報においては全くばらばらで、被害者が見つからず証人がいない場合は特にそうである。しかしながら、ポイナーは特定問題（コラムを参照）の実像に迫るために、報告書をつなぎ合わせようとした。それぞれの事件において、以下のことを発見するためである。

何が起こったのか　これを見い出すには、イベントの連続性と関与した者の行動を詳述することである（**ステップ35**）。

どこで起こったのか　ときに事件の連続性は、いくつかの場所で起こる。たとえば、自動車は駐車場で盗まれ、価値のある部品を取り外すためにガレージに移され、その後荒れ地に捨てられる。情報が唯一手に入るのは、最初と最後の場所だけかもしれない。これらの場所を訪問することは、なぜ犯行者がこれらの場所を選択したかの理由を説明することに役立つ可能性がある。

いつ起こったのか　家主や所有者は、「週末のいつかに」車が盗まれ自宅が侵入されたことを知るだけかもしれない。しかしながら、多くの人身犯では、被害者はいつ犯罪が起こったか正確に報告することが可能であろう。その情報によって、その通りに人がいたかどうかなどの事項についての推論を許すのである。

誰が関わったのか　常に少なくとも1人の犯行者がいる。被害者が犯行者と直接の接触がない場合でも、複数の被害者がいるかもしれない。さらに、目撃者やその他の第三者もいるかもしれない。目撃者や被害者が行った警察記録の中の証言は、極めて有用な情報を提供するが、ときには事件についてサンプル的な質問をすることも重要である。

なぜ彼らはそのように行動したのか　特定の犯罪が犯行者にもたらす固有の利益を理解することは重要である。窃盗の多くの事例では、動機は明瞭であるが、人身犯やバンダリズムでは動機は犯行者にインタビューすることによってのみ分かる場合がある（**ステップ10**）。予防にとって同様に重要なことは、なぜ被害者や目撃者がそのように行動したかを理解することであり、「一部の被害者が犯行者に反撃するのはなぜか」、「なぜ目撃者はしばしば仲裁できないのか」などの質問に答えることが重要である。

どのように犯行者は犯罪を実行したのか　犯罪は、開始から終了までのいくつかの段階を経る1つのプロセスと考えることができ、ある時、ある地点に限定された行為というわけではない。各段階で、犯行者は意思決定をしなければならず、他の者に働きかける必要があり、特定の知識や道具を用いる必要があるかもしれない。これは、基本的に**ステップ35**で議論したコーニッシュの「筋書き」アプローチの基礎にある考え方である。詳細な筋書きを展開することは必ずしも可

能ではないかもしれないが、その分析は犯罪がどのように完了したかについての明確なイメージを与えるはずである。

バス停のスリについてのポイナーの分析は、そのアプローチを描いている。彼は、バスを待つ人々の列を観察して、かなり大雑把であった事件報告書を補充し、犯罪の詳細な記述を構築することができた。彼は、スリの多発時間帯が午後のラッシュアワー時であること、特に人の列が長い金曜日であることを見いだした。3人から4人の若者の集団が人の列の周りをうろついており、疑いを避けるために近くの店のショー・ウィンドウを見るふりをしながら、同時に適当な被害者を物色するのである。標的とされた人たちは、常に中年から老年の男性であり、ズボンの後ろポケットに財布を入れている人たちであった（若年の男性はぴったり体にあったズボンをはいており、後ろポケットに財布を入れていなかった）。

被害者が運賃先払い方式でバスに乗り始めるにつれて、若者は列の一番前に走ってきて、バスの乗り口に割り込み、乗客を押しのけようとする。彼らは、運転手にバスの行き先など、どうでもよい質問を浴びせる。その間に、仲間の1人が被害者のポケットから財布を抜き取る。被害者は押しのけられて怒りに駆られているが、何が起こったかは理解していない。運転手は、若者にバスから降りろと怒鳴り、他の乗客たちも不平を漏らす。若者は、バスから降りて群衆の中をすり抜ける。若者たちは決して捕まることがない。被害者は、財布がなくなっていることを後になってようやく気づくのである。

この分析は、次の4つの考えられる対応を示唆している。
・運賃先払い方式ではなく、停留所でチケットを予め販売する。
・バス停は、主要な歩道から離れた場所に移し、バス停に非常に似た停車帯の中に整備する。これは、犯罪者がバスを待っているのだと嘘をつくのを困難にする。
・バスを待つ列を見えないようにするためにバス待合所を利用する。その結果、犯行者は潜在的な被害者を予め確認するのが困難となる。
・乗り場に乗客の列を整理する障壁を作る。その結果、犯行者はバスの乗り口まで割り込みできない。

これらの全ての解決策は、警察の通常の活動外である点に注意せよ。警察官は、たとえば、自分の役割がバス停のデザインを変更することなどとは滅多に考えるものではない。しかし、問題解決型犯罪分析者として、あなたの仕事は犯罪を削減することであり、警察の同僚をやんわりと説得して、最も広い意味でそれもわれわれの仕事なのだということを知らしめる必要がある。

コラム19　考古学者のように作業すること

> 「複数の事件を結びつけることには、さらなる利点がある。一部の事件では、他の事件よりもはるかに小さな部分しか分からないかもしれないが、その他の点では、われわれが知っている事実はどの事件でも同じである。考古学者が発掘現場から出土した壊れた陶器を再構成するのと全く同じ方法で、あまり詳細に報告されていない事件で欠けているデータを再構成できるかもしれない。考古学者は、壊れた陶器のわずかな破片だけでなく、他の類似の陶器に関する知識も持っており、完全な陶器の形について合理的に確信を得ているに違いない。たとえば、犯行者が逮捕された場合、事件を遂行する詳細な理由をわれわれが入手する可能性があるとき、この考古学的アプローチはきわめて有用である。たとえ犯行者が逮捕されていないとしても、類似の犯罪で類似行動が現れると考えることは合理的であるように思われる。」

出典：Poyner, Barry (1986). "A Model for Action." *Situational Crime Prevention*, Gloria Laycock and Kevin Heal. London: Her Majesty's Stationary Office.

ステップ 37
過ちは人間的と認識する

　犯罪予防はしばしば予測を伴う。地域問題と関連する犯行者が過去に行ったのと同様の犯行を続けるであろうか。最近被害にあった者は、近い将来再び被害者になるであろうか。ホット・スポットの地点はコールド・スポット（犯罪の起こらない地点）に変わるであろうか。あるいはホット・スポットのままであり続けるのか。過去の行動は将来の最良の予測因子ではあるけれども、完全な予測因子などは存在しない。

　ここでの実例は、将来の予測を扱う。しかし、われわれはまた、問題に対応して、他の方法で未知の事項を明らかにしようとする。うそ発見器の検査者は、対象者がうそを言っているかどうかを判断しようとする。薬物検査は、人々が最近違法薬物を使用したか否かを測定するために用いられる。空港の金属探知器や手荷物検査装置は、乗客がその身体や手荷物に武器を持っているかどうかを明らかにするのに用いられる。これらの全ての実例では、検査者は未知の状況についての結論を引き出そうとする。まさしく将来の予測と同じで、検査者は、正確な評価をするかもしれないし不正確な評価をするかもしれない。その結果として、予測やその他の判断がどのように失敗する可能性があるかを理解することが極めて重要である。予測や判断の間違いを検証する有用な方法は、予測と現実に起きたことを比較することである。**図表41-1**における縦列は、2つの可能性のある予測を示している。つまり、Yesは、結果が生じる場合あり、Noは、結果が生じない場合である。横列は、現実の結果を示している。Yesは、結果が生じたのであり、Noは、結果が生じなかった。

図表41-1　予測誤差の類型

実際の結果 予測	YES	NO
YES	A. 正確な真陽性	B. 偽陰性
NO	C. 偽陽性	D. 正確な真陰性
正　解　率	\multicolumn{2}{c}{(A+D)／(A+B+C+D)}
偽　陰　性　率	\multicolumn{2}{c}{B／(A+B+C+D)}
偽　陽　性　率	\multicolumn{2}{c}{C／(A+B+C+D)}

　数多く予測する場合を考えよ。予測が現実と一致する場合、予測は正確である。セルA.およびD.は、正確な予測の度数を示している。これらの2つのカテゴリーに属する予測の度数を足し、予測を行った全てで割ることにより、正解率を計算することができる。

　セルB.およびC.をみよ。政策決定者は結果が発生しないであろうと予測したが、現実に発生した場合、セルC.へ移行する。これは偽陽性とよばれる。セルB.の事例は、政策決定者が結果は発生するだろうと予測したが、現実には発生しなかった場合の状況を示している。これらは、偽陰性と呼ばれている。予測数の合計で各セルの度数を割ることで、それぞれのタイプに対する誤差率を計算することができる。

　仮説の例をみてみよう。借家の犯罪を抑制するために、警察署は家主に借主の経歴をチェックするように促したり奨励したりする。最近の犯罪歴がある入居希望者は借りられないことになる。そのような政策が意味するのは、最近犯罪に関与した経歴のある者は借家やその周辺で犯罪行為を行い続けるとか、あるいは、犯罪経歴がない者はこのタイプの行動に関与しないであろうという予測である。このような政策の唱道者でさえ予測が完全ではないことには同意するであろうが、次の2つを知ることが有用である。第1に、そのような政策は、借家に対する財産犯罪を減らすであろうか。1つの評価は、この問題に答えるはずである。しかし、その政策が犯罪を減らすとしても、マイナスの効果は無いのか。この問題に答えるには、予測誤差の分析を必要とする。

　関連データを収集できれば、**図表41-2**のような表を作り出すことができる。政策の予測が正確であることが理解される。しかし、誤差についてどのように感じ

るであろうか。最近の犯罪関与歴はないが、犯罪を行う可能性のある者については、何をなすべきであろうか。犯罪行動に関わっていない、多くの元犯行者が住宅を借りることを過度に拒否されることはないであろうか。

図表41-2　予測誤差分析の事例

以後の犯罪関与	以前の犯罪関与		
	YES	NO	合計
YES	35	10	45
NO	35	496	531
合計	70	506	576

正　解　率　　　　　　　　　　92.2%
偽　陰　性　率　　　　　　　　 1.7%
偽　陽　性　率　　　　　　　　 6.1%

最近の犯罪歴がない者による犯行を抑止する厳格な制限は、偽陰性率を減らすかもしれないが、偽陽性率を増す可能性がある。特に、政策決定のための情報が、最近獲得された情報よりも不正確である場合はそうである。他方、最近の犯罪歴を有する入居希望者の間に差別を設けることは、偽陽性率を減らすことになるであろうが、偽陰性率を高めるという犠牲を払わなければならない。そのような反作用は、よくみられる現象である。

　さらに、あるタイプの誤差が他の誤差以上に気になるかもしれない。家主によって防止された犯罪タイプが比較的軽微である場合、偽陽性率は過度に高い可能性がある。しかし、防止された犯罪が重大な暴力犯罪である場合、偽陰性率は重大な関心事となる。誤差の結果は非常に重要であり、人々はしばしばこれらの誤りに同意しないのである。

　不同意の別の要因は、誤差率そのものである。そのような比率は、しばしば見積もりが極めて困難である。**図表41-2**の濃く塗られた部分を考えよ。たいていの状況において、これらの数字は不明であろう。犯罪歴を理由に入居を断わった人の数を家主は数えているかも知れないが、もしそれらの人々を断わらなかったら、その人たちが何をしたかを示すことはできない。その他の状況では、形勢が逆転する。偽陽性はある程度正確に分かるかもしれないが、偽陰性は不明である。空港の検査において、偽陽性が分かるのは密輸品を持っているという予測

が、正確な検査で確認されるからである。銃器を携帯していると警備員が考えた乗客には、厳密な検査を行えば、最初の予測が正確か不正確か明らかになる。しかしながら、偽陰性は、それほど信頼して分かるわけではない。過去に空港警備を通過して密輸品を携帯した乗客は、再びチェックされることはない。したがって、それが偽陽性であると知ることはできない。

　一定の状況において、正確に誤差を判断するために予備テストを利用することが可能であり、その場合、予測を行い、その予測に基づいて決定するのではなく、注意深く何が起こったかを観察すべきであり、それによって誤差を正確に見積もることができる。犯行者は自分たちの失敗を隠そうとするので、犯行者の予測を行うのは困難であるが、潜在的な被害者や犯罪の場所について行うことは可能である。たとえば、当該問題への対応として、どの場所が最も犯行の場所に適しているかを予測し、その後、これらの場所に介入することがある。この対応を実践する前に、予備調査を行うことが可能で、その場合、予測は行われるが、対応はとられない。もし誤差率が受け入れがたいぐらい高い場合、対応を実施する価値はないであろう。

VI 実務の対応を見いだす

ステップ 38
対応の鍵を握る

警察の初動の傾向は、問題の詳細な分析に関わっている場合でさえ、法執行の強化で問題を解決しようとすることである。その効果が通常短期的であるとしても、あなたはそれに期待すべきであるし、反対すべきではない。しかし、最初から、比較的恒久的な解決策を警察の同僚が見いだすように支援すべきである。地域社会の協働者がこの支援をすることもあるが、しかし、その代わり協働者自身がしばしば自らの課題を追求し、解決策を押し進めることが多いが、効果は限定的である。その結果はしばしば妥協的な手段が用いられ、そのいずれも効果的ではないが、それぞれの手段は関係者の誰かを満足させるかもしれない。事実、その解決策に同意しないと解決の機運を失わせるかもしれないし、何も適切に実行されないかもしれない。

このようなことが起こらないようにするには、あなたが役立つし、あなたはまず第一に、解決策の専門家にならねばならない。たとえば、問題が自動車窃盗である場合、おとり車両や「車の鍵かけ」キャンペーンの非有効性について権威を持って述べることができるようにならなければならない。侵入盗問題である場合、侵入盗に対する防犯アラームや改善された街灯照明に関する研究結果を知っていなければならない。そのいずれもが、解決策として示唆的であるかもしれないからである。あなたはまた、転移に関する研究結果にも完全に精通していなければならない。というのも画期的な解決策が、しばしばこの理論を無条件に持ち出す人々の意見によって阻止されるからである。

解決策の専門家となるためには、迅速な文献調査によって特定の対応について多くのことを見つけ出す方法を知っていなければならない（**ステップ19**）。また、状況的犯罪予防、つまり犯罪機会を削減する科学の専門家ともならねばならない。状況的予防は、問題志向型ポリシングと同じ実地調査の方法論を使用し、数多くの成功評価を受けて信頼を獲得している。本マニュアルで議論された転移、利益の波及、再被害化その他の多様な概念についての知識の多くは、状況的予防

図表42 状況的犯罪予防の25の技法

犯行労力の浪費	1. ターゲット・ハードニング
	2. アクセス・コントロール
	3. 出口の選別
	4. 犯行者の偏向
	5. 道具・武器の規制
検挙リスクの増大	6. 保護者の拡大
	7. 自然監視の援助
	8. 匿名性の減少
	9. 場所管理者の利用
	10. 公的監視の強化
報酬の削減	11. 標的の隠匿
	12. 標的の除去
	13. 財物の目印化
	14. 市場の破壊
	15. 利益の否定
挑発の削減	16. 欲求不満とストレスの減少
	17. 混乱の回避
	18. 刺激と誘惑の減少
	19. 仲間からの圧力の中和
	20. 模倣の防止
言訳の排除	21. 規則の制定
	22. 指示書の掲示
	23. 良心の喚起
	24. 遵守の支援
	25. 薬物・酒類の規制

の研究者によって展開されたものである。次の**ステップ39**から**ステップ43**では、5つの主要なグループ（**図表42**の左側）に分類できる状況的犯罪予防の「25の技法」を議論する。イギリスのノッティンガム・トレント大学のニック・ティリーは、各技法は予防効果を達成するためのメカニズムと呼んでいる。つまり、犯行労力を浪費させること、検挙リスクを高めること、犯罪利益を減らすこと、挑発を減らすこと、言い訳を許さないことなどである。

　この点で、あなたは、解決策を見いだす責任がなぜ自分にあるのかと自問自答するかもしれない。データの走査、分析、評価の段階でその責務の大半を負うことで十分ではないのか。たとえ自分がその役割を果たしたとしても、誰が注意を払うのか。しかも、問題解決型の分析者になるために、あなたは従来の分析機能を超えて行かねばならないのである。また、問題解決チームの正規で同格のメンバーにならねばならない。あなたの地位は比較的低いかもしれないが、その権威は専門知識に根ざしており、地位とは関係がない。あなたが画期的な提案をしたり、他の者の名案を支持する根拠を与えるならば、人々は耳を貸すであろう。

　あなたは、問題の迅速な終息をもたらす解決策を常に選択すべきである。これは、遠因や間接的原因に焦点を当てるのではなく、問題の直接的原因に焦点を当てなければならないことを意味する。この重要な区別は内務省のポール・エクブロムによって提示され、割れた瓶やグラスが原因で酒場の喧嘩によって起こる傷

図表43　状況的犯罪予防の7つの批判と反論

批判	反論
1. 状況的犯罪予防は単純で非理論的である。	状況的犯罪予防は3つの犯罪機会理論に基く。つまり、日常活動、犯罪パターン、合理的選択。また社会心理学も利用する。
2. 状況的犯罪予防は機能しないことが示されている。犯罪を転移させ、しばしばさらに悪化させる。	状況的犯罪予防は犯罪を減少させることができ、通常、転移をほとんど伴わないことを多くの事例研究が示している。
3. 状況的犯罪予防は犯罪の根源から注意を逸らす。	状況的犯罪予防は即時的結果をもたらし、犯罪への長期的解決策を発見する時間を与える。
4. 状況的犯罪予防は犯罪問題への保守的で管理的アプローチである。	状況的犯罪予防は、それが果たす以上の可能性がある。解決策が経済的で社会的に許容可能であることを要求する。
5. 状況的犯罪予防は自己中心的で排除社会を促進する。	状況的犯罪予防は富者に対するのと同じくらい貧者の保護を提供する。
6. 状況的犯罪予防は独裁者を奨励し、個人の自由を制限する。	民主主義的手続がこれらの危険性から社会を守る。人々は、状況的犯罪予防によって犯罪から守られるとき、不便さや若干の自由侵害を厭わない。
7. 状況的犯罪予防は被害者を非難する。	状況的犯罪予防は、犯罪リスクやリスク回避に関する情報を被害者に提供することによって力を与える。

害事件の例で説明されている。遠因の「根本」原因には、不満のくすぶる少数派若者世代をうみだす人種差別や広範な社会的排除に至る地方の雇用機会の欠如、あるいは貧困で無秩序な地域社会の「タフな（柄が悪い）」悪評に根ざす居直りといったものがある。より直接的な状況的原因には、地方の酒場や居酒屋で酔っぱらいを誘発する無責任なサービス営業や致死的な武器として容易に利用されうる酒瓶やグラスの手に入り易さなどがある。

　犯罪を迅速で持続可能性をもって削減するには、状況的原因に対して取り組む場合だけである。根本原因に対する取り組みは、たとえそれについてなすべきことが分かっていても、その利益を受けるのは比較的遠い将来にすぎない。現在の関係当事者が当該問題への関心を持ち続けたときからはるか後のことである。一方、直接的原因に対応しないと、壊れたグラスや瓶は被害者に危害を与え続けるであろう。

　一部の状況的解決策はまた、実施に長い時間を要する場合がある。たとえば、

グラスや瓶がもたらす危険性は、割れたときに粉々になるような特殊なガラスや瓶のみを使うように酒場や居酒屋に要請する法令によって対処できる。しかし、これは、おそらく実施するのに何年もかかるであろう。はるかに現実的なのは、地域の居酒屋に対して特殊なグラスやプラスティック製のガラスのみを使ってビールを提供するとか、居酒屋で瓶での販売を止めるように地域が圧力を加えることである。これは、はるかに短期間で実行可能である。この解決策の推進に、あなたは格別の分析的役割を果たすかもしれない。それは、パブで発生するコスト、怪我や緊急対応によるコストの削減についてのデータを収集することで果たしうる。事実、問題解決型の協働関係によって真剣に検討されている手段の実現可能性、コスト、公衆の許容度についてデータを収集することは、おそらくあなたの任務である（他に誰がいるだろうか）。

　肝要なことは、あなたの注意深い分析的作業を実りあるものにするために、広範囲な解決策の知識を獲得し、名案を探求する戦いの準備をしなければならないことである。

参考文献

Clarke, Ronald (1997). Situational Crime Prevention: Successful Case Studies (2nd ed.). Monsey, NY: Criminal Justice Press.

Von Hirsch, Andrew, David Garland and Alison Wakefield (2000). Ethical and Social Perspectives on Situational Crime Prevention. Oxford: Hart Publishing.

ステップ 39
犯行労力を消費させる

ここで、ターゲット・ハードニング（標的堅固化）から始まる状況的手段の最も基本的なカテゴリーを述べることにしよう。それは、犯行を一段と困難にさせるために考案された手段である。状況的予防は、ときにターゲット・ハードニング以外のものは何もないとして簡単に扱われてしまうことがあるが、ターゲット・ハードニングは本マニュアルが取り扱う「25の技法」（図表42参照）のうちの１つにすぎない。技法の間には、かなりの重なりがあることに注意せよ。たとえば、ターゲット・ハードニングは犯行自体を難しくさせるが、それはまた、犯行者を手間取らせ彼らが検挙される機会を増大させることでもある。一部の手段はまた、１つの目的以上に役立つことがある。この分類表を用いる際に、特定手段がどこに適合するのかを悩んで時間を浪費する必要はない。特定問題に対する最も広範な、取りうる状況的対応のレパートリーの検討を確認する時にのみ、この分類表を用いればよいのである。

ターゲット・ハードニング（標的を堅固にする）
　器物損壊犯や窃盗犯を阻止する明確でしばしば高度に効果的な方法は、鍵、障壁、強化物質などの物理的障害物を用いることである。30年以上前に、アメリカや海外でステアリング・ロックを導入したが、これによって自動車窃盗を長期的に削減し、イグニッション・イモビライザー（エンジン作動防止装置）は、現在これらの利益を高めている。ロンドンの郵便局における強盗予防障壁は40％強盗を削減し、乗客に対する防弾障壁はニューヨーク市のタクシー運転手に対して行われる暴行や強盗を削減し、費用対効果を伴った。

アクセス・コントロール（施設への接近を統制する）
　たとえば、軍事基地、工場、アパートなどの立ち入る権利のない場所への人々の侵入を防ぐ方法は、長い伝統を有する。中世の城のつるし門、濠、つり上げ橋

を考えてみよ。それはまた、オスカー・ニューマンの「守りやすい住空間」概念の中心的構成要素であり、議論はあるが、状況的犯罪予防への科学的関心の出発点であった。バリー・ポイナーは、インター・フォンの導入、ビル間通路の解体がロンドン住宅地における強盗を著しく減少させたことを証明した。ある場合には、アクセス・コントロール（接近規制）は乗車券・書類の携帯を求めることで果たしうる。チェックしやすいように乗車券のデザインを変えたところ、カナダ・バンクーバーのフェリー乗り場で「ただ乗り」の顕著な減少をもたらした。最も有名な実例では、1970年代初期における空港の手荷物・身体検査は、世界的な航空機ハイジャック数を年間約70件から15件に削減した一因となった。

出口に遮壁を設ける

　出口遮壁の目的は、建物、施設その他の場所を離れる者が盗みを行っていないか、全ての料金や税の支払いを済ませているかを確認するためのものである。ワシントンD.C.地区の地下鉄の乗客は、地下鉄に乗車するときだけでなく、降車するときも自動改札機にチケットを挿入しなければならない。これは、料金が支払われているかどうかをチェックする機会を2回提供する。ニューヨーク市の地下鉄では、乗客は乗車時に改札口にチケットを1回だけ挿入すればよいが、これは「ただ乗り」を検査するチャンスを減らしている。出口遮壁の他の例では、出国の際の広範なチェックや図書館の書籍、商店の商品に電子タグを付けることなどがある。これらのタグは、書籍貸出がチェックされていない場合や泥棒が店舗のタグの付いた品目を盗ろうとした場合にアラームが作動する。いくつかの研究が示すところによると、これらのタグは有意に万引きや図書館の書籍の窃盗を減らしたという。

犯行者の狙いをそらす

　イギリスでは、サッカーチームの対立するファン同士の喧嘩を減らすために競技場ではチームごとに分離されており、またトラブルを助長する待機時間を避けるために、競技場への到着や出発は、これもチームごとに待機時間が設定されている。パブの閉店時間直後に最終バスを運行することは、イギリスのあまり賞賛されない伝統のもう一つの事例、つまり閉店時間帯のもめ事を防ぐことを意図し

図表44　犯行労力を消費させよ

ターゲット・ハードニング
・ステアリング・コラム・ロックやエンジン作動防止装置
・銀行や郵便局における対強盗遮壁
・タクシー運転手のための防弾遮蔽板

アクセス・コントロール
・共同住宅用の玄関口のインターフォン
・車庫や事務所に入る電子カード
・公営住宅の守りやすい住空間設計

出口の精査
・退出するのに必要な切符
・搬出書類
・店や図書館のための電子札

犯行者の偏向
・競技場におけるライバル・ファンの分離
・道路の通行止め
・分離した女性用御手洗

道具・武器の規制
・安全な銃器
・強化ビール・グラス
・薬物取引者を退けるために公衆電話への着信を止めること
・顔写真付きクレジット・カードや指紋照合

ている。これらは、犯罪標的から犯行者の目をそらせる実例であり、日常活動理論が示唆する状況的技法である。他の例では、多様な犯罪の削減をもたらしてきた道路閉鎖計画がある。ロサンゼルスでは、走行中の車から発砲する事例も道路閉鎖によって削減された。

道具や武器を統制する

　アメリカ開拓時代の酒場は、酔っぱらい同士の銃撃戦のリスクがあったため、入り口で拳銃を引き渡すよう顧客に日常的に求めていた。さらに最近では、いわゆる「より安全な」ハンドガンが開発された。これは、所有者のみが発射できるか、ワックス弾や麻酔弾を発射できるものである。グラスが割れたときに武器として使用されることを防ぐために、イギリスの多くのパブでは、現在「特殊」ビール・グラスを用いている。このほか、発信者番号通知サービスの最初の商業的な活用では（ニュージャージー州では1980年代末）、猥褻電話を25％減少させた。**ステップ34**は、複数の都市が薬物取引に使う公衆電話の利用を統制しようと試みた様々な方法を列挙している。特定地点からの着信の阻止、発信の禁止を含む方法である。マンハッタン・バス・ターミナルにおける公衆電話使用のプログラム見直しによって、国際電話サービスへの不正アクセスを防止したが、さらにこれによって詐欺師による数百万ドルの信用詐欺も一掃することができた。クレジッ

ト・カードを交付するためのセキュリティ手続の改善は、アメリカにおいて1990年代半ばにクレジット・カード詐欺の著しい減少をもたらした。

コラム20　走行中の車からの発砲に対する設計者の解決法

　敵対ギャングは、しばしば、走行中の車から他のギャング・メンバーを銃撃することで紛争を解決しようとする。これらの「走行中の車からの銃撃」は、青少年対策を通じて、あるいは集中的ポリシングによって予防するのは難しい。そこで、袋小路作戦という新しい解決策が、ロサンジェルスの10ブロック地域で試された。走行中の車からの発砲やギャング殺人が市内で最高水準にあったからである。すなわち、警察は、最も影響のある道路に交通障壁を設置した。これらの行き止まり道路は、自動車が一方の端から侵入することを防ぎ、自動車は同じ方向に戻るために他方の端から侵入しなければならなくなった。これは銃撃を難しくするだけでなく、銃撃者のリスクも高めた。なぜなら、彼らが同じ方向に引き返すとき、ライバルが銃器をすでに持って待ちかまえている可能性があるからである。

　この障壁は、走行中の車からの銃撃と殺人の即時削減につながった。袋小路作戦の前年の1989年、7件の殺人が当該地域であった。障壁設置後2年間では、わずか1件の殺人しか記録されなかった。殺人が他の近隣地域に転移したという証拠もなかった。袋小路作戦の最後に、障壁が除去されると、殺人は再び以前の水準に戻ったのである。

出典：Lasley, James (1998) *"Designing Out" Gang Homicides and Street Assaults*. Research in Brief, National Institute of Justice. Washington, D.C.: U.S. Department of Justice.

ステップ 40
検挙リスクを増大させる

　犯行者へのインタビュー調査によると、彼らが恐れるのは捕まった後の結果よりも逮捕されるリスクである。これは当然であり、彼らは捕まった後の処罰を避けるためにはほとんど何も出来ないが、犯行時に注意することによって検挙されるリスクを減らすことは大いに出来るからである。状況的予防が検挙リスクを増大させようとし、処罰を検討する試みを行わないのはこの理由による。

監視性を強める

　コーエンとフェルソンは、1960年代、70年代における住宅侵入盗の増加が家庭外で働く女性の数の増加に一部起因していることを示した。これが意味するのは、住宅街の世帯全てではないにしても、多くの家庭では昼間に「有能な監視者」がいないことである。他の研究でも、侵入盗犯は人々が外出している可能性のある平日午後に犯罪を行う傾向を見いだした。これは、休暇で外出する際には新聞を止めること、隣人に知らせることの理由を示唆するものである。別の例で外出する際に携帯電話を携帯したり、夜間は集団で行動することは、安全性の拡大を図る別の方法である。これらの日常的な用心の効果や近隣監視の評価についてはほとんど知られておらず、安全性を高める唯一の体系的取り組みは奨励されてこなかった。しかしながら、侵入盗被害後に周囲の住宅に警告を発する「まゆ型」近隣監視は、イングランド・カークホルトにおける成功したプロジェクトの重要な要素であった。

自然監視を支援する

　住宅所有者が窓や扉付近の植え込みを刈り取ったり、銀行が夜間内部に照明をつけたりするのは、日々の生活で行き交う人々によって提供される「自然な」監視を利用するためである。自然監視を高めることはまた、改善された街路照明や

「守りやすい住空間」建築の一次目的でもある。イギリスの研究では、公共住宅における照明の改善は、ほとんどの転移の事実もなく犯罪を減らすことが明らかにされた。オレゴン州ポートランド市の商業地区で侵入盗削減に向けた初期CPTEDの1つの要素は、商店の外部にある照明の改善であった。オスカー・ニューマンは、自然監視原理を適用して、公共住宅における犯罪削減の成功例を報告している。最後に、情報提供者のホットラインやクライム・ストッパー・プログラムは、一般公衆による自然監視を利用する試みである。

匿名性を減らす

　車所有者の拡大は、人々をして自宅から離れた職場での労働を可能にした。郊外型商店街の発展は、都市中心街での買い物の減少をもたらした。格安旅行は、国内・海外いずれにおいても観光客の増大をもたらした。その結果、人々は名前さえ知らない未知の者の間で時間を過ごす機会が増加した。大規模学校の建築はこの傾向に拍車をかけた。というのも生徒たちは職員や他の生徒にあまり知られることがなくなったからである。匿名性を減らすことは有望ではあるが、まれにしか使われない状況的技法である。ある学校では現在、登下校中の生徒の匿名性を減らすことを一部目的として制服を導入している。このほか、タクシー運転手IDバッジやトラックに1〜800番のついた「私の運転はどう？」シールは、匿名性を減らすための方法である。

場所管理者を使う

　企業の従業員は、その一次的機能に加えて、監視的役割も担う。これらの「場所管理者」には店員、ホテル・ドアマン、駐車場管理人などがある。カナダの研究によると、守衛の居る団地では、住宅侵入盗の被害を受けにくいことが明らかとなった。ニュージャージー州の電器販売店では、偽造ないし盗難のクレジット・カードを見破った場合にレジ係に報奨金を与えることによって、年間約100万ドルの詐欺損害を減らすことに役立った。北部イングランドでは、一部のバスに運転手用のビデオ・カメラを設置したところ、全ての2階建バス車両への器物損壊を実質的に削減できた。また、特に夜間、2人の店員を配置することが、コンビニ強盗防止に効果的であることがわかった（**図表45**参照）。

公式監視を強化する

公式監視は、警察、警備員、商店監視員によって提供されるが、彼らはみな抑止的威嚇力を潜在的犯行者に示す。盗難警報装置、ビデオ・カメラ、スピード取締カメラは、この監視力を高めることが出来る。フィラデルフィア市近郊の富裕地域の研究によると、盗難警報装置の広範な普及によって、地域全般の侵入盗率を低下させ、警察活動の経費を削減したという。内務省研究では、イギリスの都市ではビデオ・カメラの設置後、多様な犯罪において顕著な減少を見いだした。オーストラリアのビクトリア州全体で取り入れられたスピード写真記録レーダーの評価研究によると、スピード違反を減らし、交通事故死を45％減らす一因となったとされる。カナダのバンクーバー市郊外における巨大なパーク・アンド・ライド地点で民間警備会社が行っている、よく宣伝された自転車パトロールは、自動車窃盗の顕著な減少をもたらした。ニュージャージー州大型電器店の倉庫において、警備員がビデオ・レコーダーやビデオ・カメラのようなリスクの高い商品の数を体系的に日々チェックし始めたところ、従業員による窃盗が80％以上減少した。エックハート・クールホーンの研究では、公式監視を高める強力な新しい方法が個人に関するデータ・セットと結びつけて提示された。彼が証明したのは、申請者が複数のスウェーデン政府機関に別々に生活保護の申請をした場合、コンピュータによる照合を行うことで福祉詐欺が減ったことである。人々が住宅手当を請求する場合には、所得の過少申告の誘惑に駆られ、疾病手当を請求する場合には、所得を過剰に申請する誘惑に駆られる。所得を照合する手段は、このような詐欺を削減したのである。

図表45　コンビニエンス・ストア強盗削減のための手段（14研究の結果）

	肯定した研究の数※
2名以上の店員	10
良好な現金取扱	8
隠れ出口	6
近くの店	5
店頭の良好な視界	5
夜間閉店	5
警備技術	5
警備区画での出納係	4
従業員の訓練	4
店内の良好な視界	3
正面のガス・ポンプ	3
店舗中央の出納係	3
繁華街の店舗	2
警備員の存在	2

※全研究が全手段を含んでいるわけではない。
出典：Hunter and Jeffery (1997). "Preventing Convenience Store Robbery through Environmental Design." *Situational Crime Prevention: Successful Case Studies*, Ronald Clarke. Monsey, NY: Criminal Justice Press.

図表46　犯行リスクを高めること

監視性の拡大
- 外出する際に居住のサインを残したり、携帯電話を携行したり、集団で夜間外出したりするなどの日常的な予防措置を促進すること
- 「まゆ型」近隣監視

自然監視の支援
- 街路照明の改善
- 守りやすい住空間設計
- 近隣監視と情報提供者ホットライン

匿名性の縮小
- タクシー運転手の身分証
- 「私の運転はどう？」ステッカー
- 学校の制服

場所管理者の利用
- 犯罪予防のための従業員教育
- 警戒の報奨金
- 内部告発者への支援

公式監視の強化
- 速度取締カメラや無作為の酒気検査
- 繁華街のビデオ監視
- 駐車場内の自転車巡回

参考文献

Painter, Kate and Nick Tilley (1999)."Surveillance of Public Space: CCTV, Street Lighting and Crime Prevention." Crime Prevention Studies, volume 10. Monsey, NY: Criminal Justice Press. (Accessible in part at www.popcenter.org).

ステップ 41
犯罪の報酬を削減する

合理的選択理論は、犯行者がつねに犯罪による利益を追求していると考える。これらの利益には、たんに窃盗のような物質的なものだけでなく、性欲の発散、酩酊、興奮、復讐、仲間からの尊敬などを含む犯罪による多様な報酬がある。それゆえ、状況的犯罪予防の重要な構成要素は、犯行類型ごとの報酬を理解し、報酬を削減するか除去する方法を見いだすことである。

標的を隠す

家主はしばしば宝飾品やその他の貴重品を隠して、侵入盗犯の裏をかこうとする。家主はまた、自分の持っている物を窓から泥棒に見られるのを防ぐために、カーテンを閉めたりする。一部の人は公衆の面前で金製品の鎖を付けたりしないし、また一部の人はホンダ車や日産車などの暴走族にとって魅力的なモデルを街頭で夜間に放置することを回避する。図表47はイギリス犯罪調査のデータを示しており、それによると、街頭に放置された車は、所有者のガレージや敷地内に置かれた場合よりもはるかに窃盗のリスクが高い。ガレージや敷地内駐車は、手を尽くして標的を隠し、誘惑を減らす方法である。他の隠匿戦略は標的を目立たないようにする場合である。たとえば、電話帳で氏名の性別を不明にすることは、わいせつ電話から女性を守るのに役立ちうるし、それと分からない現金輸送車は移動中の強盗リスクを減らすことができる。

標的を除去する

スペインの教会では、クレジット・カードの使える機器を導入したところ、いくつかの利点があった。つまり、カードでお布施をする者は税金対策にレシートを受け取り、教会は巨額な金銭を受け取ることができ、現金ではないため、教会は標的除去の手法で窃盗リスクを回避できたのである。これと同じ状況的予防技法の初期の適用例としては、カリフォルニアのゴールド・ラッシュの時代に遡る

図表47　自動車窃盗と駐車場所（イギリス犯罪調査）

駐車場所	24時間の10万台当りの自動車犯罪※
自宅の車庫	2
簡易車庫	40
路上	327
公共駐車場	454

※自動車盗、車上荒らし、未遂、器物損壊を含む
出典：Clarke, Ronald and Pat Mayhew (1998). "Preventing Crime in Parking Lots." *Reducing Crime through Real Estate Development and Management,* Marcus Felson and Richard Peiser. Washington, DC: Urban Land Institute.

ことができる。ある鉱山は幌馬車に対する強盗に悩まされていたため、その防止に、400ポンドの重さの立方体の金を鋳造し始めた。これでは、強盗は金塊があまりに重すぎて馬で運ぶことは困難となった。標的除去のさらに近年の例では、公衆電話の改善がある。イギリスでは公衆電話ボックスの窓を割るのを防ぐために、リスクの高い地区のキオスクでは壁掛け式の電話ブースが代用され、多額の現金を管理する必要のないようにプリペイド・カード式にして窃盗の重要な標的を除去した。おそらく、標的除去の最も印象的な事例は、バスの釣銭なし料金徴収システムとバス内の金庫の設置であり、これによって1960年代末のニューヨークほか18の都市ではバス運転者に対する強盗を劇的に減らすことができた。

財物に目印をつける

　先進諸国では自動車は登録されるようになっており、固有の車両識別番号（VIN）を付けなければならない。これは徴税を確実にするためであるが、窃盗も減らすことができる。車両登録制度を最も遅く導入した州の一つは1934年のイリノイ州であったが、それによって前年に28,000件あった自動車窃盗が約13,000件に減少した。最近では、1984年連邦車両窃盗執行法が、VIN の付いた「ハイ・リスク」自動車の主要部品全てにマークを付けるように規定した。このような警察の「財物目印化（プロパーティ・マーキング）」プログラムはアメリカでは限定的な成功しか収められなかったが、しかし、ジル・ダンドー犯罪科学研究所のグロリア・レイコックはウェールズの小さな地域で行われた財物目印化がメディアの積極的な報道とも相まって、通報された住宅侵入盗の数を半減させたことを見いだした。

市場をつぶす

　犯罪学者や警察は、これまで盗品取引市場の理解とその解体に対する関心をほとんど寄せてこなかった。犯罪学者はこれらの市場からデータを獲得するのが困難であると考えていたし、警察も盗品故買の罪は比較的軽いという理由から、故買犯よりも窃盗犯、侵入盗犯の検挙に力点をおいてきた。しかしながら、盗品市場がなくなれば、常習の侵入盗もなくなり、大量のタバコやアルコールを運搬するトラックの窃盗もなくなるはずである。マイク・サットンが行った最近の内務省研究は、盗品市場の解体への関心を呼び覚ました。解体手段は市場の性格に合わせる必要があり、警察による体系的な盗品取引の監視、違法な露天商への手入れ、常習的な露天商検挙のための新聞広告の監視などがその手段となる。研究によると、警察の「おとり」捜査、たとえば偽物の中古品販売店を使ったやり方は、おとり捜査が行われた付近の地域では窃盗を逆に促進することが明らかになっているので、避けるべきである。

利益を否定する

　道路にこぶ状の細工をする方法（ハンプ）は、スピード走行の利益を否定する方法である。暗証番号付きのカー・ラジオやインク・タグは犯罪予防技法の別の実例である。暗証番号付きカー・ラジオは、窃盗犯がPIN（暗証番号）を知らない限り使用できないし、アメリカやオーストラリアで行われた研究によると、この種のラジオ付き自動車は盗難率が低いという。インク・タグは、万引き防止のために衣料品店で使用されている。タグを外そうとするとインクが噴射し、インクのシミが商品の衣服に付着して取れない仕組みである。窃盗犯は、それを着ることも売ることもできず、窃盗犯の意欲を削ぐのである。

図表48　報酬の減少

標的の隠匿
・暴走族にとって魅力的な車の路地裏駐車
・性別不明の電話帳
・無印の現金輸送車
標的の除去
・取外可能なカー・ラジオ
・女性用避難所

- 公衆電話のプリペイド・カード
財物の目印化
- 財物の目印化
- 運転免許と部品の目印化
- 家畜への烙印

市場の壊滅
- 質屋の監視
- 案内広告の規制
- 露天商の免許制

利益の否定
- インク商品札
- 落書・タグ消去
- 利用不能な盗難携帯電話

図表49 落書きの利益を否定すること

　落書きで覆われた地下鉄は、1970年代・1980年代におけるニューヨーク市の特徴となっており、落書きの地下鉄は映画のシーンにしばしば登場した。地下鉄当局は、地下鉄車両への落書きを除去するためにたび重なる法執行とターゲット・ハードニング戦略を試したが、ほとんど効果がなかった。最終的に、当局は、後に成功に至る単純な考えを偶然に思いついた。つまり、ひとたび落書きされた列車を綺麗にした直後、その列車に新しい落書きがされると、直ちにその列車は業務から引き上げられ、再び磨かれる。これは、「落書きをする者」に対して彼らの作品を「みせびらかす」という利益を効果的に否定した。莫大な数の地下鉄車両があったので、全車両を綺麗にするのに6年を要した。現在、地下鉄車両は他の都市の地下鉄車両と同様である。

綺麗な車両						
年	1984	1985	1986	1987	1988	1989
目標	−	1720台	3434台	4707台	5946台	6221台
結果	400台	1915台	3454台	4839台	6077台	6245台

出典：Sloan-Howitt, Maryalice and George Kelling (1997) "Subway Graffiti in New York City: 'Getting up'" vs. 'Meanin it and Cleanin it'" *Situational Crime Prevention: Successful Case Studies*, Ronald Clarke, Monsey, NY: Criminal Justice Press.

参考文献

Sutton, Mike and colleagues (2001). Tackling Stolen Goods with the Market Reduction Approach. Crime Reduction Research Series Paper 8. London: Home Office.

ステップ 42
誘発要素を減少させる

リチャード・ウォートレィは、刑務所や酒場を研究して、混雑した状況で、不快で乱雑な扱いをするといずれの状況でも暴力を誘発することを発見した。このことから、彼は、状況的予防が犯罪の機会にあまりに固執しすぎており、犯罪を促進したり誘発したりする状況の特徴を無視してきたと述べたのである。彼の研究の成果を取り入れて、クラークとコーニッシュは、状況的予防技法のあらたな分類として、「挑発」を減らすための 5 つの技法を追加した。これらの技法は、ウォートレィの例を引用しながら、次のように説明されている。

フラストレーションやストレスを減らす

ウェイターに粗雑に扱われたり、サービスを待つ列が後ろから押されたり、列車が遅れた時に何の説明もない場合、すべての人は怒りを感じる。時にその怒りは暴力となる。これを回避するためには、サービスの改善が必要であり、サービスの改善はますます要求され、行われつつある。しかしながら、不満を持つ者にあまり力がないと無視されるかもしれない。たとえば、受刑者は空腹の時に食事ができないとか、テレビ番組を選択できないと不平を言うが、しばしば無視されている。食事時間をずらしたり、テレビの数を増やしたりして、彼らの不満に合わせることは全く容易である。受刑者のフラストレーションのもう一つの根源である所内の電話待ちの状況は、電話使用時間を制限するシステムをコンピュータ化することによって、減らすことが可能である（**コラム21**参照）。怒りや暴力の爆発はまた、極端な不快、つまりあまりに大きな騒音、押し合いへし合い、座る場所がないほどの混雑などに人々が従わねばならないことから生じる。これらの状況は、多くの社交クラブ、酒場、遅延した航空機の待合所などで起こるし、常に、トラブルを引き起こすことが見いだされる。座席数を増やしたり、心を和ませる音楽を流したり、控えめな照明にしたりなど、これらの状況でストレスを減らす方法がある。

もめ事を回避する

イギリスでは、サッカーファンのライバル集団が競技場で分離されたり、彼らの到着や出発の時間割を決めたりして、トラブルを引き起こしそうな待機時間を回避している。ニューヨーク市のケネディ空港からマンハッタンまでのタクシー料金は、標準的な45ドルに固定されており、料金を巡る詐欺やもめ事を防いでいる。オーストラリアのオートバイ・グランプリ大会における雑踏警備の試みとして、オートバイ運転者は仲間のオートバイ愛好者と共に、キャンプすることが許され、施設利用についてはルールを設定することが奨励されている。これは、このイベントを台無しにしてきた警察とバイク愛好者との間のもめ事を減らすのに役立ったのである。

刺激や誘惑を減らす

男性医師は、看護婦や受付女性の立ち会いなしに女性患者への入念な診察を行うべきではない。これは、医者が誤った告訴を受けることを防ぐし、また患者に対する性的虐待の誘惑を減らしたり、不適切な方向へ進むことを減らす。有罪判決を受けた小児性愛者が子どもと接触する職に就くことを禁止する法律は、子どもを守るだけでなく成人が性欲を管理するのに役立つ。拳銃は見せられると、まさに攻撃感情が刺激されることが明らかとなっており、それが武器の展示を規制するもっともな理由である。同様に、高い割合の性犯罪者がポルノグラフィーを所有したり利用したりしているという事実は、これらの物を規制する論拠を提供する。最後に、誘惑を減らすことは、人目のあるところで現金を数えたり、夜間一人で外出する若い女性に注意するための助言の基礎となる。

仲間のプレッシャーを中和する

多くの親は、自分の子どもに悪い影響を与える友達と付き合わないように諭したり、学校は、問題児の集団を別のクラスに振り分けたりする。しかし、大人も子どもも仲間のプレッシャーを受ける。古参の社員が新入社員に雇用者からの窃盗を誘導する場合もあるし、若年者は、しばしば友人から多量に酒を飲むようにけしかけられる場合がある。オーストラリアで展開された広報キャンペーンは、運転者に対して無作為の呼気検査を行い、飲酒運転の抑止効果を強化するための

ものであるが、その際「善良な友人は、友人に酒を飲ませたり運転させない」というスローガンを利用した。アメリカの広報キャンペーンは、「友人は友人に飲酒運転をさせない」というものである。

模倣させない

すべての新型テレビは「Ｖチップ」を装着しており、それにより両親は子どもが暴力番組を見られないようにテレビをプログラムすることができる。社会における暴力映画と暴力の関係はかなり議論されているが、異常な犯罪に関するメディア報道は、ときに他の場所で模倣を誘発するという「模倣」犯罪に関して若干の証拠はある。たとえば、教師が違法なコンピュータ操作に関わるのを目撃した学生は、同様に彼ら自身もコンピュータ犯罪に関わる可能性がより高いこと、他の歩行者が赤信号で横断していると本人もそうしやすいことなどが示されてきた。実際、自分が「信号無視」した後、車内のバック・ミラーで自分の後に信号無視がいかにしばしば行われているかを見ることがある。ひっかき傷や刻み傷が入った公園のピクニック用テーブルは、さらなる損壊を引き起こす可能性が2倍以上あることが示されている。このような調査事実は、バンダリズムを扱う「迅速修復」プログラムに根拠を提供する。ウィルソンとケリングは、この原理を拡張し有名な「割れ窓」論文を作成したが、それによると、地域社会の崩壊の小さな兆候、たとえば物乞いや売春婦の勧誘などを迅速に取り締まらないと、常習的な犯行者が

図表50　刺激の削減

欲求不満とストレスの削減
・効率的な列や丁寧なサービス
・拡張座席数
・静かな音楽と落ち着いた照明
紛争の回避
・ライバルサッカー・ファン用の分離した観戦席
・居酒屋における混雑緩和
・定額タクシー料金
性的興奮と誘惑の削減
・暴力的ポルノの規制
・小児性愛者の児童を対象とする仕事の禁止
・性的被害化を避けるための助言
仲間の圧力の中和
・「飲酒運転は愚か者」
・「断ることは良いことだ」
・学校での問題児の分散
模倣の防止
・器物損壊の迅速な修復
・テレビのＶチップ
・「模倣」犯罪を避けるための手口の詳細の検閲

統制のない状況を謳歌するために、当該地域に移動して急速な崩壊状況をもたらすと述べている。

コラム21　ライカーズ島の電話詐欺、スロット・タイム、ヴィクトリア・シークレット

ライカーズ島は、ニューヨーク市ラ・ガーディア空港の目と鼻の先にあるが、10カ所の刑事施設で構成される巨大なシステムである。これらの施設は異なる分類の犯罪者を収容している。刑務官は、電話使用を記録する業務日誌を使用し、各収容者が電話に費やす時間の合計を規制することになっていた。1990年代初頭、この制度は崩壊した。収容者の一人が勝手に「スロット・タイム」として知られる独自のシステムを作り、その結果、年間通話使用料は300万ドル以上に跳ね上がった。そして最も力の強い収容者が電話を支配した。収容者らはしばしばポケベルで呼び出したり外界の薬物取引を維持するのにその電話を利用したのである。収容者はまた、「セックス・ライン」に電話したり、長距離通話や商品購入のために盗んだクレジット・カードの番号を使用していた。ラトガーズ大学の大学院生として、この問題を研究したナンシー・ラ・ビーニュは、「女性収容者は、高級品通信販売ヴィクトリア・シークレット・カタログにアクセスするためだけに電話利用した。その結果、施設は、職員が気づくまで、国内で最も着飾った収容者を誇ったのである」と記している。当局は、発信者の地位に応じて電話利用に厳密な制限を設ける安全性の高いコンピューター制御電話システムを導入した。収容者は、自分の身分証明書のバー・コードを通し、暗証番号を入力して電話を利用した。このシステムは直ちに電話料金を約半分に削減した。しかも、電話利用に関する喧嘩がほとんど発生しなかったことも発見された。事実、ラ・ビーニュは、月ごとのもめごと率が新しい電話システム導入前の収容者1,000名あたり6.7件から導入後には1,000名あたり3.6件に減ったことを示した。

出典：La Vigne, Nancy (1994). "Rational Choice and Inmate Disputes over Phone Use on Rikers Island". *Crime Prevention Studies, volume 3, Ronald Clarke. Monsey, NY: Criminal Justice Press.*

参考文献

Wortley, Richard (2001). "A Classification of Techniques for Controlling Situational Precipitators of Crime." Security Journal, 14: 63-82.

ステップ 43
犯行の言訳を認めない

状況的技法の第5のカテゴリーは、犯行者が自らの行動に道徳的判断をしていること、通常であれば罪や恥の感情を感じさせる行動を「中和する」ために、しばしば自らの行動を合理化していることを認識する。犯行者は、次のような言い訳をする。「あいつ（被害者）は、やられて当然だ。」、「ちょっと借りているだけだ。」、「彼女をちょっとこらしめただけだ。」これらの言い訳は、普通の人々が日々の誘惑、たとえば、脱税する、酔っぱらって運転する、部下にセクハラする、雇用者の財産を盗むなどの誘惑に対応するのに重要である。

規則を設定する

すべての組織は、その自治領域において、行動規則を作成している。たとえば、各企業は従業員の時間管理を規制し、商店は店員に厳格な現金処理手続に従うように求める。病院や公共図書館、ホテルなどの組織は、それに加えて、彼らの業務対象である顧客の行動を規制する。これらの規則が曖昧で顧客を利する場合は、悪用されることがある。それゆえ、状況的予防の1つの重要な軸は、規則の設定である。つまり、行動の受容性に関する曖昧さを除去するために新しい規則や手続を導入するのである（また、すでに導入済みの規則や手続をさらに明確化する）。たとえば、「すっぽかし」を減らすために、多くのレストランでは、電話した人が電話番号を名乗った場合のみ予約を受け付ける。あるレストランはまた、クレジット・カード番号を求め、その結果、すっぽかしに料金を加算できる。カリフォルニア州では、釣人に入漁料を要求するが、入漁権購入の規則を遵守させることに成功している。

標識を表示する

就業規則は雇用契約にしばしば規定され、クレジット・カード会社、電信電話

会社、保険会社によって設定された規則は、契約時に盛り込まれる。公共施設の利用を規制する規則は、人々が規則を知らなかったと主張するのを防ぎ、規則が適用される場所を正確に示すために公示される。とくに公道では、運転や駐車を規制する標識を広範に使用する。研究によると、身障者用に確保されたスペースの違法な駐車に対する警告標識はこれを有意に減少させたという。他の多くの施設、公園、大学、交通機関、団地でも広範囲の行動を規制するための掲示が表示されている。このような幅広い利用にもかかわらず、表示された標識の予防効果に対する評価研究はほとんどないが、標識は法執行の基本的な道具であり、しばしば問題解決型警察活動に用いられている。

良心に訴える

この状況的技法は、2つの重要な点で「非公式な社会統制」とは異なる。第1に、その焦点がきわめて限られた状況で発生する個別の犯罪に当てられ、第2に、その目的は、個別の犯罪を遂行する時点で良心に訴えかけることであって、法違反行為全般に対しての一般人の態度を継続的に変化させる試みではない。たとえば、商店の入り口の標識は、「万引きは犯罪である」と宣言し、マンハッタンの港湾バスターミナルでは、標識が「ここでの喫煙は違法でかつ自己中心的、ルーズである」と示している。道路脇の速度表示計は、法定速度を超えて走行する運転手に（罰金執行状を発行しなくても）、即時に呼びかけているのである。

遵守を支援する

19世紀イタリアの犯罪学者チェザーレ・ロンブローゾが街頭の立ち小便は刑務所に入れるべきと指摘したとき、彼の弟子エンリコ・フェッリは公衆トイレを作るべきと現実的な方法を提案した。これは、法遵守を奨励する実例であり、広範に適用可能な技法である。このような例として、飲酒した者が運転しないようにタクシー料金を補助するとか、ゴミ箱や（公衆の落書きに対して）「落書き板」を提供するとか、図書館における返却手続を改善して、返却の遅延や図書の貸出規則を遵守しないときの言訳を防止するやり方などがある。ディズニーワールドに関する古い論文で、シェリングとステンニングは、遊歩道マーキング、標識、物理的障壁（順路の逆行を困難にさせる）、陽気なディズニー従業員からの指示によっ

図表51　言い訳の除去

規則の制定
・賃貸契約
・嫌がらせ防止規約
・ホテルの登録
指示の掲示
・「駐車禁止」
・「私有地」
・「キャンプ・ファイヤーを消すこと」
良心の覚醒
・道路脇の速度表示板
・税関申告書へのサイン
・「万引は窃盗です」
遵守の支援
・簡易図書チェックアウト
・公衆トイレ
・ゴミ箱
薬物・酒類の規制
・酒場の血中アルコール自己検査
・提供者の介入
・酒類無しのイベント

て行われる洗練された雑踏の規制や管理が、テーマ・パークにおける犯罪や迷惑行為の潜在性を著しく減らしていることを見いだした。

薬物・アルコールを統制する

　犯罪はアルコールや薬物によって増進される。これらは犯行者の抑制心を低下させ、その認知や認識を害して、その結果、法違反を認識しにくくするからである。飲酒に対する状況的統制の価値はしばしば証明されてきた。ノルウェー警察大学の研究部長ヨハネス・クヌットソンは、個人がミッドサマー・イブにスウェーデンの保養地に持ち込むアルコール量を制限することで、酩酊や秩序違反行為を減らすのに役立つことを示した。アラスカ州バローの小規模地域では、1994年に、飲酒によるドンチャン騒ぎを削減するためにアルコール販売の全面的禁止を導入したところ、飲酒騒ぎに関する通報が81％、重大犯罪が43％、公共の場から酩酊者締め出しが90％以上減少した。オーストラリアでは、地域の酒場間で責任ある飲酒を促進するための任意協定が交わされ、これによって多くの歓楽

街における深夜の飲酒関係犯罪を減らすに至っている。ラトガーズ大学では、学生寮のパーティにおいて、ビールはケースではなく、小さなビア樽で出されねばならないと命じた。なぜなら、ケースは飲んだ量を隠しやすく、学生が言うように、「樽の場合、ビールを注ぐために20人くらいの列ができて飲む量が減るが、冷蔵庫からはビールをどんどん出してしまう」からである。

コラム22 ディズニー・ランドに到着すると

- 情報を得るためにディズニー・ラジオを聴くように自動車で到着する観光客に知らせる標識
- 観光客が使用する駐車場に導く標識と方向を示す路面標識
- 観光客は、モノレールに誘導するゴムタイヤ式列車に案内される。
- 録音されたメッセージがガードレールの背後に安全に並ぶように観光客を導く。
- 観光客は自分の駐車場の位置(例えば、ドナルド・ダック1)を指示される。
- 観光客は、モノレール車内に着席し、手足を収め、確実に子どもにも同様にさせることを(丁重に)求められる。
- 下車する前に、観光客は、モノレールの乗り方と間違った方向へ進むことを防ぐ柵があることを伝えられる。
- 乗降場で、案内係がモノレールの車両を満たす定員規模の適切な人数の観光客を車内に案内する。
- 乗降場の縁にある安全扉は、モノレールが到着したときにのみ開く。
- サービスのあらゆる遅延は放送され、予想到着時刻が知らされる。
- モノレール車内で、乗客は「あなた自身の安全のために」着席したままでいることを求められる。
- 乗客は、下車の仕方と最初のアトラクションへの移動法が伝えられる。
- 乗客は、再度、自分の子どもの面倒をみることと自分の持ち物を保持することを指摘される。
- 各アトラクションへの入場待ちの間、観光客は1列に並べられ、待ち時間が示される。列内の人々はディズニー・キャラクターによって楽しまされる。
- アトラクションを去るとき、観光客は標識、柵、隣のアトラクションへの案内係によって導かれる。

出典:Shearing, Clifford and Phillip Stenning (1997). "From the Panopticon to Disney World: The Development of Discipline". *Situational Crime Prevention: Successful Case Studies* (2nd ed.). Ronald V. Clarke. Monsey, NY: Criminal Justice Press.

ステップ 44
問題の持ち主を発見する

多くの問題は、ある機関、つまり企業、政府機関、その他の組織が業務の遂行上、犯罪を引き起こすことはあっても、犯罪を予防できないことから生じる。要するに、多くの問題が生じるのは、一つのあるいは複数の機関が予防的戦略を実施できないか、実施しようとしないからであり、あるいは、これらの機関が犯罪ないし秩序違反行為を刺激する環境を意図的に作り出してきたからである。これによって、リスクの高い施設（**ステップ28**）や犯罪の集中を生み出している。

問題の解決には、通常、問題に至る状況に責任をとらなかった人々・組織の積極的な協力が求められる。これらの問題の持ち主は、自分たちの双肩にかかった問題に対する責任を一般公衆や警察に転嫁してきた。結果的には、問題解決プロセスの重要な目的は、彼らにその責任を負担させることにある。そこであなたは、どの問題にも、「問題の持ち主」に関する3つの質問に答える必要がある。

・問題の持ち主は誰か。
・なぜ問題の持ち主は問題が悪化するのを許してきたのか。
・問題の持ち主に予防を行わせるためには何が必要か。

問題の持ち主は誰か

問題が特定の場所にある場合、誰が責任を負うべきかを特定するのは通常簡単である。問題の持ち主は、その場所の持ち主である。たとえば、公園の問題は、公園を運営する責任組織、通常、地方政府か民間機関である。

広い領域にまたがる問題の責任者を特定するのは、困難である。もっとも広範囲な問題が特定場所に集中しているのであれば、その場所が周辺地域の事件の発生源であり、その場合中心の地点の所有者に責任がある。不動産投機家は、ある地域で多くの廃屋を所有するが、これらの廃屋と結びつく犯罪も所有するのである。

特殊な個人の集合、つまり老人、特定のニーズを抱えた子ども、家庭内暴力の被害者などが犯罪や秩序違反行為の標的となる場合、問題の潜在的な持ち主は、家族の構成員である。これらの特殊な集団の福祉を担当する責任機関がある場合、担当サービス機関も、問題の潜在的な共同持ち主である。カリフォルニア州高速パトロール隊は、移民労働者の高速道路による死亡を減らそうと試みている際に、移民労働者の輸送を専門にする業者を特定した。業者は問題を抱えていたが、責任は果たしていなかった。必要な責任を負担させることで、これらの業者の規制を強化でき、一定タイプの移民輸送車両に対しシートベルト着用を要請したり、安全性違反に対する一段の法執行強化を行いつつ自動車検問を行った。その結果、農場移民労働者に関わる交通死亡事故を大幅に減らすことができた。この業績に対して、2002年、ゴールドシュタイン問題解決型優良賞が授与された。

なぜ問題の持ち主は問題が悪化するのを許してきたのか

単独あるいは混合して、大半の問題に適合する4つの包括的な説明がある。

1. ある組織が犯罪予防をできない場合がある。これは、犯罪に対するその運営の影響に関して無知か、犯罪予防方法に関して無知だからである。あるいは、その運営が犯罪発生に影響していることを組織が知っていても、資源がないためにできないのである。体系化された手続の重要性を認識することもまた重要である。処理手続の変更は時間の浪費であることがあり、財源や職員の両面で費用がかかる可能性がある。万引きや内部犯行の窃盗を予防する新しい在庫管理手続は実施が困難であって、従業員が自分の通常業務を行う際に混乱が生じる修正をしなければならないからである。

2. ある組織は、その業務によって誘発された犯罪の予防を好まないことがある。その理由は、犯罪の解決はもっぱら警察の責任であると考えるからである（たとえば、ハイオク・ガソリンの入れ逃げ問題が生じているガソリン・スタンドは、前払い制をとらないからと考えるよりもガソリン泥棒の問題として考える傾向がある）。一部の論者は、犯罪を生み出す機会の役割を考えないで、もっぱら犯行者の役割に思い巡らすのである。この観点からは、さらに厳格な法執行によって犯罪を減らすのは警察の機能ということになる。このアプローチの限界は、**ステップ3**で記述したとおりである。組織の非自発的な態度のもう

1つの理由は、警察が財産所有者の権利を侵害しているという思い込みである。商店主は、自分が望む方法で商品を陳列する権利を有していると考えるし、警察は万引き削減の代替的な陳列方法を強制すべきでもないし、示唆すらすべきでもないと主張するかもしれない。
3．一部の組織が予防に消極的なのは、問題取り組みのコストゆえである。彼らは、コストを払うよりも犯罪を無視して、さらに利益を得ようとする。予防コストが利益を上回ると認識しているのである。歓楽街の警備員は費用がかさみ、質の良い警備員はさらに費用がかさむ。問題のコストを施設が負担しない限り、予防コストをかける必要性がほとんど認識されないことになる。基本的にそのような施設は、犯罪や予防のコストを他人に転嫁する傾向があり、それによって、自分たちのコストを下げているのである。
4．一部の組織は犯罪から利益を得る場合があり、この例は、中古品販売業者が陳列する商品の合法的な所有権をほとんど確認しない場合に起こる。自動車修理工場は、盗品の自動車部品を合法的な部品よりも廉価に購入し、この結果、利益のマージンを増やしている。

問題の持ち主に予防を行わせるためには何が必要か

　ハーマン・ゴールドシュタインは、問題の責任を警察から当の問題組織に転換することを目的に考案した介入策の大まかな体系を示した（**図表52参照**）。
　表のゴールドシュタインのリストでは、下から上に移動するほど、介入策は次第に協調的ではなくなり、ますます強制的になる。このことから、介入策の困難さは、警察の失敗のコストと相まって、リストの上に移動するほど増大する。結果として、情報を集めたり完全な分析を行う価値は、下から上に上がるほど大きくなる。ゴールドシュタインが記述するように、この体系は、正確な記述というより、これらの傾向の大まかな指標である。それでも、一連の階層化された問題への対応を企画することは有用であり、最も協調的な状態から始めて、必要とされる場合にのみ、また情報によって支持される場合のみ活動を進めていくのである。
　問題の持ち主に責任を転換することは、法的、政治的なもめ事をうみだす可能性はある。その問題から利益を得てきた組織、あるいは責任負担のコストを気に

する組織は、何らかの対応をすべきであるとする提案に簡単には同意しない可能性がある。誤作動アラームの問題は、警察活動が徒労に終るため、20年以上も悩みの種となってきたが、多くの法域では、極端なアラーム誤作動の責任を原理的にアラーム機器業界に負担させるには、その政治的財政的影響力にうち勝つ必要があるが、それは困難である。確かに、コストが少なく押しつけがましくない予防策にはほとんど抵抗がない（**ステップ45**）。しかし、この対応に効果がないとわかると、警察はしばしば困難な選択に直面する。問題の持ち主から重大な責任を問いつめられるか、政治的もめ事のリスクを抱えるか、ごく少数の個人が生み出す問題に税金を費やし続けるかの選択である。理論上、その答えは明瞭に感じられるが、実際には、しばしば困難な決定である。

図表52　ハーマン・ゴールドシュタインの所有権移転に関する方法の順位

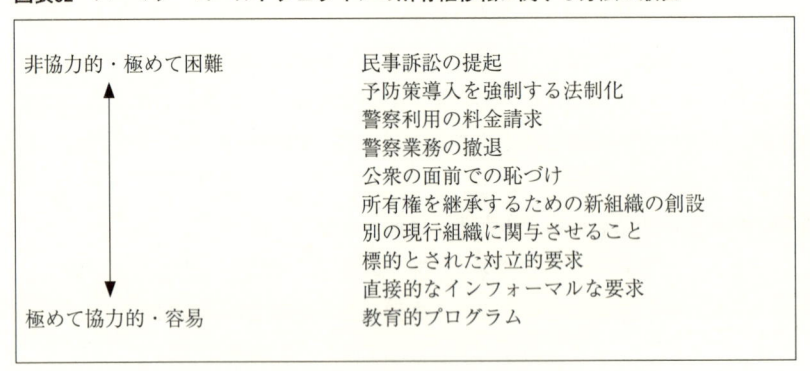

非協力的・極めて困難　↕　極めて協力的・容易	民事訴訟の提起 予防策導入を強制する法制化 警察利用の料金請求 警察業務の撤退 公衆の面前での恥づけ 所有権を継承するための新組織の創設 別の現行組織に関与させること 標的とされた対立的要求 直接的なインフォーマルな要求 教育的プログラム

参考文献

Scott, Michael (2005). "Policing for Prevention: Shifting and Sharing the Responsibility to Address Public Safety Problems." Handbook of Crime Prevention and Community Safety, Nick Tilley. Cullompton U.K.: Willan.

ステップ 45
実行可能な対応策を選択する

適切な対応を見いだすことは、困難を伴うプロセスである。費用や困難ゆえ、あるいは協力の欠如ゆえ、有望な介入策が拒否されるとあなたは何度も失望するかもしれない。しかし、問題解決の方法は1つではない。そこで、結局、あなたのチームは、次のいくつかの基本的な条件に合致する対応に合意するだろう。

・過度に野心的であったり、費用をかけすぎてはいけないこと。
・近くの直接的な原因に焦点を当て、遠因や間接的な原因に焦点を当てないこと。それによって即時的な影響をもたらす絶好の機会が与えられる。
・それぞれの対応が当該問題に影響を与えるメカニズムを明瞭に表現すること。

これで、あなたの心配はなくなり、リラックスできるだろうか。いや違う。良好な対応への合意以上に難しいのは、現実的な実施を保証できるか、である。あなただけでは保証できないが、実施の際の落とし穴を知っていれば、この落とし穴に陥りやすい対応の選択を回避するように、協働関係を導くことができる。ティム・ホープとダン・マーフィーは、イギリス・マンチェスターの11の学校で、バンダリズム（器物損壊）予防プロジェクトを研究した際、この落とし穴を特定した。

各学校で実施可能な対応は、地方政府職員、学校職員、警察がグループとなって選択した。大半の被害は、悪意というよりも不注意であった。これが示唆したのは、2つの異なった解決策であった。つまり、建物を保護するための状況的対応と子どもたちを無害な活動に逸らすための余暇活動を提供することである。余暇活動の改善提供を推奨したのは11校のうちわずか1校であった。推奨された状況的対応の大半が基本的なターゲット・ハードニング、つまり標的の堅固化（格子窓、強化ガラス、高いフェンス）であったが、この他の提案にはさらに、住宅

街に隣接する2校に監視の目を光らせるよう奨励したり、遊び場を被害の少ない地域に移動させたりするものもあった。

　これらの推奨された提案を全て実施したのは、わずか2校であった。3校では何も実施されず、残りの6校では1つあるいは複数の推奨事項が実現できなかった。実施しなかったことで、バンダリズムにほとんど影響を与えなかったことが明らかとなった。ホープとマーフィーは、次のような実施への主要な障害5つを特定したが、同じことはアメリカにおける全ての問題解決型プロジェクトでも遭遇した。

1．予想外の技術上の問題

　8校に対して、関係団体は、壊れやすい窓の代わりにポリカーボネイト製の窓ガラス、あるいは強化ガラスに代えるように推奨した。しかしながら、いずれのタイプのガラスも導入されなかった。市当局の建築担当者は、ポリカーボネイト製の窓ガラスを禁止しているが、それは火災の際に、避難が困難で有毒ガスを発生させるからである。強化ガラスを設置するには、サイズに合わせてカットしなければならないが、窓ガラスはさまざまなサイズに分かれており、各サイズを少しずつ準備して保管するのは困難であった。窓ガラス1枚ずつ注文するという代替策は、それを行うのに長期間（6週間）かかるので除外された。

2．不適切な実行の指導

　1校では、遊び場を安全な場所に移動することに合意した。元々の遊び場は、花壇の場所と入れ替えるべきであった。その作業は地方政府機関によって行われねばならなかったが、作業見積もりを提供するにとどまった。遊び場の配置換えは、民間建築会社と下請け契約を結んだが、手違いのために提案地域の半分のみが変えられたにすぎなかった。それゆえ、2年後、バンダリズムの状況はほとんど変化せず、学校は防犯には役立たない、細長く花壇のない遊歩道を獲得したに過ぎなかった。

3．様々な機関の間の協働活動の失敗

　学校組織の建築管理部門が単独で責任を負う推奨事項は全て実施されたが、他

方、他の部局や機関に責任が伴う推奨事項はいずれもが依然として、実現されなかった。たとえば、2校では、近隣住民が放課後の学校に監視の目を光らせ、不審事案は警察に全て報告するように奨励すべきと提案された。このためには、学校組織管理、学校長・職員・生徒、警察の3つの部門、つまり犯罪予防、地域関係、地方警察の協働関係が要請された。全員がこの考えを好んだが、誰も主導しようとはしなかった。

4．優先事項の競合

　実施期間中、その他の多くの要請が教育当局に寄せられたが、それは地方政府職員の労働過重の懸念と学齢期児童数の減少によって必然的に生じた学校再編の結果であった。学校職員の再編によって、バンダリズム・プロジェクトに関与した職員の配置換えが生じた。学校職員がバンダリズム・プロジェクトに低い優先権しか与えなかったのは、驚くべきことではない。

5．予想外の費用

　ある場合には、当該活動の特定の過程から生じた広範な帰結が、その直接の利益を上回る場合がある。たとえば、最も深刻なバンダリズム問題を抱えた学校では、来たる休暇期間のために、警備パトロールを実施することが決定された。このため学校保安要員が有給で空き時間に学校をパトロールするために雇用された。これがバンダリズムを減らすのに即座に成功したため、夜間や週末もカバーするよう学校休暇期間以外にも延長された。他の学校でも同じ保安状態が要求され、多くの保安要員は時間外手当の増額を求めた。最終的には、費用が膨大となり、プロジェクトは解体した。

　上記のリスト一覧から、いくつかの実施に伴う問題は予想できないこと、選択された対応の一部は決して実施されないことが理解される。しかしながら、ある種の対応が別の問題に遭遇することも明らかに予測しうるし、これらは次のコラムの中にまとめられている。もちろん、ある場合に、ある対応が有望であるならば、そのために実施失敗のリスクがあるにしても、追求する価値はある。しかし、前もって注意することが事前の武装になるのである。

コラム23　下記の場合における実施上の問題を予測せよ

・ある対策が多くの別々の機関間における協調的な活動を要求するとき
・ある対策が導入するのに長い時間がかかり、完了させるために順に多くのステップが必要なとき
・ある対策がその目的をほとんど理解していない職員によって実施されねばならないとき
・ある対策が協働チームの間で重要な支持者を得ていないとき
・ある対策が上級行政官の支持を得ていないとき

コラム24　対策が下記の機関によって実施されねばならない場合の問題も予測せよ

・連携外の機関
・資源が貧弱で混乱状態にある機関
・解決策から直接的利益をほとんど獲得しない機関

参考文献

Hope, Tim and Daniel Murphy (1983). Problems of Implementing Crime Prevention: The Experience of a Demonstration Project. The Howard Journal, XXII, 38-50.

Laycock, Gloria and Nick Tilley (1995). Implementing Crime Prevention. In Building a Safer Society, edited by Michael Tonry and David Farrington University of Chicago Press.

Ⅶ　活動の効果を評価する

ステップ 46
プロセス評価を行う

評価において最初の重要な段階は、プロセス評価を行うことである。プロセス評価は、「介入策が計画通り行われているか、実施上でそれはどのように変更されたか？」という問いに答える。**図表53**に見られるように、プロセス評価は、対策（投入）に用いられた資源とこれらの資源を元に実施された活動（結果）に焦点をおくが、その対策が問題を減らすのに効果的であったかどうか（成果）については調査しない。それについてはインパクト評価が必要となってくる。インパクト評価は問題が変化したかどうかを提示する（**ステップ47〜53参照**）。

プロセス評価とインパクト評価の役割

　これら2種の評価はPOPプロジェクトでも必要とされる。**図表54**は両種の評価の結果に基づき起りうる結論をまとめたものである。(A) 対策は計画通りに実行され、犯罪が減少したことについて他には合理的な説明がない。したがって、対策がその減少の原因となったという確かな証拠である。(B) 対策は計画通りに実行されたが、問題は減少しなかった。よって対策は効果がなかったという確かな証拠がある。

　しかし、もし対策が計画通りに実行されなかったらどうであろうか？　この場合には有益な結論にたどり着く事が難しい。(C) もし問題が減少したのであれば、それは対策が偶然効果的であったか、他の要因が関わっていたことを意味していると思われる。(D) もし問題が減少しなかったのなら、役に立つ結論は生じない。おそらく、実施された対策に欠陥があったのかもしれないし、元々の対策自体は効果的であったかもしれないし、その両方とも効果がなかったのかもしれない。対策が計画通りに実行されない限り、インパクト評価から学ぶことは難しい。

図表53　プロセス評価とインパクト評価の焦点

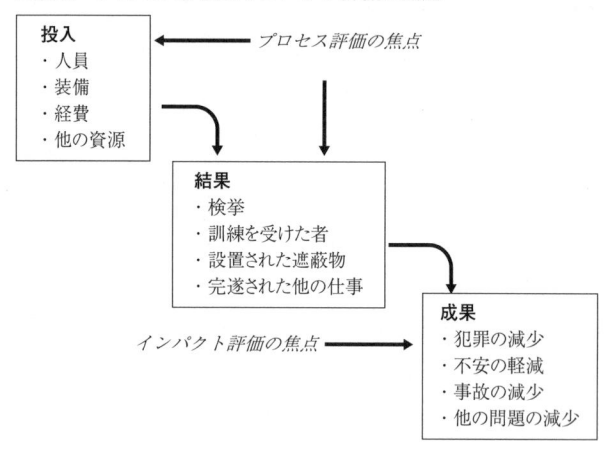

```
投入
・人員
・装備        ← プロセス評価の焦点
・経費
・他の資源
    ↓
結果
・検挙
・訓練を受けた者
・設置された遮蔽物
・完遂された他の仕事
    ↓
インパクト評価の焦点 →
成果
・犯罪の減少
・不安の軽減
・事故の減少
・他の問題の減少
```

図表54　プロセス評価とインパクト評価の結果に対する解釈

		プロセス評価結果	
		対策は予定通り実行された	対策は予定通りには実行されなかった
インパクト評価結果	問題は減少し、他に原因となりうるものはなかった	(A) 対策が問題を減少させた	(C) 対策が偶然効果的であった、または別の要因が減少を招いた。
	問題は減少しなかった	(B) 対策は効果的ではなかった	(D) 学ぶものはない

　対策は、様々な構成要素から成る複雑な機械のようなものであり、そのうち一部がうまくいかない場合がある（**ステップ45**参照）。プロセス評価は、どの構成要素が首尾よく実行されたかを検証する。**図表55**のプロセス評価チェックリストは、その際に問うべき事柄を強調している。

　問題対応の活動スケジュールを立てることは、しばしば決定的である。この理由から、鍵となる構成要素がいつ実行されるのかを表したプロジェクト・スケジュールを作成することが役に立つ。また、他に予期していなかったでき事が起こった時期やそれが公表された時期をチェックすることも有用で、それによって「先行利益」（**ステップ52**参照）をチェックすることができる。

予期せぬ展開によっては対策を変更せざるを得ない場合があるが、これらの展開の一部は、対策の何が間違っているのかを理解することによって、予期しうる。その可能な答えのいくつかは次の通りである。

1. **問題に対する理解が不適切であったかもしれない**　例えば、再被害者について、ほとんど注意を払っていなかったかもしれない。この原因は、問題についての妥当ではない仮説、あるいは不十分な分析（例えば再被害化を考慮に入れなかった）である可能性がある。対策を展開している間に、自分の分析の弱点を確認できたら、緊急時対応策（再被害化を考慮に入れた計画）を取ることができる。

2. **プロジェクトの構成要素が失敗した**　プロセス評価チェックリストは、プロジェクトが失敗に終わる可能性が高い点を提示している。しかし、プロジェクトを成功させる上で、すべての構成要素が等しく重要というわけではない。さらに、高い失敗率を有する構成要素を予想することは時として可能である。例えば、一般の市民グループは、課題を行う能力が非常にバラバラである。対策に余裕を持たせたり、予備の方策を考えておくと構成要素の失敗を緩和できる。

3. **犯行者が対策に否定的に反応した**（ステップ11参照）　犯行者の否定的適応の形態は予期できるし、それに対して準備もできる。例えば、地理的転移が起こる場所は対策前に特定できることがあり、転移が起こらないように、それに先だった防御活動をとるができる。

4. **対策に影響を及ぼす、予期せぬ外部的変化があった**　例えば、協働機関の予算が予想に反して削減され、問題への取り組みの縮小を余儀なくされる場合がある。問題が自然に消滅することはないので、それに対しての唯一の方法は計画を変更することである。

プロセス評価は情報を必要とする。それは主に問題解決チームのメンバーからの情報であるため、彼らが自らの活動を記録することが重要となる。誰がどの活動をどの程度詳細に記録するのかは、対策を計画する際に決定すべき検討事項である。

図表55　プロセス評価チェックリスト

```
誰が行動を取るべきか？
 警察 □    政府部門 □    地域団体 □    企業 □    その他 □
何をすべきか？ ＿＿＿＿＿＿＿＿＿＿＿＿＿＿＿＿＿＿＿＿＿＿＿
行動を取る能力があるか？
 法的権限 □    社会的権限 □    資源 □    専門技術 □
いつ行動を取るべきか？
 日付と時間 ＿＿＿＿＿＿   他との協働 ＿＿＿＿＿＿
誰もしくは何が対策の対象になるべきか？
 人 ＿＿＿＿＿＿    場所 ＿＿＿＿＿＿
対策は適切に実施されたか？
 種類 ＿＿＿＿＿   頻度 ＿＿＿＿＿   継続期間 ＿＿＿＿＿
下記の場合でのバックアップの計画はあるか？
 計画失敗 □    部分失敗 □    適応 □    外部変化 □
```

ステップ 47
対照群の利用方法を知る

対策を評価する際に取りあげるべき3つの論点がある。

1. 「実施された対策は何だったか？」プロセス評価がこの質問に答える（**ステップ46**参照）。
2. 「問題は減少したか？」対策の前後における問題レベルの比較がこの質問に答える。
3. 問題が減少したのなら、「その対策が問題減少の原因であったか？ または、何か別の事項が原因だったのか？」と問いかけてみる。たいていは、問題減少について別の説明がある場合が多い。

3番目の問いに答えるには、対照群の利用が必要である。対照群の目的は別の説明を排除することである。異なった別の説明は、下記に示す異なったタイプの対照群を必要とする。

規模の変化　アパートの居住者数が減ったのなら、その分だけ潜在的な被害者数も減るため、侵入盗件数は減ると予測できる。標的の減少は、犯罪減少が当該対策によるものという説明とは別の説明である。規模の変化を統制するためには、対策の前後における侵入盗件数を対策の前後の賃貸アパートの部屋数で割ればよい。**図表56**を見ると、侵入盗件数が減った原因の一部は、使用中の部屋が減ったことであることが分かる。このことを考慮に入れても、表は依然として侵入盗の減少は対策の効果であることを示している。対応前後の期間がかなり違っているならば、上で計算したものを再び前後の月数で割り、1ヶ月間に使用中の1部屋当たりの侵入盗数を求めることで比較できる。

図表56　数量の変化を統制するための割合の使用

	対策の6ヶ月前	対策の6ヶ月後	変化
侵入盗件数	41	20	－21
賃貸されている部屋数	83	73	－10
侵入盗÷賃貸されている部屋数	.494	.286	－.208

活動の周期　人間の活動は、日単位、週単位、月単位で変動している。一番共通する周期は、通勤・通学、娯楽、季節や休日である。このような周期は問題の規則的な変化の原因となる。周期を統制するためには、対策前の同じ周期部分と対策後の同じ周期部分を比較せよ。

問題の長期傾向　問題は、対応前に悪化したり（好転したり）するかもしれない（**ステップ26**参照）。この動向を考慮しないと、実際には何もしなくてもこのような変動が起こるかも知れないのに、当該対策は責任を果たしたと結論づけてしまうことがある。動向を統制するには2つの方法がある。1つ目の方法は、あらゆる動向を特定するために、対策前に長期間、問題を測定することである。対策後に従来の動向から実質的に逸脱している場合には、対策効果の証拠である。先行効果（**ステップ52**）は対策による問題の減少を示すが、それは、対策が完全に実行される前から起こっている。これらは実施前の長期にわたる動向と区別される必要がある。

2つ目の方法は、対策が講じられる人々や場所と、対策が講じられない、似たような人々や場所を比較することである。後者は対照群もしくは比較群と呼ばれる。対照群は、対策がとられる実験群と似ていなければならないが、対策が講じられてはならない。対照群は、実験群に何の対策もとられなかったならば、実験群に何が起っていたはずかを物語る。もし実験群に対照群とは異なった変化が見られれば、それは対応効果の証拠となる。

他の予期せぬでき事　対策が実施されるにつれて、その他諸々のことが変化し、その中の一つないし複数の事柄が、問題減少を引き起こすことがありうる。例えば、事故防止対策を実施中に交通事故が減少した場合、この対策を交通事故減少の原因と考えるのではなくて、その対策と同じ時期に行われていた道路工事によって車の流れが遅くなったことが、その原因だったとも考えられる。動向を調査することは上述したが、標準的なアプローチは対照群を利用することであ

る。対照群エリアが実験群エリアと同じ要因によって影響を受けているときのみ、対照エリアは有用である。したがって、道路工事の影響をうけた対照群道路と実験群道路の両方で起った事故を数えれば、道路工事が事故の減少につながっているかどうかを示すことができるはずである。

問題測定法の変更　前後の比較は、同じ手段で対策前と対策後の問題を測定した場合に限り有効である。異なる測定法は問題の見せかけの変化を生じさせる。前後で同じ測定手順を使おう。対策前後の観測は、同じ時間に同じ場所で同じ事柄を同じ様に記録するべきである。対策前後の写真やビデオは、同じ角度から同じ光の加減で同じ距離、そして被写体が同じ大きさで写るように撮られるべきである。インタビューする人は、対策前後で同じ人物が行うのが好ましく、同じ質問を同じ順序で尋ねるべきである。記録手段が長期間一定であったかどうか、公式記録を調査することが望ましい。

極端に高い状況からの自然な減少　多くの問題は、事柄が極端に悪化したために対処されることになる。したがって、対策は、問題が異常に深刻である時に実施される。しかし、比較的安定している問題でも変動することがある。現時点で異常に悪化した問題でも、何もしなくとも通常のレベルまで戻ることがある（これは「平均への回帰」と呼ばれ、同様に問題が異常な程には深刻ではない場合にも当てはまる）。実験群エリアの問題が最高レベルまで悪化していても対照群エリアがそうでない場合、対照群エリアを使った統制方法は有効ではないかもしれない。その代わり、問題があまり深刻ではないかどうか確かめるために、対策前の長期間の変動を調査することが望ましい。

図表57は、いくつかの対照群の使用を表している。時計回りで見ていくと、図Aは最初の年の11月上旬に実施された対策の開始を挟む24ヶ月間の変化を示している。対策の影響とは認められない、明瞭な年間の周期と下降傾向がみられる。対策後の11月に見られる上昇は、対策が逆効果であったことを示唆している。図Bは対策後における問題の悪化を示した前後の比較（2003年8月から10月までの発生件数の平均と2003年11月から2004年1月までの発生件数の平均の比較）を表す。

図Cには対照群エリアが加えられている。対策直前と対策直後の比較では、実験群エリアは対照群エリアよりも改善していることを示しているが、周期的な

影響があるため、この結論には確信を持つことができない。対応前の3ヶ月間と1年後の同じ3ヶ月間を比較することで、犯罪の周期的な性質を説明することができる。

　ここで、両群に見られる減少の一部は、一般的な下降傾向によるものであると推測されるが、図Dは対策の影響をもっと分かりやすく描写している。対策前では、実験群エリアは対照群エリアと比べて絶えず悪化している。対策後では両方のエリアとも同じ変化を見せている。また、11月に起った問題件数の上昇は対照群エリアでも見られるため、対策とは関係していないように思われる。対策は効果的であるようには思われるが、目を見張る程ではない。つまり、問題の改善が統制すべき要因 、つまり傾向、周期、予期せぬでき事 によって簡単に隠されてしまったのである。

図表57　対照群の応用法

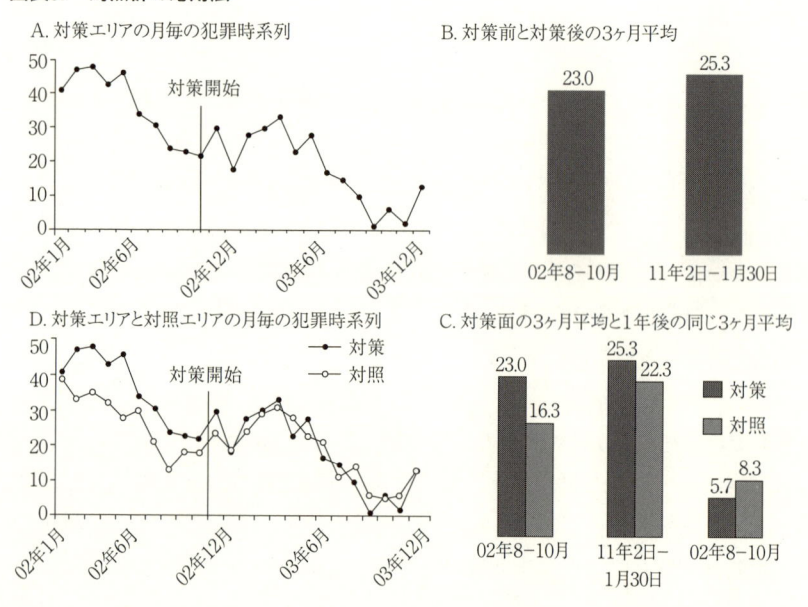

A. 対策エリアの月毎の犯罪時系列

B. 対策前と対策後の3ヶ月平均
- 02年8-10月: 23.0
- 11年2日-1月30日: 25.3

D. 対策エリアと対照エリアの月毎の犯罪時系列

C. 対策面の3ヶ月平均と1年後の同じ3ヶ月平均
- 02年8-10月: 対策23.0, 対照16.3
- 11年2日-1月30日: 対策25.3, 対照22.3
- 02年8-10月: 対策5.7, 対照8.3

ステップ48
地理的・時間的転移を検討する

　地理的転移は、介入策が特定の施設や場所における犯罪や秩序違反行為の機会を阻むことで、犯行者が犯罪をするために他の施設や場所へ移動する時に起こる。また、時間的転移も防止策が成功したことによって生じるが、この場合は、犯行者が犯行時刻を他の時間や日に移すことを意味する。

　犯罪や秩序違反行為を容易に行うことができる機会は限られているため、犯行者が別の場所へ移ることは難しいとされる（**ステップ16**参照）。また犯行の標的も、ある特定の場所にだけ集中し、他では集中していないかもしれない（**ステップ16**参照）。被害を受けやすい標的は、ある場所では見受けられ、他の場所では見受けられない（**ステップ29**参照）。ある施設では行動に関する規制が緩いが、他の施設では厳しいかもしれない（**ステップ28**参照）。犯罪機会が存在する場所はすでにホット・スポットであるか、その場所が遠くにあったり、犯行利益が可能な場所とは認識されていないために、他の犯罪機会は犯行者の目に留まらない場合がある。

　犯行者は、ホット・スポットが抑制されている場合、そこから遠く離れた場所を探すのに時間をかけないだろう。したがって、もし犯行者が移動するとしたら、元のホット・スポットに近い場所へ移動する。**図表58**に見られるように、犯行者が犯罪機会へ移動する可能性は、その機会が元のホット・スポットから離れれば離れるほど減少する。また、すべての空間が犯行者にとって好ましいわけではない。犯罪機会は地図上に等しく存在するわけではない。

　この地図では、元のホット・スポットの特徴に似た場所はひし形（◆）で示されている。元のホット・スポットの近くにある場所は、地理的転移による影響を最も受けやすい。距離の他に、移動する際の自然の障害物も地理的転移を制限する。地図では、北西または南東に流れる川が東への地理的転移の可能性を減らしている。これらを理解することによって、地理的転移に対する対応措置を一番被害に遭いやすい場所で実施することができる。

210　Ⅶ　活動の効果を評価する

図表58　ホット・スポットの中核から離れるほど減少する地理的犯罪転移

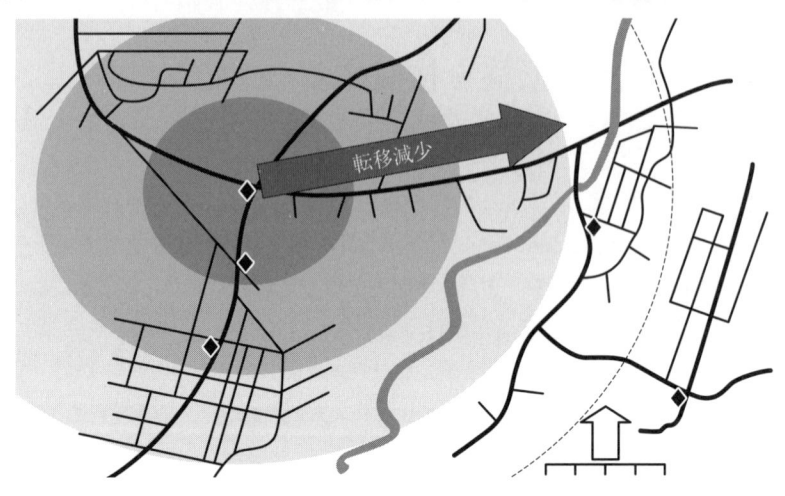

　地理的もしくは時間的な転移が起る場合、予防措置がとられた場所や時間と似たような場所や時間に犯罪が移る傾向がある。これらの移動は、まったく異なる場所や時間へ犯罪を移動させるよりも少ない労力・知識・検挙リスクで済む。ローレンス・シャーマン によると、一斉検挙の影響の弱化に関する調査結果でも見られるように、対策が緩和されるまで犯行者が辛抱強く待つ、といったケースもよくみられる。それまで待つことができなければ、犯行者にとって一番身近な場所や時間に犯罪が転移する可能性が一番高い。ポールとパトリシアのブランティンハム夫妻も述べているように、犯罪が転移しやすい場所を予測することは可能である。しかし、これには現状での犯罪機会に関する詳しい知識が必要とされる。

　地理的転移が起るとすれば、対策の効果について結論をゆがめることになる。**図表59**はそれがどのように起るのかを表している。この例では、対策実施前に同じ犯罪件数が計上された3つの互いによく似た特徴を持つ地域を取りあげている。（1）実験エリア、（2）実験エリアに隣接したエリア、（3）実験エリアから離れたエリアである。対応措置が取られた実験エリアでは犯罪が25件減っている。しかし隣接エリアでは犯罪が10件増えている。これは、実験エリアに何もしなかったのなら、実験エリアで犯罪が10件増加していたかもしれないという示唆

に思われる。したがって純減は35件となる（実験エリアでの25件の減少と、避けることができた10件の増加）。

図表59　地理的犯罪転移を統制するための隣接対照エリアと遠隔対照エリアの使用

	前	後	差	正味効果の見積もり
実験エリア	100	75	-25	
隣接エリア	100	110	+10	-35
遠隔エリア	100	100	0	-25

しかし、この10件の増加は地理的転移によるものとも考えられる。このため、実験エリアから離れた対照エリアも比較対照に用いることが好ましい。統制群としての遠隔対照エリアは、もし何の措置もとられなかったら実験エリアか隣接エリアのいずれかで犯罪は変わらなかったことを示唆している。これが示す意味は、対応措置が実験エリアでの25件の減少をもたらしたが、隣接エリアで10件の増加（転移）を招き、差し引き15件の減少につながったということになる。結果的に対応措置は効果があったのだが、もともと予測していたよりも効果的ではなかったと言えよう。**ステップ**51では、効果を査定する際に用いる、転移を考慮にいれた方式を説明している。

評価を行う際には2つの対照エリアを選ぶことが好ましい。1つは、地理的転移（及び、利益の拡散。**ステップ**51）を見つけるために実験エリアから近くの、それと似たような犯罪機会を抱えるエリア。そしてもう1つは、統制群としての対照エリアである。対照エリアは距離やその他の遮断物（高速道路や川など）によって転移の影響を免れなければならない。対照エリアは犯行者の行動領域の外側にあり、転移エリアはその内側でなければならないというように、有効な対照エリアと転移エリアの選択には、犯行者の通常行動パターンの知識が必要とされる。

犯行者にとって、犯行場所を変えるより犯行時間を変える方が、少ない労力ですむため都合がよいかもしれない。例えば、もし防止対策がある特定の時間帯にのみ行われていて、他の時間帯は何も行われていなかったとすると、時間的転移は24時間の間に発生するかもしれない。そうでない場合でも、一週間やそれよりも長い期間のうちで発生する。

評価が予防対策の行われている時間帯とそうでない時間帯だけを比較するとしたら、時間の統制に悪影響が生じる。図表60は対策が土曜日と日曜日に行われたことを示している。対策後にはこれらの日の犯罪件数の平均が25件減少し、月曜と金曜日では10件増加している。これは時間的転移によるものなのだろうか？平日の昼間を対照群に用いるほうが、月曜日や金曜日よりも週末と共通した点が少ないため、より有効な統制方法になるかもしれない。

犯人は予防対策期間が終わるまで待つといったことは、時間的転移の一般的な形である。一斉取り締まりは、文字通り一時的な対応であるため、特に時間的転移の的となる。もし対応措置が（一斉取り締りとは違って）継続されるのであれば、犯行者はそれが終わるまで待つことができない。よって、彼らは魅力に欠ける場所や標的への移動とか、新しい戦略や別の犯罪の計画といった、面倒な選択に直面するわけである。もしこれらの選択肢があまりにも面倒だったり、利益のないものだったり、危険なものだったり、またはその他の理由でそれに魅力を感じない場合、犯行の数は減ることになる。

図表60　時間的犯罪転移を統制するための週の使用

	週	前	後	差	正味効果の見積もり
対策エリア	土・日	100	75	−25	
近隣エリア	月・金	100	110	+10	−35
離れたエリア	火−木	100	100	0	−25

参考文献

Brantingham, Paul and Patricia Brantingham (2003)."Anticipating the Displacement of Crime Using the Principles of Environmental Criminology."Crime Prevention Studies, volume 16. Monsey, NY: Criminal Justice Press.

Eck, John (2002). Assessing Responses to Problems: An Introductory Guide for Police Problem-Solvers. Washington, DC: U.S. Department of Justice, Office of Community Oriented Policing Services. (Accessible at: www.popcenter.org and www.cops.usdoj.gov).

ステップ 49
他の標的、戦略、犯罪タイプへの転移を検証する

地理的及び時間的な転移に加え、犯行者は、標的、戦術、犯罪を転換することがある。

　標的の転移とは、犯行者が新たに予防された標的から別の標的へ移動することをいう。1970年にイギリスで販売された全ての新車にステアリング・ロックの導入が義務付けられてから、1969年では20.9パーセントあった新車の盗難率が、1973年には5.1パーセントに減少した。しかし全体の車輌盗難率を見てみると、犯行者が予防された新車からセキュリティーのない中古車へと標的を変えたため、あまり変化が見られなかった。これは、防止策の利益が転移によって（少なくとも短期間では）一掃された稀にみる例の１つである。長期間でみると、ステアリング・ロック装置は、一時的使用の車両窃盗を抑止しているように思われる。このケースが表すように、犯行者にとって、標的とよく似た物へと変更することは簡単なのである。ただし、別の標的が古い物でなかった場合は標的の転移は起りにくい。

　ステップ48では、どのようにして地理的または時間的な転移が対照群に悪影響を及ぼすのかを説明した。防止策の評価研究が対照群を使用した場合でも同じような形態の悪影響が起りうる。ここで、60歳以上の高齢者に対する、ショッピングセンターでのハンドバッグ窃盗を減らすための対策を想像せよ。高齢者に対するハンドバック窃盗事件の動向が何の対策も取られなかった場合どのようになるのかを推定するために、45歳から59歳の中年女性に対するハンドバッグ窃盗の件数が測定された。窃盗犯が保護の対象となった高齢者から保護されていない中年女性に標的を変更したことをわれわれが知らない場合、ハンドバッグ盗難は何ら対策がとられないと増加すると結論づけてしまうだろう。これでは、対照群の標的グループの変化と実験群の変化を比較した時に、誤って対策効果を誇張してしまう。より有効な対照群としては、もっと若い女性客（例えば30歳から44歳）、さらに適切なグループの例では、男性客に対する財布の盗難が考えられる。これら

はどちらも完璧ではないものの、まったく異なる標的に犯罪が転移することは稀であるため、前に挙げた対照群よりも有効である。もしくは、別の地域にあるショッピングセンターを対照群に選ぶことも選択肢の1つである。この場合は、地理的拡散や転移の悪影響を防ぐ必要性が出てくるだろう（**ステップ48・51**参照）。

戦術の転移は、犯行者が戦術や手段を変更する際に生じる。例えば、犯行者は頑丈な鍵を破るために別の道具を使うかもしれないし、ハッカーは改善されたセキュリティーを回避するために犯行プログラムを変更するかもしれない。医学の例では、あるバクテリアは突然変異したため、バクテリアの一定の形態には有効だった薬が、突然変異種が広まると同時に効果が弱まることがある。これに対する1つの手段として、広範囲にわたって突然変異に効果のある、広域療法があげられる。同様に、「広域」対策は、犯行者が用いる手段やこれらの戦術の多くの変更に対しても有効である。広域対策が実施されると、犯行者は行動を大きく変化させねばならないが、そうすることはできないかもしれない。ポール・エクブロムは、イギリスの郵便局におけるカウンター強盗を防ぐ強化プラスチック製の防護壁の設置後に起きた、戦術の転移未遂について述べている。ある犯行者は、このカウンターの防護壁に対して大ハンマーを使って強盗を試みたが、この方法は失敗に終わり、そのうえ別の方法も制限されることとなったという。この防護壁が、新しい戦術にも対応可能な広域対策の例である。

犯罪タイプの変更は、もう1つの注意すべき別のタイプの転移である。犯行者は、車窃盗から車上狙いやカージャックへと手口を変えるかもしれない。防止対策が実施されていない類似の罪種の傾向と比較して、ある罪種への防止対策を評価することがしばしばある。例えば車窃盗の対策を評価する際に、車上狙いを対照群として選ぶ場合がある。

他の形態の転移でも見られたように、戦術や犯罪タイプの転移にも同じような悪影響や保護の原理が当てはまる。対照群の戦術や犯罪タイプが実験群と似ている場合、これらの対照群に犯罪が転移するかもしれない。反対に、異なった戦術や犯罪タイプはこれらの転移の影響を受けにくい。しかし、対照群が実験群とあまりにも違いすぎれば、そもそも有効な対照群ではないということになる。

この問題に対して完全な解決法はなく、妥協策が必要となってくる。多くの場合、転移が起っているのかどうかを区別したり、対策効果を判断することは難し

いという結論に達する。そして、多種類の転移が同時に起りうることがこの難点をいっそう複雑なものにする。事実、ある種の転移は時として別の種類の転移を必然的に伴う場合がある。標的の転移は戦術の変更を余儀なくさせるかもしれないし、もし新たな標的が以前の標的と同じ場所にない場合、地理的転移も起りうる。

　転移は探さなければ見つけることはできない。これが意味するのは、問題を注意深く調査し一番起りうる転移をイメージすべきだということである。あなたが努力して防ごうとしている犯罪や秩序違反行為の機会と類似した他の機会があるだろうか？　犯行者は簡単にそれらの機会を発見することができるのか？　対策を完了させる前に転移の機会を探すことは2つの利点をもたらす。1つは、転移が生じた場合に、それを発見するための測定法を設定できることである。さらに重要な点としては、転移を防止する対抗手段を発展させる可能性があることである。

図表61　標的転移の研究：ヘルメット着用義務法とオートバイの盗難の減少

　ドイツでは（他の国も同様に）、ヘルメットの着用の義務化に伴いオートバイの盗難件数が大幅に減った。法律が施行された後の1980年では、オートバイを盗もうとする泥棒はヘルメットを持参しなければならず、さもなければすぐに警察に目をつけられてしまうこととなった。下のグラフは、1986年までにオートバイの盗難が15万件から5万件と1980年の3分の1まで減ったことを示している（緩やかな減少は、厳格な法施行とヘルメット義務化について国民が次第に認識した現われであると言えよう。）。この数字は、オートバイの盗難が予想以上に機会的要素が大きい犯罪であることを示唆している。ドイツの非常に精緻な盗難データは、オートバイの盗難の減少が自転車や車といった個人が使用する別の交通手段に標的転移があったかどうかを調査することを可能にした。他の二本の線は同時期に発生したドイツ全体の車と自転車の盗難件数を示している。これらは、車の盗難が1980年から1986年の間で6万4千件から7万件へと10％近く増加したという、標的転移の証拠を限定的に提示している。自転車の盗難もまた、1980年から1983年の間で増加したが、1986年では1980年の時よりも減少している。総合的にみると、ヘルメット規制法によって防止された10万件のオートバイの盗難は、多く見積もっても、ほんの少ししか他の種類の盗難へと転移しなかったことが明らかである。この結果がなぜそれほど驚く事でもないかは少し考えれば分かる。オートバイは盗む対象として特に魅力的なのである。盗難事件の犯人のほとんどを占めている若者にとって、自転車よりもオートバイに乗る方がより一層楽しいのである。たとえ盗む動機が夜遅くに家に帰るためだったとしても、オートバイは大きな利点を与えてくれる。特に、家までの距離が4、5キロ以上の場合はなおさらである。またオートバイは、車と違って動かすために車内へ侵入する必要がないので、車より盗むのが簡単なのである。車は自転車と同じで、オートバイよりも刺激や興奮を与えてはくれないし、それに運転するのにはもっと知識が必要となってくる。

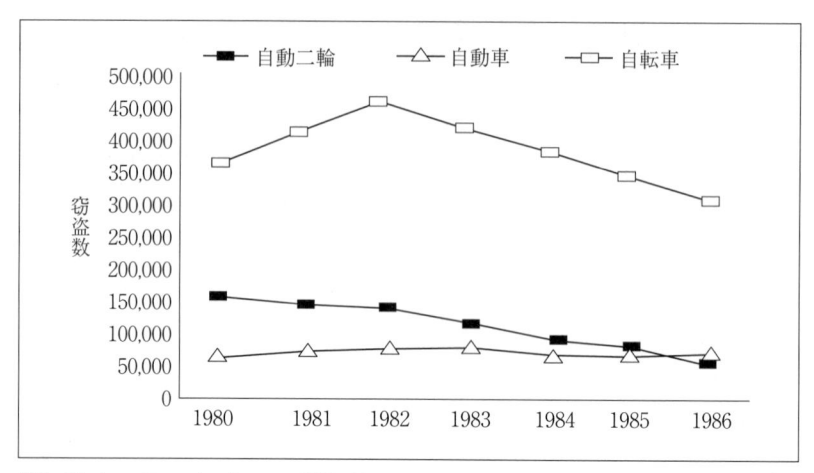

出典：Mayhew, Pat and colleagues (1989). Motorcycle Theft, Helmet Legislation and Displacement. Howard Journal of Criminal Justice 28: 1-8.

参考文献

Ekblom, Paul (1987). Preventing Robberies at Sub-Post Offices: An Evaluation of a Security Initiative. Crime Prevention Unit Paper 9. London: Home Office.

Webb, Barry (1994). "Steering Column Locks and Motor Vehicle Theft: Evaluations from Three Countries". Crime Prevention Studies, volume 2, Ronald Clarke. Monsey, NY: Criminal Justice Press. (Accessible at: www.popcenter.org).

ステップ 50
他の犯行者の関与に注意する

　本マニュアルの3つの原理は、（1）犯行者だけでは問題は起こらない、（2）犯行をサポートする機会構造がなければ人は犯行できない、（3）機会構造を変えることで劇的に問題を軽減できる、ということである。このことから、犯行者を取り除くことだけに焦点を置いた対応は、限られた効果しか得られないという結果となる。犯行者が排除された後、一時的に問題は減るが、以前の犯行者が戻ってきたり、新たな犯行者が出て来て犯行機会を利用したりすることになる。これは犯行者の転移と呼ばれている。特に、機会が不鮮明な場合は、犯行者の自然交代がゆっくりと起きる。しかし、誰かが以前に犯罪機会を発見していた場合には、別の犯行者が後々それを再発見することもある。そして、以前の犯行者が刑務所に収容され、その場から排除されていた場合でも、釈放時にその犯罪機会を利用するために戻ってくるかもしれない。

　犯罪機会に引き寄せられた新しい犯行者は、長期的な犯行サイクルに関与していると考えられる。アメリカのある地域で発生した銀行強盗がこの例に当たる。数年にわたり、この種の犯罪が多数発生した後、その件数は数年間で減少したが、再びその犯罪が多発し、同じサイクルが繰り返されることとなった。このサイクルにおける1つの仮説は、強盗事件が最多の年に銀行が防止策を立てたり、強盗犯取締りが強化され、多数の犯行者が逮捕されて刑務所に拘禁された結果、銀行強盗が減少したというものである。犯罪件数が数年間安定した後、銀行のセキュリティーは次第に弱体化し、銀行強盗の機会が増加する。そして新しい犯行者がセキュリティーの弱みにつけ込むようになると、新たな強盗の波が押し寄せ、その対応がとられるようになる。この仮説は、刑罰という法執行以上に、予防の利益は維持されねばならないという事実に着目している。

　事実、法執行の失敗例の教訓から始まった問題解決策の処方箋を読みとることは、非常によくあることである。どんな状況でも、以前の犯行者が戻ってきたり、新入りの犯行者が代わりに来ることがよくある。新入りは次の3通りの犯行

機会に遭遇する。

1. 通常の日常活動の中で犯罪機会に遭遇する。例えば、中心街に駐車中の無施錠の車から物を盗んだ若者を警察は捕まえるが、無施錠の車はその場にとどまることとなる。日常的に中心街へやってくる多くの人々の中には、それらの車に目をつけて窃盗に手を染めようとする者が何人か出てくるだろう。そして、それが成功すれば車上荒らしを続けようとする犯行者が現れるのである。
2. 友達や知り合いの非公式なネットワークを通じて犯罪機会に遭遇する。すでにその機会を利用して犯罪や秩序違反行為を行ったことのある者は、協力を求めたり快楽を共有しようとしたりして他の者を誘うかもしれない。すべての犯行者を長期間排除しておくことは完全には出来ないため、新しい者へ犯罪機会を伝える人物が多く存在することとなる。
3. 募集によって犯罪機会を発見する。故買屋は、以前の犯行者が故買品を供給することができなくなった場合、新たな侵入盗犯を雇う。売春が組織化されている場合、売春斡旋人が新しい売春婦を募集して、辞めた売春婦の穴埋めをする。ギャングは以前のメンバーの代わりに、新しいメンバーを連れてくる。麻薬取引の厳しい処罰に直面する成人の麻薬取引人が、一番リスクの高い仕事をさせるために未成年者を雇うことが指摘されている。それは、麻薬取引で捕まった者に対する処罰が、大人よりも未成年の方が非常に軽いからである。

どのようにして、犯行者の新規参入を発見するか？　一番簡単な方法は、対策前後で問題に関与している犯行者の名前を比較することである。名前が違っていれば、別の犯行者が参入したと言えるだろう。この方法の問題点は、関与している犯行者リストが滅多に存在しないことである。したがって、新しい名前が本当に新しい犯行者なのか、または以前から問題に関与しており、最近になって名前が挙げられただけなのか、といった点が不明瞭なのである。

犯行者のインタビューも役に立つだろう。いつから問題に関与し始めたのか、どのようにして関与したのか、他に誰が関与しているのか、などを犯行者が教え

てくれるかもしれないからである。また、戦術的転移や他の形態の転移についての情報も聞き出すことができる。ただし、犯行者は非協力的であったり信頼性に欠けたりする場合がある（**ステップ10**参照）。

犯行に使われた手段の綿密な調査は、新しい犯行者が関与しているのかどうかに関する知見を与えてくれる場合がある。戦術が、以前に用いられたものと根本的に違うのであれば、新しい犯行者が参入した可能性がある。しかし、以前の犯行者が戦術を変えただけという可能性も考えられる。

コラム25　一斉取り締まりと環境調節の連携：フィンズベリー公園での売春の抑制

> ロジャー・マシューズ（Roger Matthews）は、ロンドン近郊のフィンズベリー公園（the Finsbury Park）における売春問題について説明している。数年間に渡って繰り返し行われてきた警察による短期集中型の取り締まりは、売春婦が同じ場所に戻ってくるという結果となり、売春市場を抑制することに失敗した。しかしその後、短期集中型取り締まりに加え、客が公園周辺を車で移動しながら売春婦を探すといった行為を難しくさせるために障害物が道路に設置された結果、売春活動のレベルが劇的に減少した。マシューズは、取り締まりによる犯行者の排除と、道路遮断によって機会を妨害するといった戦略の連携が、売春の減少に繋がったと示唆している。これらの対策が成功した大きな理由の1つは、売春行為が生活手段として深く根付いていなかったことだった。ほんの一部の人間だけがその行為にふけっていたり、売春斡旋人の管理下にいたのである。実際には、他の仕事よりもお金が稼げたり、独立感を味わったり、さまざまな男性との出会いを楽しんだりするといったことが最も多くの共通した理由だった。売春婦の多くは、都心から離れた地域から安い電車代を払ってフィンズベリー公園にやって来た。売春婦は他の女性と一緒に、公園近辺にたくさんある下宿屋やホテルの1つに部屋を借り、もしくは客の車の中で売春行為を行っていたのである。売春婦として働いていない時は、バーのウエイトレスやショーダンサー、または店のレジ係として働いていた。売春婦の売春への関わりが比較的浅かったことや、お金を稼ぐための別の手段が存在したことは、フィンズベリー公園の売春が近くのエリアにほとんど転移しなかった理由の1つかもしれない。

参考文献

Matthews, Roger (1997). "Developing More Effective Strategies for Curbing Prostitution" *Situational Crime Prevention: Successful Case Studies* (2nd ed.), Ronald Clarke. Monsey, NY: Criminal Justice Press.

ステップ 51
予想外の効果に着目する

利益の拡散（**ステップ13**参照）に注意しないと、対策の効果を根本的に過小評価してしまうことになる。そして、その対策は努力するには値しない、あるいは、問題を沈静化することが出来なかった、という結論を下すかもしれない。これは、利益の拡散が対照群に影響を及ぼす場合には特に当てはまる。

　対照群は、何の対応もとらなかった場合に、問題がどうなっていたかを示す（**ステップ47**参照）。対照群はできるだけ実験群に近似している必要があるが、対策の影響を絶対に受けてはならない。もし問題に対応してとられた措置の利益が対照群エリアに拡散するならば、何の対応がとられなかったとしても事柄は良くなっていたはずだという間違った印象を持つこととなる。この根拠の乏しい結論が、対策効果の過小評価を招くのである（関連事項の転移は**ステップ48**を参照）。

　ケイト・ボワーズとシェーン・ジョンソンは、利益の拡散や犯罪の転移が起りうる場合に用いる対照群エリアを選ぶために、2種類の方法を挙げている。1つは、実験群エリアを中心として、大きさの異なった2つの同心円を描くことである。予防の効果は隣接する緩衝地帯に拡散するかもしれないが、その外側にある対照群エリアに影響を及ぼすことはない。この方法は、対照群エリアと実験群エリアがよく似ていて、対照群エリアまで拡散や転移が及ばない場合に適している。これらの条件が当てはまらなかった場合には、2つ目の選択肢が使われる。この場合、実験群エリアに近い転移・拡散エリアが用いられるが、対照群エリアは実験群エリアおよび転移・拡散エリアから遠くに設定される。こうして、対照群エリアは類似性と隔離性の観点から選択されるのである。複数の対照群エリアを選択することはできるが、その場合にはそれらのエリアの犯罪率の平均をとる。

　図表62は2番目の選択肢の例を表している。ここで、シャーロット市中心街の駐車場における車上狙い対策を思い出してもらいたい（**ステップ27**参照）。ある窃

盗ホット・スポットが対策の対象として選ばれている。隣接のホット・スポットは最適の転移・拡散エリアとなる。初期の分析では、これらの地点に沿って走る鉄道が当該問題を深刻化させていることが分かっており、その結果、鉄道の南西に位置する3つ目のホット・スポットもまた、最適な転移・拡散エリアとなる。対照群グループには鉄道が走っておらず、実験群エリアから十分離れているため拡散や転移の可能性が低い。

総合的な対策効果（拡散や転移の効果も含む）を測定するためには、次の4つの問に答えなければならない。各問には簡単な公式がある。数式の中で使われている文字の意味は、次のとおりである。

・Rは実験群エリアでの犯罪件数または犯罪率
・Dは転移・拡散エリアでの犯罪件数または犯罪率
・Cは対照群エリアでの犯罪件数または犯罪率
・下付き文字のaは対策後（after）、bは対策前（before）の犯罪件数または犯罪率を示している。例えば、Raは対策後の実験群エリアでの犯罪率を示し、Cbは対策前の対照群エリアでの犯罪率を示している。

1．当該問題は対策を講じた後に変化したか？

対策前の実験群エリアでの犯罪件数から、対策後の実験群エリアでの犯罪件数を引いて名目効果GE（Gross Effect）を求める。

$$GE = R_b - R_a$$

プラスは問題の減少、ゼロは変化なし、マイナスは問題の悪化をそれぞれ表す。

2．対策が問題改善の原因であったか？

ボワーズとジョンソンは、対策前後において、対照群エリアと実験群エリアの比率の違いを計算した。つまり、対策前の実験群エリアにおける犯罪件数を、対策前の対照群エリアにおける犯罪件数で割り、それから対策後の実験群エリアにおける犯罪件数を、対策後の対照群エリアの犯罪件数で割ったものを引いた。これが実質効果NE（Net Effect）である。

$$NE = \frac{R_b}{C_b} - \frac{R_a}{C_a}$$

実質効果がゼロに近ければ、おそらく対策は効果的ではなく、実質効果がマイナスなら、対策は問題をさらに悪化させたといえる。どちらの場合でも転移や拡散とは相関しないので、これらは考えなくてよい。しかし、もし実質効果がプラスであれば、対策が問題を改善させた証拠となり、拡散や転移の可能性が考えられる。よって次の問いに答える必要がある。

3. 転移や拡散の相対的な度合はどのくらいか？

ボワーズとジョンソンはこれを測るために加重転移係数 WDQ（Weighted Displacement Quotient）を提案している。

$$WDQ = \frac{\dfrac{D_a}{C_a} - \dfrac{D_b}{C_b}}{\dfrac{R_a}{C_a} - \dfrac{R_b}{C_b}}$$

D_a は対策後の拡散・転移エリアにおける犯罪率を示し、D_b は対策前の実験群エリアにおける犯罪率を示している。下部の数字（分母）は対照群エリアと比較した対策効果の度合いである。効果的なプログラムは、分母においてマイナスで示される。上部の数字（分子）は拡散や転移の割合を表している。効果の利益が拡散している時はマイナスとなり、犯罪が転移している時はプラスとなる。ゼロに近い場合は拡散も転移もなく WDQ はゼロである（よって4番目の問いは飛ばしてよい）。WDQ がプラスならば利益の拡散が生じていることになり（マイナス割るマイナスはプラスになることに注意して欲しい）、1よりも大きければ拡散効果は対策効果よりも強いこととなる。WDQ がマイナスであれば犯罪の転移が発生している。WDQ がゼロとマイナス1の間の場合、転移が対策の効果を多少なりとも浸食していると言える。理論的には WDQ はマイナス1よりも小さくなり、対策が問題を悪化させたことを示す場合もある。しかし、ボワーズとジョンソンの研究ではこれはめったに起こらないと示唆している。

4. 対策の総合的な効果（拡散と転移を含む）はどれ位なのか？

ボワーズとジョンソンは、対策の総合実質効果 TNE（Total Net Effect）を計算

する際に、次の数式を使うよう示唆している。

$$TNE = \left(R_b \frac{C_a}{C_b} - R_a \right) + \left(D_b \frac{C_a}{C_b} - D_a \right)$$

最初の部分は実験群エリアにおける対策の効果を表している。つまり、効果が大きいほど数字は大きくなる。その次の部分は拡散や転移の度合を表している。利益の拡散がある場合には数字はプラスとなり、犯罪の転移がある場合にはマイナスとなる。したがって、プラスの数字が大きいほど対策の効果も大きくなる。

図表62　対照群エリアと拡散・転移エリアの選択

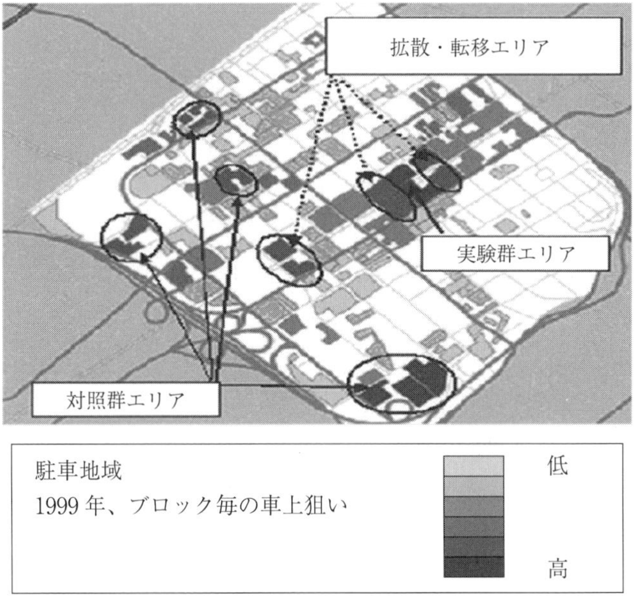
拡散・転移エリア
実験群エリア
対照群エリア
駐車地域
1999 年、ブロック毎の車上狙い
低
高

参考文献

Bowers, Kate and Shane Johnson (2003). "Measuring the Geographical Displacement and Diffusion of Benefit Effects of Crime Prevention Activity." Journal of Quantitative Criminology 19 (3): 275-301.

ステップ 52
先行の犯罪減少を予想する

犯行者は、予防対策が実際に始まる前に、その対策がすでに実行されていると考えることがよくある。これは予防策の「先行利益」と呼ばれるものである。この先行利益は偶然に起る場合もあるが、警察がこれを故意に作り出したり強化することもある。これをうまく生じさせるには、犯行者がどのようにして状況を把握するのかという有益な洞察力や、対策の本質に照らして犯行者をだます手段が警察には必要とされる。

マーサ・スミスとその同僚は、状況的犯罪予防研究の40パーセントに先行利益の証拠がみられたことを見いだしたが、その研究データはそのような先行利益を示していたのである。スミスらは、観察された先行利益について6つの可能な説明をあげている。

1. **準備・予想**効果は、まだ始まっていない対策を犯行者が始まっていると思い込む際に発生する。例えば、財産目印化（property marking）対策が政府によって公表されたが、その対策がまだ開始されていない場合や、監視カメラは設置されたが、運用がまだ開始されていなかったりする場合である。

2. **広報・虚偽情報**効果は、犯行者が対策の発表や噂をもとに、内密に取り締まりが行われていると思い込む際に発生する。虚偽情報によって犯行者のこのような認識を少なくとも短期間は操作しうる。虚偽情報よりも、対象を絞った情報伝達の方が効果的な場合もある。若者による殺人事件を減らすため、ボストン市は、ある特定の行為は今後の一斉取締まり対象になると、潜在的犯行者に直接警告する対策を取ったことがある。

3. **準備・阻害**効果は、予防対策のための準備が、その対象となる場所の監視を引き起こすときに生じる。住民にアンケートを実施する活動は潜在的犯行者の警戒心を喚起する場合がある。非常に人目につくような調査がコミュニティで行われると、問題解決プロジェクトは分析段階の時点で先行利益を生み出すことができるかもしれない。1980年代後半に侵入盗問題の分析の一環として、ニュー

ポート・ニューズ警察が侵入盗の多発している地区で、一軒一軒に聞き込み調査を行った。この活動は、この調査直後に生じた侵入盗発生件数の減少の一因とされている。効果的な警察活動に関する調査で、シャーマンとエックは、警察の戸別訪問が一般的に犯罪抑制効果をもたらすと示唆している。

4．**先行実施**効果は、対策の一部が公式の開始日よりも前に行われる際に発生する。例えば、評価研究を行う者が6月1日を全対策の開始日とした場合、潜在的犯行者は公式の開始日より数週間前に段階的実施を察知し、それに応じて行動を変更する場合がある。

5．**準備・訓練**効果は、企画立案、従業員研修、アンケート調査などが市民や警察に問題対処の準備を首尾よくさせたり、これらの者が、対策の効果が出る以前に新しい知識を用いる際に発生する。例えば、連携した複数の商店による万引き予防策が特定日に実施される予定である場合、従業員に対する説明や訓練によって、対策が始まる前から従業員は万引きに注意深くなるかもしれない。

6．警官や市民の**動機付け**は、準備訓練と似たような理由で発生する。異なる点は、当事者がよく準備しているというよりも、モチベーションが高いということである。モチベーションが高いことで対策導入に先立って、遂行能力が改善される。

いつ対策が部分部分で実施されたかを注意深く記録した予定表は、先行利益が起こりうるかどうかを知るうえで便利である（**ステップ46**参照）。

スミスとその同僚は、先行利益のように見えるが、実際は誤った解釈や不十分な分析の結果である4つの状況を述べている。

1．犯罪の季節減少の直後に対策が実施される場合、**季節の変化**が偽の先行利益を作り出すことがある。季節性を統制することで、この問題は解消される（**ステップ26・47**参照）。

2．**回帰**効果とは、何ら対策をとらなくても犯罪が極端に高い状態から自然に減少することを意味する（**ステップ47**参照）。問題となる犯罪が回帰効果により減少し、その後に対策が実施された場合、自然の減少は先行利益のように見えるだろう。**ステップ47**で指摘したように、対策前に長期的な犯罪平均レベルを調査することで（**ステップ26**参照）、先行利益にみせかける回帰効果を明らかにできる。

図表63　広報による先行利益

ポール・バークレイ (Paul Barclay) とその同僚は、ブリティッシュ・コロンビア州バンクーバー市の中心街から離れた大きな郊外通勤者用の駐車場で起こる車窃盗に対する、自転車パトロールの効果についての評価を行った。この対策後に車窃盗は減少したが、自転車パトロールが実施される前からその宣伝運動が行われていたために、実際の対策の数週間前から車窃盗は減少していた。この場合では、先行利益効果が全体のパトロールの効果に大きく付加されている。不規則変動を除外するために移動平均が用いられたが、宣伝運動の始めと自転車パトロール対策の始めの期間での窃盗の減少は、データの平滑化を原因とするには大きすぎると言える。

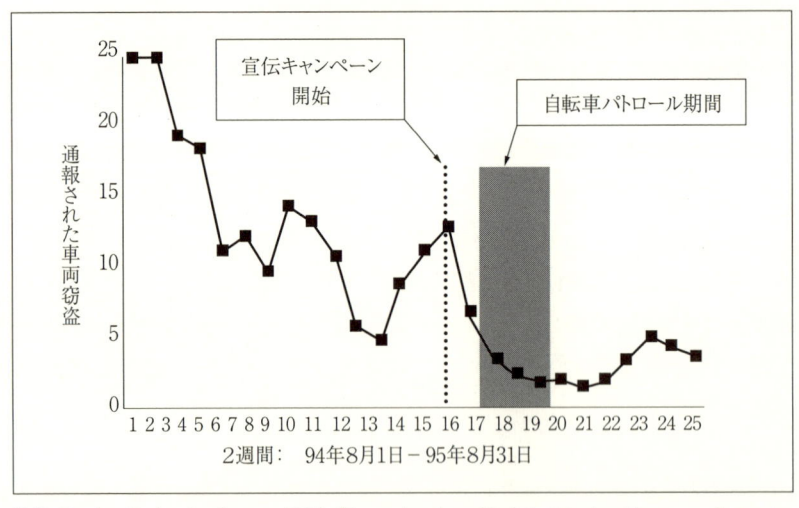

資料：Barclay, Paul and colleagues (1996). "Preventing Auto Theft in Suburban Vancouver Commuter Lots: Effects of a Bike Patrol." *Crime Prevention Studies*, volume 6, Monsey, NY: Criminal Justice Press.

3．ある犯罪タイプ（A）が、別の犯罪の分類変更によって**多重に記録**されている場合、先行利益のようにみえることが起こりうる。これは、ある罪種が犯罪対策の資金を得るために誇張され、その資金が獲得された後に、分類がまた元に戻るといった場合に起こる。この偽の先行利益効果は、他の犯罪の逆の傾向を調べることで発見されるだろう。正反対の傾向を持った二つの似ている犯罪を探しだすことが、分類変更が原因であることを見いだす手掛かりである。

4．不規則変動によって隠された傾向を明らかにするための**データの平滑化**（**ステップ26**参照）は、先行利益効果のような結果を作り出す。移動平均の期間が

長ければ長いほど（例えば3期間よりも5期間）、対策実施後の犯罪の減少幅は大きく、しかも急激であり、平滑化が偽の先行利益効果を作りだす可能性が高くなる。平滑化されたデータと平滑化されていないデータを比較することで、この偽の先行利益効果を明らかにすることができる。

参考文献

Sherman, Lawrence and John Eck (2002). Policing for Crime Prevention. pp. 295-329 in *Evidence-Based Crime Prevention*, edited by Lawrence Sherman and colleagues. New York: Routledge.

Smith, Martha and colleagues (2002). Anticipatory Benefits in Crime Prevention. In Analysis for Crime Prevention. *Crime Prevention Studies*, volume 13. Monsey, New York: Crime Justice Press.

ステップ53
有意性を検定する

　対策を講じて問題が改善されたことはどのように確認すればよいのであろうか？　当該問題に何も対策が講じられなくても、たいていの問題は変動にばらつきがある。例えば、ある街頭で週平均32件の車の盗難が発生したとして、ぴったり32件の盗難事件が起こる週はめったにない。その代わり、25件から38件の盗難が発生する週が週全体の95パーセントを占め、25件未満や38件以上の盗難が発生する週が残りの5パーセントを占めるということになる。このような不規則変動が一般的なのである。週に平均で32件あった車窃盗が週平均で24件に減少したことは、対策の結果ではなく、偶然生じたのかもしれない。この偶然性について、微々たる影響が多く重なって予期せぬ犯罪の変動が生じたと考えれば、警察が何をしなくても犯罪件数は変化すると言えるだろう。

　有意性検定は、変化が偶然の結果によって生じる確率を教えてくれる。有意差があるということは、結果が偶然に起っていないことを意味する。大きな差異に有意性を見つけるよりも、小さな差異が有意なのかどうかを見分けるほうが難しい。また、変化が起こりやすい典型的な犯罪問題では、たとえ対策効果があったとしても、有意差を見つけることは一層難しい。数少ない事例（人、場所、でき事や時間）を調べる場合は多くの事例を調べる場合に比べて、（たとえ対策効果があったとしても有意差を見つけることは）難しい。そのような場合、生じた差の規模や問題の変動性を統制することはできないが、さらに多くの事例の情報を集めることはできる。

　次の一般的な状況を考えてもらいたい。ある地域で対策が講じられた後にその地域の犯罪が減ったかどうかを判断する場合である。対策の前後それぞれ数週間分のデータが収集される。週ごとの平均犯罪件数が対策前後で測定され、その結果として、犯罪の減少が見いだされたとする。

　図表64は、これに関し3つの起こりうる結果を表している。各グラフには対策前（濃色の棒グラフ）と対策後（薄色の棒グラフ）の2つの分布が載っている。各表

の縦軸は、0、1、2といった犯罪件数を伴う週ごとの割合を表している（例えば、**図表64-1**のグラフでは、対策後に6件の犯罪が起こった週が週全体のうち20％を占めていることを表している）。**図表64-1**では、平均値の差が大きく、2つのグループの標準偏差値が小さいため（**ステップ22**参照）、分布はほとんど重なっていない。

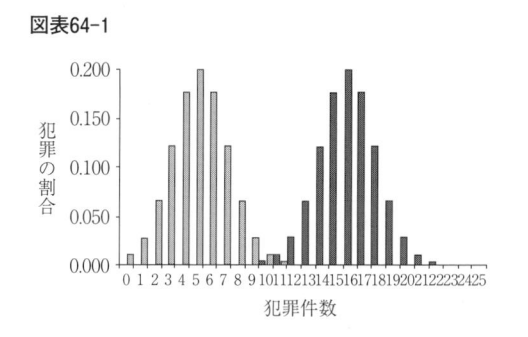

図表64-1

A. 明瞭な差
- 対策前 平均＝16 標準偏差＝2
- 対策後 平均＝5 標準偏差＝2

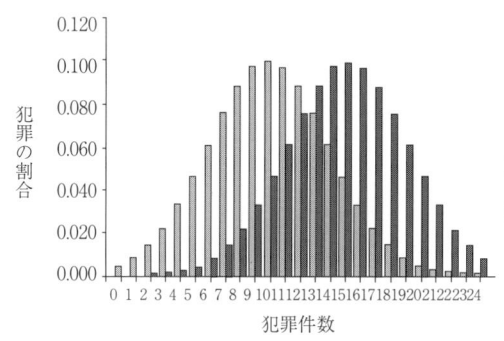

図表64-2

B. 不明瞭な差
- 対策前 平均＝16 標準偏差＝4
- 対策後 平均＝10 標準偏差＝4

図表64-3

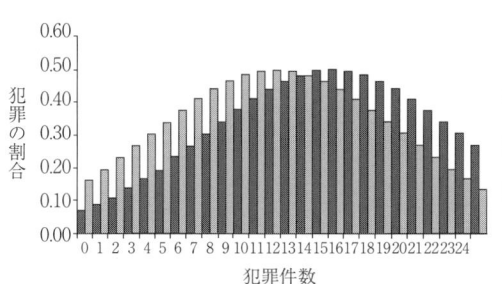

C. 偶然的な差
- 対策前 平均＝16 標準偏差＝8
- 対策後 平均＝10 標準偏差＝8

たとえ数週間分のデータであっても、有意性検定はランダムネスを1つの原因として除外する。**図表64-2**では**図表64-1**に比較して、分布の大きな重なりがみられ、平均値の差は小さく、標準偏差値は高くなっている。このような状況では、ランダムではない差を見いだすにはさらに多くの事例が必要となる。**図表64-3**では、分布はほとんど重なっており、平均値の差はさらに小さく、そして標準偏差値はさらに高くなっている。この場合は、大量の事例を扱う研究だけがおそらく有意差を見いだすであろう。その教訓は、犯罪件数の差が不明瞭であるほど、それだけランダムネスがその差の原因ではないことを確信するには多くの事例が必要ということである。

　確率論は、ランダムネスが生じた差の原因である確率を計算するために、平均値、標準偏差、一定数の事例を必要とする。問題の変化が偶然起こった可能性が5％未満なら、変化の原因は偶然であるという説明を棄却する。ここでは、この5％が有意水準とされる。つまり、偶然性が原因である確率が有意水準（5％）未満であれば、偶然以外の何かが変化をもたらしたことに「賭ける」わけである。5％は通常の有意水準であるが、1％といった、さらに厳格な水準も用いることができる。有意水準が厳格であればあるほど、実際の対策効果があるにもかかわらず、当該対策は効果的でないという間違った結論をだす可能性が生まれる。この種の間違いは「偽陰性」と呼ばれている（**ステップ37**参照）。対策コストがあまりに高いために、対策が効果的であったかどうかを確認する必要がある場合には、厳格な有意水準が使用されることもある。

　場合によっては、分析者は10％といったより緩い有意水準を用いることもある。その水準が緩ければ緩いほど、効果のない対策を間違って是認する可能性が高くなる。この種の間違いは「偽陽性」と呼ばれている（**ステップ37**参照）。問題が深刻だったり、問題の測定法がとくに優れているというわけではないとか、効果的な対策を誤って棄却することが懸念される場合、緩い有意水準が使用されるかもしれない。

　有意水準の使用には2通りの方法がある。前にも述べたように、われわれはこの**2つ**を棄却閾値として利用した。つまり、その値よりも低ければ偶然の可能性を棄却し、高ければ偶然を原因として受け入れるのである。望ましい結果を得るための意図的な数値「改ざん」を避けるためにも、有意水準の決定は必ず有意性

検定の前に行われるべきである。

　有意水準は意思決定を手助けする手段として用いるのが好ましく、その際、他の事実（問題の深刻さ、対策の費用、問題の絶対的減少など）を考慮して、情報に基づいた選択をしなければばらない。医学など多くの学問はこの研究方法に従っている。この方法に従う場合、有意性検定の代わりに p 値を用いるべきである。p 値とは、問題の変化が偶然による確率を示す。したがって、p 値が 0.062 というのは、対策の効果を認めることによって偽陽性エラーを起こす確率は約 6 ％であることを示している。これは、偶然起こる変化の可能性を無視して対策効果を肯定する判断を 100 回行えば、そのうちの 6 回は誤った判断になるという意味である。この賭けにのるかどうかはその他多くの事柄次第であろう。

　有意と有意味を識別することは重要である。「有意」とは生じた差が偶然ではないことを意味し、「有意味」とは生じた差が考慮するに足るほど十分大きいことを意味する。事例が十分にある場合、きわめて小さな差でも有意となる。しかし、これは労力を費やす価値を意味しない。有意性は計算できるが、有意味性は専門家による判断なのである。

　ランダムネスの調査には様々な状況に応じた多種多様の有意性検定があり、きわめて複雑な場合がある。どのような検定を用いればよいかを教えてくれる便利なウェブサイトや書籍、必要な計算をしてくれる統計ソフトもあるので、それらを活用するといいだろう。しかし、有意性検定や p 値の結果に大きく頼らざるをえない場合で、確率論や統計学の知識が乏しいときは、地元の大学や統計学を日頃用いている他の機関の専門家の助けを借りるべきである。

参考文献

Crow, Edwin and colleagues (1960). Statistics Manual. New York: Dover.
統計学についての有用なリンクを載せているサイト
www.prndata.com/statistics_sites.html

Ⅷ　効果的に情報伝達する

ステップ 54
明瞭なストーリーを語る

あなたの業務の目的は、人々が良好な意思決定をできるように支援することにある。意思決定者を支援するために、1つの重要な問題から考えられる解答、さらには効果的な活動に導く明瞭なストーリーを述べなければならない。効果的な意思疎通を図るために、誰が聴衆であるか、その聴衆が解答を求めている問題は何かを知る必要がある。ストーリーは、聴衆の特定のニーズに向けたものでなければならない。このストーリーの伝達は、書面による報告書または口頭報告によっても可能である（**ステップ58参照**）。

そのストーリーは、発見、分析、対策、評価のことをただ単純に述べるだけではいけない。それだけだと相手は退屈するし、人々が実行可能な意思決定をするのには役立たないのである。あなたの分析的な仕事を、聴衆のニーズに向けたストーリーに言い換えなければならない。

あなたの業務は、4つの基本的質問に解答するのに役立つ。これらの質問は、SARAプロセスの諸段階に対応している。

1．問題の性質は何か。（S: 走査）
2．問題の原因は何か。（A: 分析）
3．問題に対し何がなされるべきか。（R: 対応）
4．対処することによって、問題の改善となったか。（A: 評価）

明らかに、これらの質問は、検討対象とされる問題の事実に基づいて個別具体的なものでなければならない。たとえば、地域住民は、深夜の騒音や道沿いに散乱しているゴミを見て苦情を言う。これに対して一般的な質問の代わりに、あなたは **CHEERS テスト**に基づき、以下のような一連の具体的な質問を展開することができる（**ステップ14参照**）。

・騒音事件の性質は何か（でき事）。
・これらの事件はどのような点で類似しているか（類似性）。

・深夜の騒音やゴミ散乱の問題に関して、住民を悩ます反復事例はあるのか（反復）。
・誰が、いつ、どこで、こうした事件を起こすか（地域社会）。
・これらの事件は、どのように人々を悩ましているか（害悪）。
・警察がその問題に取り組むことに期待するのは誰か（期待）。

「問題の性質は何か」という一般的質問に答えるために、上記のような一連の具体的質問に答える必要がある。

　首尾一貫したストーリーを語る際になすべき最初のあなたの任務は、どのような種類の質問に答えようとするのかを決めることである。次に、本マニュアルで述べられている基本的な理論やアプローチ（たとえば、**CHEERSテスト**、**問題分析トライアングル**、または**80-20ルール**）を用いて、説明を組み立てるようにすべきである。これらが枠組みである。枠組みというのは、複合的に相互作用する要因を結びつける一般的な「ストーリーの骨組み」であり、この枠組みは多様な問題に適用しうる。枠組みの選択は、問題それ自体、あなたの調査結果、意思決定者のニーズによって決定される。基本的質問から、枠組みおよび調査結果を通じて、解答へと至る論理的な流れを確認せよ。その際、その論理に欠陥があるかをチェックしなければならない。次に、ストーリーのアウトラインを述べてみよう。あなたの業務の指針となりうる4つの基本的なアウトラインがある。そのストーリーの詳細は問題の具体性によって決まる。

　これらのアウトラインにそれほど固執する必要はない。われわれは、アイディアを獲得するための出発点としてアウトラインを提供しているにすぎない。むしろ、自分の使える時間量や何よりも問題対応している人々の関心に沿って、アウトラインを調整しなければならない。人々の質問を予想し、それに沿ってアウトラインを適切に修正せよ。われわれはアウトラインの中で、本マニュアルにある専門用語を用いてきたけれども、プレゼンテーションでは普通の言葉を使う必要がある。聴衆が問題分析に関する専門用語をよく知らない場合には、当該用語を慎重に使ったり、あるいは全く使わないようにすべきである。

4つのストーリー概略

1. 問題の性質は何か

    A．枠組みの構築（例、CHEERS要素）

    B．問題タイプや問題所在に関する証拠の系統的記述

    ・でき事の性質は何か

    ・これらの事件はどのような点で類似しているか

    ・どのくらいの頻度で再発しているか

    ・いつ、どこで、これらのでき事は発生しているか

    ・これらのでき事によって、誰が、どのように害悪を被っているか

    ・警察がその問題に取り組むことを期待するのは誰か

    C．分析および協働的問題解決に対する含意

    ・解答を必要とする質問

    ・定義および測定の問題

    ・関与の必要があるパートナー

    D．要約

2. 問題の原因は何であるのか

    A．問題枠組みの構築（例、問題分析の3要素）

    B．以下の問いに答えられるような問題の系統的記述

    ・誰が犯行者であるか

    ・誰または何が標的か

    ・どのような場所と時間に当該問題が発生するか

    ・どうして犯行者と標的は同じ場所で遭遇するか

    ・なぜ他の人は被害を予防するために介入しないか

    ・何が、当該問題を促進あるいは抑制するか

    C．以下の情報に合致する一般的形式の対策のための含意

    ・犯行者のアクセスまたは統制

    ・被害者／標的の行動または保護

    ・施設へのアクセスまたは管理

    D．要約

3. 当該問題に対し何がなされるべきであるのか

　A．対応策のための枠組みの構築（例、状況的犯罪予防）

　・犯行者

　・標的／被害者

　・場所

　B．対応策の系統的記述

　・犯行者のリスクまたは労力を高めること

　・犯行の報酬、口実、又は挑発を減少させること

　・誰が、いつ、どこで実行に移すか

　・さらに必要とされる資源

　C．含意と期待される結果

　・直接的結果

　・転移

　・拡散

　・他の副次的効果

　・どのように評価は行われるべきか

　D．要約

4. 当該対応策によって問題は減少したか

　A．枠組みの構築（例、評価の原則）

　B．評価の系統的記述

　・対応策は計画どおりに実施されたか

　・当該問題は変化したか

　・対応策が変化の直接的な原因となったと考えられるか

　・犯罪転移、拡散、およびその他の副次的効果の程度

　C．活動に対するその他の含意

　・当該問題解決活動は完全であるか

　・どのような活動がさらに必要とされるか

　・さらなる分析をすべきか

　・当該対応策は変更されるべきか

　D．要約

ステップ 55
明瞭な地図を作る

　地図は、説得力のあるストーリーを語る際に、1つの重要な役割を果たすものとなる。しかし、この役割を果たすためには地図情報を明瞭にする必要がある。すなわち、地図にはできる限りの関連情報を盛り込み、無関係な情報がないようにしなければならない。良質の地図を製作するために、多くのガイドブックが公刊され利用可能である（**コラム26**および参考文献を参照）。

　ノルウェー警察が計画した問題解決プロジェクトを例に、一連の地図を用いてストーリーを語る際の地図利用法を説明しよう。**図表65-1**と**図表65-2**は、問題とその解決策を記述するうえで、地図がどのように用いられるのかを示している。ノルウェー国立警察学校のヨハネス・クヌットソン（Johannes Knutsson）とベストフォール地方警察のクヌート・エリック・ソヴィック（Knut-Erik Søvik）は、トゥンスベルグ（Tønsberg）という海岸近くの小さな町（人口36,000人）で、無許可営業の違法（ジプシー）タクシーの問題に取組んだ。週末には市内30ヶ所ある居酒屋に大勢の客が押し寄せ、その際に幹線道路を横断して行き来するので、金曜日と土曜日の夜は幹線道路が封鎖されている。また駐車場も同様に閉鎖されている。そして、合法的なタクシーと公共バスのみ当該幹線道路を運行できるとされた。無許可の「ジプシー」タクシーの一部は、営業許可を受けているタクシー運転手を威嚇して、この地域のタクシー業務の大半を牛耳っているのが実態である。多くの重大犯罪は、これらの違法タクシーの運転手が原因であった。その結果、これらの運転手は多くの苦情の対象となった。

　この問題の背景が**図表65-1**の2つの地図上に表示されている。左側のパネルは市街地図であり、問題とは無関係な多くの特徴を表示している一方で、逆に多くの重要な特徴も表示していない。右側のパネルは、この市街地図をかなり修正したものである。つまり、白地図の中で関連ある特徴のみを示し、除外されていた重要な特徴を付加したことによって、問題の背景がより一層明瞭に描写されている。

図表65-2は、問題分析から得た結論とその対応策の重要な特徴を要約した２つの地図を示している。左側の地図は、ジプシー・タクシーの主な運行ルートを示している。ジプシー・タクシーは、客を拾うために路上のバリケードと駐車場をうまく利用している。この地図はまた、この地域の人々にとって、バス停や（合法的）タクシー乗り場がかなり遠いことを示している。深夜３時以降にバーが閉店すると、客の輸送需要が増大する。違法タクシーはその需要を満たす最適な場所にいる。その対策を示す**図表65-2**の右側にある地図では、ジプシー・タクシーによる客の獲得を防ぐために、幹線道路のバリケードを移動させたこと、ジプシー・タクシーが進入しないように深夜の駐車場を閉鎖したこと、顧客にとって便利な場所にタクシー乗り場やバス停を移設したことが示されている。この地図はプロセス評価の重要な一部である（**ステップ46**）。

　これら３つの地図（**図表65-1**右側および**図表65-2**左側、右側）を総合すると、問題の性質とそれに対して何がなされるべきかを見事に例証している。このプロジェクトにより、トゥンスベルグのジプシー・タクシー問題は、混乱することなく事実上解消した。

　クヌットソンとソヴィックは、典型的な地理情報システムでは表示されない特徴を示すために、これらの地図に多くの注釈をつけた。これはうまいやり方である。問題に関する多くの情報は、コンピューターに含まれていないからである。

　それでもなお、地図上には多くの特徴が欠如している。たとえば、コンパス方位がないのである。もっとも、方位はこの問題に関与しないので、無くても地図の持つ明瞭さは損なわれない。同じく欠如しているものとして、尺度の記載が挙げられる。地図の特徴の相対的な度合いが示されていないので、当該地域に精通していない者は理解を妨げられるであろう。

コラム26 有益な地図の作成方法

1. 聴衆にとって有益な情報が何であるのか（そして、どのような情報が混同されているのか）を識別せよ。
2. 地図を簡潔に作成せよ。問題の理解に役立たないすべての特徴を除去せよ。
3. データよりもグラフィックそのものが関心を引くような作り方は避けよ。
4. 手書きで書き込まれた情報であっても、見る者が当該問題を理解するのに役立つ詳細な説明を含めよ。
5. 縮尺比と、必要な場合にはコンパス方位（通常、北が上部にある。）を記載せよ。
6. 犯罪多発地区（ホット・スポット）の度合いを示すために有意義な等級づけを使用せよ。たとえば、問題が悪化している場合、（黄色から赤色までといった）暖色になるよう色分けせよ。
7. 犯罪集中の正確な局面を加えよ。発生場所（時には被害者）を点で、街路や幹線道路沿いの集中箇所を線で、近隣地域をエリアごとに表示せよ。
8. 地図のほかに図表を活用せよ。

図表65-1 問題地点と周辺環境の表示

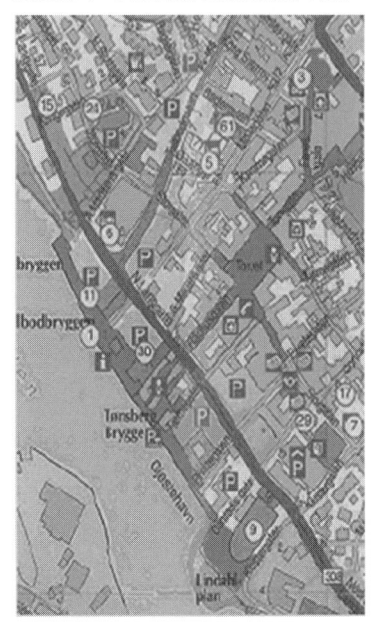

問題設定用ベースマップ 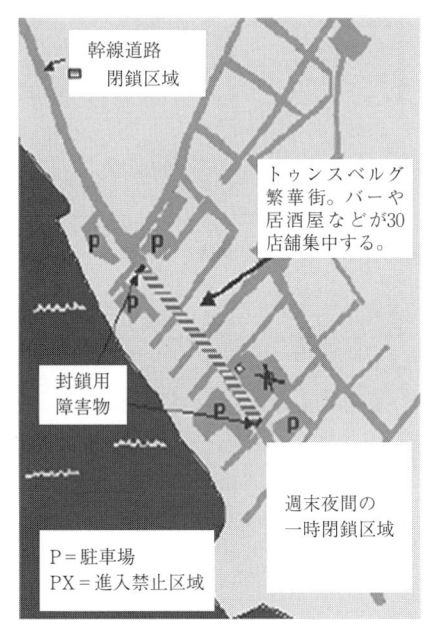　　　　　問題設定用編集マップ

242 Ⅷ　効果的に情報伝達する

図表65-2　問題の分析および対応策の提示

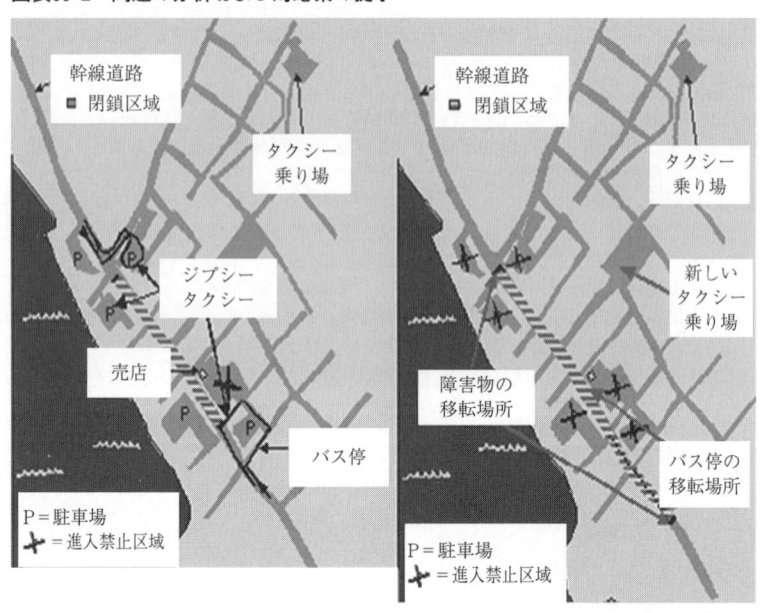

分析に基づく問題の記述　　　　　　対策に関する記述

参考文献

Boba, Rachel (2005). Crime Analysis and Crime Mapping: An Introduction. Thousand Oaks, CA: Sage Publications.

Harries, Keith (1999). Mapping Crime: Principle and Practice. Washington, DC: National Institute of Justice, Crime Mapping Research Center.

Knutsson, Johannes and Knut-Erik Søvik (2004). Gypsy Cabs in Tønsberg. Submission to the Herman Goldstein Awards. (accessible at www.popcenter.org).

Jerry Ratcliffe has a list of mapping tips at: www.jratcliffe.net

ステップ56
単純な表を使用する

図 表が単純に作成されると、説得力のあるストーリーを語るのに有効な手段となる。しかし、図表作成に用いるソフトウェアは不必要で気を煩わすような作りになっており、データ解釈で用いられる罫線やラベルがごてごてしており、分析担当者も必ずしも直感的に理解される方法で表を作成するわけではない。

　ビールの陳列方法が商店のビール窃盗を誘発することを、あなたは示そうとしていると仮定しよう。正面入り口付近にビールを陳列している店と、店舗の奥に陳列している店がある。あなたは、奥に陳列している店は入り口付近に陳列している店よりも、ビール窃盗の被害が少ないことを示したいと思う。ところが、**図表67-1**ではこのメッセージが伝わらない。データが整理されてなく、気をそらすような作表だからである。

　図表67-2は適切にデータの整理がされている。ストーリーの中心となるのは、百分比である。実数は詳しく見たい読者には有用であるけれども、ストーリーの中心ではないので、括弧内で補助的に記述されている。最後に、(**図表67-1**のような) 行ごとの百分比の代わりに、**図表67-2**は列ごとに百分比を用いている。

　ある事象が他の事象を引き起こしているかもしれないという関係を検討する際には、表の列ごとにその原因を記し、列の百分比を用いるのが最適である。それによって、行ごとの比較が可能となる。ここで直ちに理解できるのは、入り口付近に陳列した店のうち、窃盗被害に遭っていない店が29%であるのに対し、店舗の奥に陳列した店は約83%である点である。全く正反対に、入り口陳列店の約46%が3件以上窃盗被害を受けているのに対し、後者は0件であるということである。

　図表67-2は、ごてごてした作りが少ない。境界の太線は取り除かれ、細線に置き換えられている。表内の罫線はタイトルを内容と分ける線のみである。行の左右や列の上下へと、読者が視線を向けやすいように、線の代わりにスペースが用

いられている。重要な数字が百分比であることを（そして実数は括弧内であることを）タイトルで読者に告げているので、各セルにパーセントの記号を記す必要がない。列の和があるだけである。これは合計が縦になされていることを読者に告げている。最後に、百分比はすべて小数第一位で切り捨て、列の数字を一列にそろえて並べることで、解釈を容易にしている。こうした修正をすべて加えると、表の内容の多くはデザイン装飾ではなくデータとなる。

　一つの問題が、しばしば複合的な原因になっている場合がある。複数の表は多数の原因を示すために作成することができるが、単一の表は2つ以上の原因を検討する場合には十分に情報が伝わらないおそれがある。表作成の基本原則は、上述したことと同じである。すなわち、

・原因はすべて同方向（通常は列）に入れる。
・総和は原因の方向（列の下）に加える。
・原因の比較は向かい合った方向にする（原因を列に記すなら行の左右で比較する）。

　図表67-3は、3つの事項が検討されているので、3重クロス集計表と呼ばれている（その前の表は2重クロス集計である）。**図表67-3**は次のような質問に答えている。すなわち、陳列場所と窃盗の関係は、二つの異なるチェーン系列（ドリンク・ロッツとティッパーズ）によって違うのだろうか。答えは否である。**図表67-2**で示したように、両チェーン店には同一の基本パターンがある。店ごとに列を合計し、入り口付近に陳列している店と、店舗の奥に陳列している店を比較している。これが示唆するのは、店舗の奥にビールを陳列する店は、チェーン系列に関係なく窃盗被害を減らすことができるということである。

　事実上、**図表67-3**は店の種類を一定にしている。他の要因を一定にしているのは、そうすることが重要であると考えられるからである。たとえば、店を規模ごと（小型、中型、大型店舗）に分類し、その上で、陳列場所と窃盗被害との関係を分析することもできる。この場合3つのパネルを要するけれども、それ以外は同じ原則を適用する。

　図表67-3では、他の特徴にもいくつか注意する必要がある。すなわち、

・ドリンク・ロッツ店のセルにある実数と、ティッパーズ店のそれに対応する実数を加えると、**図表67-2**の実数になる。つまり、**図表67-2**は**図表67-3**の要

図表67-1　陳列場所とビール窃盗（6月）

	陳列場所		合計
	入り口	奥	
窃盗の報告件数			
0件	7(17.5%)	33(82.5%)	40
1-2件	6(46.15%)	7(53.85%)	13
3件以上	11(100%)	0(0%)	11
合計	24(37.5%)	40(62.5%)	64

図表67-2　ビール窃盗を通報した店舗の百分比（括弧内は実数）

	陳列場所	
6月の窃盗報告件数	入り口	奥
0件	29.2 (7)	82.5 (33)
1-2件	25.0 (6)	29.2 (7)
3件以上	45.8 (11)	0.0 (0)
合計	100.0 (24)	100.1(40)

図表67-3　小売チェーン店別にビール窃盗を通報した店舗の百分比（括弧内は実数）

	ドリンク・ロッツ・チェーン店		ティッパーズ・チェーン店	
6月窃盗報告件数	入り口付近での陳列	奥での陳列	入り口付近での陳列	奥での陳列
0件	30.8(4)	84.2(16)	27.3(3)	81.0(17)
1-2件	23.1(3)	15.8(3)	27.3(3)	19.0(4)
3件以上	46.2(6)	0.0(0)	45.5(5)	0.0(0)
合計	100.1(13)	100.0(19)	100.1(11)	100.0(21)

約なのである。しかし、**図表67-3**の情報を**図表67-2**から得ることはできない。
・**図表67-3**には当該問題の有力な原因として考えられるものが2つあるので、2つのチェーン系列店に注目するように縦線を引いたのである。
・行のラベルは両チェーン系列に適用されるセルであるので、重複を避けたのである。
・パーセンテージは四捨五入しているので、100以上になるセルがある。合計が100未満になることもあるが、その場合99.9となるのが一般的である。こ

のような小さな誤差は大きな懸念事項ではない。

　あなたが同一の政策決定者に対し、定期的に同じ表を提供する場合は、同一データを用いる場合でも、フォーマットの異なる表をいくつか作成するように心がけるべきである。どのフォーマットが政策決定者にとって最良であるかを決定し、これを標準フォーマットとして用いればよい。

ステップ 57
単純なグラフを作成する

表や地図と同様に、図やグラフも有効な情報伝達手段であるが、効果的に用いることができるのは、それらが簡潔な場合に限られる。すべての図は2つの部分、すなわち、デザインと内容からなる。内容とは他者に伝えようとする情報を指す。デザインの目的は、迅速に、容易に、正確に内容を解釈できるようにすることである。また、簡潔とは、デザインを最小限度にとどめることを意味する。最も多く見られる誤りは、ストーリーの妨害になる要素を加えることである。このことを例証するために、デザイン性の乏しい図の例から検討していく。それから、簡潔に作成することで、図がどの程度明瞭で説得力のあるものになるのかを示す。

　図表68-1は、侵入盗犯の侵入手口を示したとされる円グラフである。この3D表示は伝達内容を歪めている。後述するように、侵入盗犯が選択する侵入口としては、扉が最大の問題であり、裏口の窓は第4位であり、「その他」よりも下位となっている。3D効果では前面の部分が重要であるように誇張し、背面を重要でないように見せかけている（ここの例では、正面の窓が侵入口としては最も少ない）。円グラフの一つの価値ある特徴は、各部分が全体に対してどの程度寄与しているのかを示せる点である。立体効果を用いると、この長所は失われてしまう。6つ

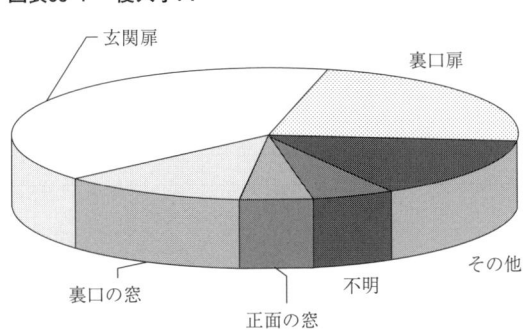

図表68-1　侵入手口

図表68-2　侵入手口

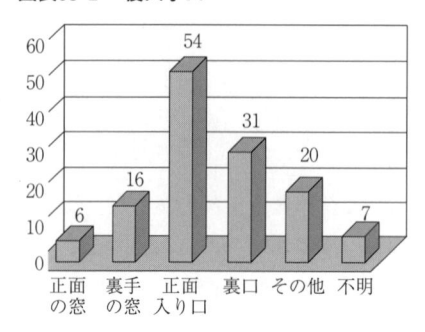

（棒グラフ：正面の窓 6、裏手の窓 16、正面入り口 54、裏口 31、その他 20、不明 7）

図表68-3　ドアに問題がある

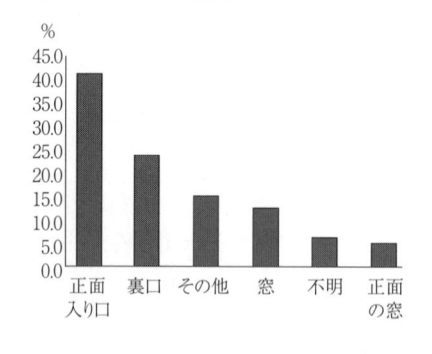

（棒グラフ：正面入り口 約42%、裏口 約24%、その他 約15%、窓 約13%、不明 約7%、正面の窓 約6%）

のカテゴリーを示すためにさまざまな陰影やパターンを利用する必要があることに留意せよ。そうでないと整然としないという印象を与えている。

図表68-2は、棒グラフに３D効果を用いたことによって歪みが生みだされたことを示している。棒の前面の上端部と後面の上端部のいずれかを選ばねばならないから、棒の高さを比較することが困難になっている。立体効果は決して用いるべきではない。

このグラフには、他にも使いにくい特徴がたくさんある。たとえば、棒と背景のコントラストを覆う陰影があること、棒のラベルと縦軸ラベルが余分であること、横線が邪魔であることなどである。図を囲むフレームも不必要である。

図表68-3の単純な棒グラフは、**図表68-2**で示した分かりにくい特徴がすべて排除され、効果的に情報を伝えている。棒ごとに正確な百分比を表示させることを望む場合には、棒の上端部にラベル表示をすることができる。しかし、そうとはいっても、ラベル表示と縦軸とが同じ情報を伝えている場合には、縦軸を除去すべきである。

さらに、**図表68-3**のデータは再構成されている。棒グラフでは、侵入盗犯を実数で表す代わりに全体に対する百分比で表示している。これには２つのポイントがある。すなわち、多用されている侵入手口の明示と、各侵入手口の比率である。相対的比率を示す場合には、円グラフではなく棒グラフでの百分比を用いる方がよい。

図表68-3のもう１つの特徴は、侵入手口が降順に配列されていることが挙げられる。これは、読者の注意が集中すべき場所を指し示している。円グラフでは、

図表69　侵入盗の減少

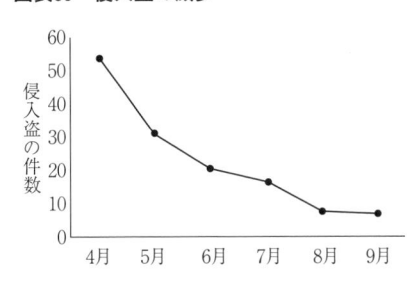

(縦軸：侵入盗の件数　0〜60)
4月 約54、5月 約31、6月 約21、7月 約17、8月 約7、9月 約6

明確な順序づけができないため、意味のある配列で伝えることが難しい。棒グラフの方がうまく伝えることができるので、実際、円グラフを用いる必要がないのである。分類したデータを示す場合には、棒グラフが単純で効果的である。

図にタイトルを入れ忘れてもいけない。**図表68-3**ではタイトルがはっきりとストーリーを語っている。「ドアに問題がある」というタイトルは「侵入手口」とするよりもずっと強く関心を引くだけでなく、ストーリーを明瞭にする。要するに、**図表68-3**だけでも理解できるのである。図に対応する解説文を読まなくても、読者はポイントを押さえることができる。

図表69には折れ線グラフが描かれている。これは典型的に時系列データを扱う際に用いる。この図は、6ヶ月間にわたるデータである。ドットは侵入盗の件数を表し、線は時間の経過によるドットを繋いでいる。縦軸にラベルを付けることで、図は自然とストーリーを伝えている。この図では、縦軸が侵入盗率ではなく実数を示していると、一目で分かるのである。

時点ごとの事件数を示したい場合には、点にラベルを付け、縦軸は取り除くべきである。縦軸のラベルが重複するためである。しかし、注意が必要である。すべての時点における数値ラベルはグラフを読みにくくすることになる。複数のグラフを同じ図に表示する場合（たとえば、いくつかの警察管区における不法目的侵入の動向など）、グラフ上の線分が明瞭で容易に違いの分かるものか、確認しなければならない。

コラム27　効果的な図を描くには

- 簡潔で、過剰な外観にしてはいけない
- 立体など見かけだけの効果を用いてはいけない
- 円グラフの使用は避ける
- 分類形式のデータには棒グラフを使用する
- 時間経過による動向には折れ線グラフを用いる
- 効果的にラベルを用いる
- グラフ・タイトルは慎重に選ぶ
- 本文を読まなくても、図だけで理解させる

参考文献

Kosslyn, Stephen (1994). Elements of Graph Design. New York:W. H. Freeman.

ステップ 58
説得力のあるプレゼンテーションを作成する

プレゼンテーションは基本的な質問に答えることから始め、調査結果を説明するための枠組みを用い、具体的な結論で終えるべきである（ステップ54参照）。ステップ55～57の指針に従い、図表を作成すべきである。**ステップ58**では、あなたが語るストーリーを中心に取り上げる。**ステップ59**では、パワーポイントの使用も含め、どのようなプレゼンテーションを行うべきかについて考察する。

プレゼンテーションの主な目的は、意思決定の助けとなる具体的な質問に答えることであり、以下の点に着目し構成すべきである。
・あなたの語るストーリーが体系化されたスライドであること
・聴衆がストーリーに集中できるように、わかりやすいデザインを心がけ、概略が分かるスライドであること

分析結果のプレゼンテーションにはスライドを使用する。発表者であるスミス巡査部長（Sergeant Smith）は、2つの目的をもっている。第1は、「この問題の原因が何であるのか」という質問に答えることである。第2は、可能な対応策について議論を展開することである。まず、スライドのタイトルは疑問文にし、発表者の紹介をする。**スライド1**および**2～4**は、導入部である。**スライド2**は、以後の発表の基礎となる部分であり、合意が得られた論点をまとめている。**スライド3**では、プレゼンテーションの概略を述べ、**スライド4**ではデータの情報源を示している。

スライド5では、分析枠組みを示している。その際、スミス巡査部長は問題分析トライアングルを用いている。このトライアングルに従い、分析結果を展開する。（これがうまくいくのは、聴衆が問題分析トライアングルに精通している場合である。そうでない場合には、別の枠組みを用いなければならない。）メッセージ性を強め、聴

衆が混乱しないように、スミス巡査部長は分析結果のプレゼンテーションで、若干の、しかし重要な修正を加えたトライアングルのモチーフを用いている。すなわち、スライドが標的・監視人から、場所・管理者、犯行者・規制者へと移るのに合わせ、網掛けした面の色を変えている。**スライド5**の環状になった矢印は、左回りの順序を示しており、これはスミス巡査部長が分析結果を提示する順序となっている。したがって、このスライドのなかで、分析枠組みと主な分析結果の概略を同時に述べていることになる。

スライド6から13までの表、図、地図は、分析枠組みで述べた構成要素を聴衆に説明するためである。標的（被害者、被害物）を保護するために用いられた活動は、棒で示されている。位置を示す図は、問題が蔓延している場所と問題のない場所の対比をしている。そのような場所のとくに重要な特徴については、写真で明らかにしている。犯行者の逮捕された頻度は表で示している。

スライド14はこうした分析結果の要約である。ここで、3角形のすべての箇所を網掛けにし、個々の分析結果が全体構造の一部である点を強調している。最後の**スライド15と16**は、分析結果と一致しない対応策と一致する対応策の列挙である。スミス巡査部長は専門家としての意見を提示しただけとはいえ、最後のスライドでは、これまで報告された調査結果についての議論を展開する意図がある。この問題をどう扱うか最終的に決定する者は、政策決定者である。

聴衆が長いストーリーに聞き入り、細部に至るまで集中力を欠かないようにすることが重要である。それを達成するには、（図示した3角形のように）進行中のモチーフや、強調表示したアウトラインのスライドを用いるべきである。アウトライン用のスライドは、各トピックの前に示す。それによって、アウトライン上に示されたトピックは強調され、他のトピックは色が薄まる。スミス巡査部長のプレゼンテーションでは、主なトピックに入る前、アウトライン用のスライドが4回提示されている。

スライドを印字した資料の配布は有用であるが、いくつかの限界がある。直前になって内容を変更する場合、スライドの方が配付資料よりも容易である。しかし、直前になって重要な変更をする場合、配付資料はスライドのイメージと対応しないことになる。また、スライドを白黒印刷する場合、元のカラー・スライドは画面が分かりにくくなる。このような場合、パワー・ポイントでは、「印刷」

ステップ58　説得力のあるプレゼンテーションを作成する　253

メニューの「単純白黒印刷」で、カラー・スライドを白黒に変更できる。

　多くの政策決定者は、問題分析に用いた方法に対しそれほど関心を持ってはいない。したがって、プレゼンテーションの目的が方法論でない限り、その説明に多くの時間を費やしてはいけない。むしろ、主要な要素の要約をしなければならない（**スライド4**参照）。方法論については別途スライドを作成しておき、聴衆からその質問が出る場合に備えておけばよい。

図表70

1 XYZ 問題の原因は何か	2 XYZ 問題とは何か
ロドニー・スミス巡査部長 問題分析班	・多数通報されている X 事件 ・Y 部門に集中 ・1986年に初めて記録される ・執行に十分な対処がされていない ・他の警察署にも共通している

3 このプレゼンテーションが提示するのは	4 XYZ 問題の分析
・使用したデータ源 ・データの体系化 ・この問題を取り上げる理由 ・可能な対応策	・問題分析班により実施 ・多様な情報源のデータ 　－通報された X 事件 　－小売り業者、買い物客へのインタビュー 　－犯行者へのインタビュー 　－監視カメラ（CCTV）の録画を検討 ・他の警察署の専門家

5 XYZ 問題の構成要素	6-13
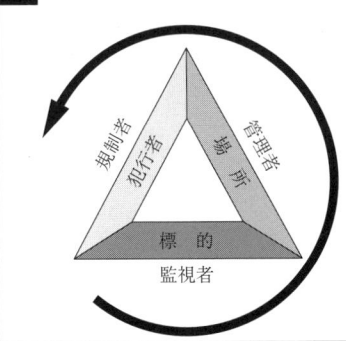 （規制者／犯行者／管理者／場所／標的／監視者の三角形の図）	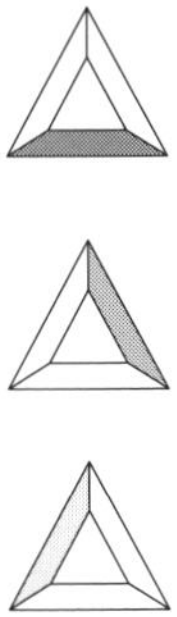 標的および監視者に関するスライド 場所および管理者に関するスライド 犯行者および規制者に関するスライド

14 XYZ 問題の原因	15 整合性のない対応策
これまでのスライドの要約	標的および監視者 　a. 　b. 場所および管理者 　a. 　b. 犯行者および規制者 　a. 　b.

16 整合性のある対応策
標的および監視者 　a. 　b. 場所および管理者 　a. 　b. 犯行者および規制者 　a. 　b.

参考文献

RAND, Guidelines for Preparing Briefings, Santa Monica, CA, 1996. www.rand.org/publications/CP/CP269/CP269.pdf

Ratcliffe, Jerry H. (2004) "Jerry's Top Ten Crime Mapping Tips."
http://www.jratcliffe.net/papers/Jerry%27s%20top%20ten%20mapping%20tips.pdf

ステップ 59
印象的な発表者になる

すべての専門職にはプレゼンテーションを行うことが要求されており、プレゼンテーション能力は良い文章を書くことと同じくらい重要なものになっている。優れたプレゼンテーションの鍵は、周到な準備にある。以下のポイントは、われわれの経験を含め、さまざまな情報源に由来するものである。

準備

「即興で行おう」と考えてはならない。経験をつんだ発表者でさえ緊張することがあるのだから、プレゼンテーションに不安を感じる必要はない。次のような周到な準備をすれば、神経過敏の抑制につながるであろう。

1. あなたのテーマを知ること。
2. 他の出席者を含め、あなたの聴衆を知ること。
3. プレゼンテーションの長さを定めること。
4. 終了時間より2,3分早く終えるように準備し、時間が必要な場合には全時間を割くこと。
5. プレゼンテーションのリハーサルをし、その時間を計ること。
6. 必要に応じて何度もリハーサルをすること。

プレゼンテーション当日に会場を確認する

あなたはプレゼンテーション環境を把握することにより、3つの目的を達成できる。第1に、驚くことがなくなる。第2に、不測の事態に備えて対応策を検討できる。第3に、冷静さを保つのに役立つ。これらのことは、とりわけあなたが会議または所属機関以外の場所で発表する場合にあてはまる。ホテルの会議施設はホテルごとにレイアウトが大幅に異なっている。

1. あなたの必要な備品は所定の位置にあるか。
    ・フリップチャート

- 黒板、ホワイトボード
- チョーク、マーカー
- プロジェクター
- マイクロフォン
- レーザーポインター

2. 備品の使い方はわかるか。
3. 実際に使ってみたか。
4. 機器の担当者を呼ぶ方法はわかるか。
5. 照明の落とし方はわかるか。
6. 聴衆が見にくかったり聞きにくかったりする場所があるか。

プロジェクター

　最近のプレゼンテーション用機材は複雑で故障しやすいので、その使い方を知り代替策の用意をしておかなければならない。時間が許す限り、われわれはいつも会場で機材の試運転を行うようにしている。試運転の際には、会場のさまざまな席に腰掛けてみて、最も複雑なスライドをいくつか見てみることが有益であると分かった。あなたはこの調整ができないにしても、聴衆に注意することはできる。(たとえば、「一番左側の席からでは見にくい図がいくつかあるので、わたしの左手側にいる人には、中央に移動してください」など。)

1. 聴衆、発表者にとって最適な場所にプロジェクターを設置する。
2. プロジェクターがスクリーンを遮らないかを確認する。
3. 必要に応じて、スライドの操作の助けを求める。
4. スライドが会場の後方からでも読めることを確認する。
5. 必要に応じて、カーテンやブラインドを引く。
6. 物事が計画どおりに進むと思い込んではいけない。

プレゼンテーション・スタイル

　あなた自身の資料を知ることも重要ではあるが、聴衆が理解できるスタイルにする必要がある。少なくとも、プレゼンテーション内容を理解するために、聴衆があなたのスタイルに無理に合わせるようにさせてはならない。聴衆には敬意を

持って接することが絶対に重要なのである。

1. 資料配布をしても、紙面の棒読みをしてはならない。
2. メモを見ながら話す（カードなどがあればどこまで読んだか忘れずにすむ）。
3. 礼儀正しく丁寧に始める（議長に謝辞を述べ、自己紹介をし、聴衆に挨拶をするなど）。
4. できることなら、立って話す（これは、聴衆を統御するのに役立つ）。
5. 長いプレゼンテーションでは、立ち位置を変えてもよい（ただし落ち着きなく歩いてはならない）。
6. スライドを見る聴衆をさえぎってはならない。
7. 声が届いているかを確かめる。
8. あまり速く話してはならない（1分間に120語前後が望ましい）。
9. 聴衆と視線を合わせる（特定の人にだけ視線を合わせてはいけない）。
10. いつ質問するのが適切なのか（プレゼンテーション中またはその後か）を聴衆が知っていることを確認する。
11. 他の聴衆に聞こえるよう質問を繰り返し、簡潔に答え、解答になっていたか否かを質問者に尋ねる。
12. 配布資料が明瞭であること、十分にあることを確かめる。
13. 時間どおりに終わる。
14. 楽しむようにする。

プレゼンテーション・ソフト

パワーポイントや他のプレゼンテーション・ソフトを用いれば、聴衆が視覚・聴覚から同時に情報を受け取ることができる。これによって、彼らがキー・ポイントを理解し記憶にとどめる可能性が高くなる。電子的プレゼンテーションには4つの危険が潜んでいる。第1に、それはありふれたプレゼンテーションになりがちで、見識ある聴衆にとってはすぐに退屈なものとなる。第2に、複雑なプレゼンテーションであると、聴衆がメッセージ以上に画面デザインに注意を向けることになる。第3に、機材の複雑化により故障しやすくなる。第4に、聴衆からの質問を抑え込むことになる。マルチメディアを用いた派手なショーを見ることになってしまうと、聴衆はうんざりし、時間を無駄にしてしまう。したがって、

「簡潔なものにする（KIS: Keep It Simple）」という原則を念頭に置いておかねばならないのである。

1. スライドを読み上げてはいけない。発表はスライドの繰り返しにすべきではない。
2. スライドではなく聴衆を見るようにする。
3. プレゼンテーションの題名から始め、名前や所属を述べる（しかし、あなたの資格については不要である）。
4. スライドのページ切り替えには同一スタイルを用い、聴衆が要点から気をそらすことのないよう簡素に切り替える。

個々のパワーポイント・スライド画面

　各スライド画面は簡略なものにしなければならない。スライド上の文章の多くは読みにくいものである。あなたの目標は各スライドを簡潔にすることにある。各スライドは重要なポイントに焦点を絞り、そのポイントから注意をそらすことのないようにしなければならない。ゆえに、読みやすく理解しやすいものにする必要がある。

1. 論点を1つだけにする。
2. そのポイントだけを詳細に示す。
3. 注意をそらすような音響効果、アニメーション、書体、ページの切り替えは避ける。
4. 背景を藍色などの暗色にし、文章には黄色などの明色を用いる。
5. フォントサイズを大きくし、対比色を用いる（不調和な色はさける。たとえば、青色と濃いオレンジ色は調和しないが、青色と黄色は対比色である）。
6. 背景と識別しにくい細線や小さいフォントを避ける。これは折れ線グラフや地図に特有の問題でありうる。
7. 赤色の多用を避ける。重要なポイントを選んで赤色を用いるべきである。
8. できることなら、言葉ではなく視覚に訴える図を用いる。
9. 明瞭で簡潔な絵、地図、図、表を用いる。
10. グラフ上のタイトルは、説明文ではなく短い表現で箇条書きにする。
11. 各項目がスライドの主要なポイントと関連していることを確かめる。

最後に注意すること

　事態が悪くなることを想定しておかなければならない。プロジェクターが故障した場合には、OHP用のスライドやプロジェクターを用意しなければならない。それも使えないときには、代わりに配布資料を使わなければならない。故障に備えれば、あなたはそれほど神経質にならなくて済むし、聴衆は同情的になるであろう。

1. 頻繁に故障する機材やなじみの薄い機材は避ける。
2. 機材やソフトウェアの故障に備え代替策を立てる。
3. 補足用にスライドの配布資料を用意する。

参考文献

Ratcliffe, Jerry H,（2004）"Jerry's Top Ten PowerPoint Tips."
http://www.jratcliffe.net/papers/Jerry%27s%20top%20ten%20powerpoint%20tips.pdf
Ratcliffe, Jerry H,（2004）"Jerry's Top TenPresentation Tips."
http://www.jratcliffe.net/papers/Jerry%27s%20top%20ten%20presentation%20tips.pdf

ステップ 60
知識の蓄積に貢献する

今日の問題についてわれわれが知る多くは、20年前には不明であった。こうした知識の蓄積は、アメリカ、カナダ、イギリス、その他諸国の警察実務家や研究者が知識の共有を図ったことによるところが大きい。**ステップ54〜57**では、警察機関やコミュニティの政策決定者に情報を伝える方法を述べた。あなたも同様に、専門的職務を向上させる義務があり、それは地元機関やコミュニティなどの外部組織とあなたの仕事を共有することで可能となる。

あなたと同じ専門分野の仲間への情報伝達アプローチには、2つの方法がある。1つは文書による資料である。すなわち、調査報告書、専門雑誌、大衆紙の論説で発表することである。もう1つは、学会や研究会でプレゼンテーションを行うことである。最も効果的な伝達戦略は、両アプローチを組み合わせることである。

文書による報告は多くの詳細で有用な情報を示すことができ、他者が参考資料として用いることができる。文書情報には多くの伝達方法がある。たとえば、ウェブサイトからダウンロードを可能にしたり、専門雑誌で発表したりすることができる。人々の関心を引くために企図された短い論稿は専門誌の会報や雑誌で発表できる。最後に、プロのジャーナリストがあなたの取組みについて積極的に記事にすることで、さらに多くの読者に伝えることもできる。しかし、幅広い読者が手短かで容易に入手できるような記事であればあるほど、そこに記される情報は少なくなる。

会議では、対面的なコミュニケーション、質疑応答、そして最新の展開に関する議論をすることができる。インフォーマルな議論では、発表できるほど煮つまってはいないアイデアの交換に役立つ。そして、あなたは、このような会合で難題について仲間の専門家のアドバイスを求めることができる。

アメリカやイギリスでは、毎年、問題志向型警察活動に関する大会が開催されている。世界中で、犯罪分析やその他の警察に関する会議が数多く開催てお

り、そのような場で、あなたは、問題解決のための新たな情報を提示することができる。

最後に、とくにあなたが他の分野のパートナーとともに仕事をしている場合、他業種の会議での発表も考慮すべきである。会議の主な欠点として、資料提示できる時間の制限、詳細かつ永続的な議事録の欠如、および比較的少数の出席者であることが挙げられる。しかし、出席者は、欠席者にも情報を伝えることができる。

包括的な伝達戦略として、以下のことを含む必要がある。
1. 細部に関心をもつ者に対しては、ウェブサイトを通じてダウンロード可能な専門的報告書を発表すること。
2. 一般的関心を持つ多数の聴衆に対しては、ウェブサイトに言及しながら、専門的または人気のある雑誌で複数の短い論文を発表すること。
3. 専門的同僚および研究者に対しては、専門雑誌において比較的長い論文を発表すること。
4. 少数の有力な職業的同僚集団に対しては、専門的会議の場で少なくとも1度はプレゼンテーションをすること。

さらに、あなたが調査しているテーマに関心のある者に論文のコピーを送付することも有用である。このことは、あなたのアイデアを伝えるだけでなく、他者にどう伝えればよいのかアドバイスを求めることができる。

専門家はとくに以下のことに関心を持っている。
1. 新しい、または変化しつつある問題の発見。
2. より正確かつ確実に、新たな問題や古くからの問題に答えることのできる分析技法の進歩。
3. 問題に対する新たな対応策または古い対応策の新たな適用。
4. 対応策の有効性の有無または副次的効果に関する証拠。

このようなテーマはそれぞれ、特定の問題に関する事例研究として記述することができる。有用な事例研究となるための基本的なアウトラインには、次の4つがある。

1. 旧来の状況に対する不満足。すなわち、なぜ標準的な理解または実務が特定の情況下では不十分なものになるのか。
2. 代替策の探求。すなわち、どのようにして新たな理解や実務が見出されたのか。
3. 代替策を支持する証拠。すなわち、新旧アプローチの比較。
4. 結論および含意。すなわち、この新たな情報を前提として人々が何を考えるべきか、ということについての要約。

このアウトラインは SARA プロセスに従っている。走査（S）によって、特定情況に対する不満足を明らかにする。分析（A）とは、当該問題を新たに理解する方法の探求である。対応（R）には、代替的アプローチの系統的な比較や新たなアプローチの選別が要求される。そして、評価（A）は、経験から学んだことの要約である。

以下の**図表71**は、どのようにしてこのアウトラインが4つの事例研究の各論点に適用されるのかを示している。

必要な場合には、各類型を組み合わせることもできる。新たな問題分析法によって、たとえば新しいタイプの問題が明らかになるかもしれない。そうした場合に、表中のⅠ・Ⅱタイプの事例研究を組み合わせることができる。

同様に、新たな問題対応策の記述には、評価情報が含まれるであろうから、表中のⅢ・Ⅳタイプを組み合わせることになる。他の組み合わせもまた、可能である。

最後に、専門職としての犯罪分析や学問分野としての犯罪科学を代表して、われわれの願いを述べたい。あなたにはっきりと理解しておいてほしいことは、証拠の誇張という誘惑に屈してはならないということである。それは事実を曲解しているとみなされるだけではなく、あなたや同僚の評判にダメージを与える以外の何ものでもない。人というのは、手抜きをし、早合点するものである。犯罪分析担当者は、ときに偶然のプロセスに対しても、勤勉さや誠実さを以て向い合う。あなたが答えを得られなかったり、問題の一部が理解できなかったりする場合には、正直にそう言うべきである。その方が、答えがわかった場合に、あなたの専門的な判断力に人々は信頼を置くようになるであろう。

21世紀は、警察活動の分析が行われる世紀となりつつあり、あなたは多大な貢献を行うことができよう。100年後には、犯罪分析は警察活動においてしっかりと確立され、多くのことが変わるかもしれない。その技術は確実に現在とは異なっているはずである。しかし重要なことは、われわれの後継者が、われわれ以上に、犯罪やその予防についてずっと多くのことを知ることである。そして、彼らがこうしたことを知ることができるのは、あなたやあなたのような人が、誠実さと明確さをもって、重大な問題を投げかけ、データを収集・分析し、結果を報告したことのお蔭なのである。

図表71　事例研究の4類型

アウトライン	1. 新たな問題	2. 新たな分析技術	3. 新たな対応策	4. 有効性に関する証拠
Ⅰ. 不満足	特異な状況の発見	従来の技術に限界があるのはなぜか	従来の対応策に限界があるのはなぜか	特定状況下における対応策の有効性についての不確実性
Ⅱ. 探求	相違についての探索	どのような経緯で新たな技術が見いだされたのか	どのような経緯で新たな対応策が見いだされたのか	このような状況下で対応策を評価することの困難さ
Ⅲ. 証拠	従来の問題と新たな問題との比較	客観的基準による従来の技術と新たな技術の系統的な比較	客観的基準による従来の対応策と新たな対応策の体系的比較	使用した評価方法とその結果
Ⅳ. 結論	問題解決のために示唆することは何か	新たな技術がとくに有用な状況とは	新たな対応策がとくに有用な状況とは	対応策が用いられるべき状況および期待される状況

監訳者あとがき

　本書は2005年にアメリカで出版された"Crime Analysis for Problem Solvers in 60 Small Steps"の訳書である。これ以前にも、"Becoming a Problem Solving Crime Analyst in 55 Small Steps"（2003年）が同じ著者によって出版されている。著者の説明によると、前者『ステップ60』がアメリカ向け、後者『ステップ55』がイギリス向けであるという。要するに、後発のアメリカ版はステップが5つ増えており、実際にイギリス版『ステップ55』の内容もかなり変更されている。主要な変更は、とりわけ統計内容の充実が図られている点である。
　このようにイギリス版が先に出版されたのは、もとよりイギリス政府が犯罪予防策に力を入れてきたという事情のほかに、2001年にその象徴としての研究機関、つまりジル・ダンドー研究所がロンドン大学内に設置され、それを記念する趣旨もあったように思われる。現に、著者クラークやエック、さらにはフェルソンら環境犯罪学者が定期的にこの研究所で大学院生向けの講義を行っている。また、その出版がイギリス内務省（Home Office）となっているのは、同研究所初代所長グロリア・レイコックが内務省研究官出身であり、そのコネクションがあるからと思われる。これに対して、アメリカ版『ステップ60』はアメリカ司法省の国立司法研究所（National Institute of Justice, NIJ）が出版している。
　このように、イギリス、アメリカは環境犯罪学や状況的犯罪予防を高度に発展させてきた国ではあるが、それぞれの政府と研究者との関係は大きく異なっているという。これについては、いずれも両国の国家研究機関で勤務した経験のあるクラークとレイコックが両国の事情を比較しているが、それによると、イギリスは、外部への研究の助成や委託のほかに、政府研究機関内でも専属の研究員一人一人が、他の関連機関と連携をとりながら、個別のテーマを抱えて報告書を次々と公刊するなど非常に活発な研究活動と着実な成果を挙げているという。クラークの状況的犯罪予防論がこの中から生まれたのは、よく知られるところである。イギリスで状況的犯罪予防の研究に人気があるのは、このような事情があると思われる。これに対して、アメリカはいささか事情が異なる。たとえば、アメリカ

の代表的な政府系研究機関である NIJ は他の政府機関から独立して連携関係になく、実質的に独自に研究を行うというよりも外部研究者への助成を中心とした任務、つまり委託補助金の管理が主要な任務である。その結果、イギリス内務省の研究成果と比較すると、政府政策への影響は小さいという。

　このような事情の違いはあるものの、本書の内容は、基本的にイギリス、アメリカの研究者らが蓄積してきた、環境犯罪学ないし状況的犯罪予防の実証研究の知見を多く含んだ警察関係者向けの書となっている。警察関係者といっても、本書の名宛て人は「犯罪分析者」であり、どちらかというと、第一線の現場で活動する警察官向けというより、その警察官の活動に対して後方から支援や助言を行う犯罪分析者向けである。読者は気づいていると思うが、本文は「あなたは」と問いかける形式になっている。この「あなた」は犯罪分析者としての「あなた」である。つまり、そこには意識的に、現場の警察官としてではなく、あくまでも後方で地域問題に取り組み、犯罪関連データの処理を行い、現場警察官のニーズに対応する立場の分析者がイメージされている。

　実際、近年、アメリカやイギリスでは、警察官の身分を持たない研究者、あるいは形式上警察官に身分を持ちながら研究者として、大学院などで犯罪統計やデータ処理の訓練を受けた者、あるいは博士号取得者が採用される状況が見られる。いうまでもなく、これは犯罪分析の重要性が認識された結果であると思われる。わが国でも、科学警察研究所や科学捜査研究所は別として、都道府県警察において、警察官ではなく特定領域に精通した専門家（たとえば公認会計士、税理士、コンピュータ技師）が採用される傾向がみられるが、いわゆる犯罪分析官としての採用はまだないように思われるが、一部の県警では犯罪分析システムの導入を図る動きもみられ、将来犯罪分析官の採用は十分考えられる。

　実際、今後、警察において犯罪分析者のニーズが高まることは本書を読めば明らかである。これまでどの国の警察官も自らの経験や体験に頼る傾向がみられたが、こんにちエビデンスに基づく対策が叫ばれるように、科学的な知見に基づく警察活動が求められる。その意味でも、本書は犯罪分析官、さらには現場の警察官だけでなく、大学の研究者に対しても、欧米諸国で展開されている犯罪分析の現状と実践例を学ぶ機会を提供するものである。

　本書の翻訳作業には、環境犯罪学や状況的犯罪予防の関心を示してきた専門家

5名が関わったが、とくに統計的内容に対しては統計学の専門家も交えた。もっとも、原書自体に記述や表示の誤りがあり、それを修正するのにやや苦労した部分があったことは否めない。また、原書はマニュアル式に見開き2頁で読みやすく工夫されているが、和訳はどうしても分量が多くなり、さらに判型の違いもあって、それに収めることができなかった。しかしながら、和訳でも各ステップのボリュームは少なく、したがってテーマごとに簡易に参照できるものと思われる。

　原書は現場警察官向けではないとしているが、内容的には現場警察官にも十分役立つ情報が記載されており、場合によっては、きわめて専門的な統計的記述はざっと目を通すにとどめ、日常的な活動に役立ちそうな部分を拾い読みするのもよいと思われる。是非、第一線の実務家に、文字通りマニュアル的に利用してもらいたい。また、それに限らず、犯罪学、なかでも環境犯罪学の学徒には犯罪学的実証研究の手法を学ぶ好個の教材でもあると思われる。いうまでもないが、訳者としては幅広い読者に利用してもらうことを切に願うものである。

　最後に、成文堂編集部の篠崎雄彦氏には長期間編集の任に当たって頂いた。謝意を表したい。

2015年2月

監訳者

守　山　　正

著者紹介

ロナルド V．クラーク（Ronald V. Clarke）

ロナルド・クラークは、アメリカ・ニュージャージー州立ラトガーズ大学刑事司法学部の教授であり、イギリス・ロンドン大学ユニバーシティ・カレッジ校ジルダンドー研究所の客員教授である。彼は長年、イギリス内務省研究企画課（the Research and Planning Unit）で研究し、そこで状況的犯罪予防およびイギリス犯罪調査に貢献した。彼はまた、問題解決型ポリシング・センターの副所長であり、問題解決型ポリシングに関するハーマン・ゴールドステイン年間優秀賞の審査委員長でもある。

ジョン E．エック（John E. Eck）

ジョン・エックは、シンシナティ大学の刑事司法担当教授である。彼は1984年以来、問題解決型ポリシングの発展に貢献し、そのときバージニア州ニューポート・ニューズで、この概念をアメリカで初めて全面的に実施する試みを研究した。SARAモデルや問題分析トライアングルをはじめ、問題解決型ポリシングにおける、多くの現行標準技法の発展を支援した。エック博士は、問題解決型ポリシング・センターの賛助会員である。問題解決型ポリシングに関するニック・ティリー優秀賞の審査員でもある。さらに、全米科学アカデミーの警察政策実施に関する研究審査の委員である。

訳者紹介

守山　正　拓殖大学政経学部教授
Tadashi Moriyama　Professor of Takushoku University, Tokyo
（担当：監訳，Ⅰ，Ⅵ）

渡邉泰洋　明治学院大学法学部講師
Yasuhiro Watanabe　Lecturer of Meiji Gakuin University, Tokyo
（担当：Ⅱ，Ⅲ，Ⅴ）

藤田周良　ニューヨーク州立大学ファーミングデール校司法刑事学部助教
Shuryo Fujita　Assistant Professor, Farmingdale, New York State University, USA
（担当：Ⅳ，Ⅶ）

朴　元奎　北九州大学法学部教授
Genkei Park　Professor of Kita-Kyushu University, Fukuoka
（担当：Ⅷ）

小島隆矢　早稲田大学人間科学学術院准教授
Takaya Kojima　Associate Professor of Waseda University, Tokyo
（担当：ステップ22，26，32，33，37，53）

犯罪分析ステップ60
2015年4月20日　初版第1刷発行

著　者	ロナルド・クラーク ジョン・エック
監訳者	守　山　　　正
発行者	阿　部　成　一

〒162-0041　東京都新宿区早稲田鶴巻町514
発行所　　株式会社　成文堂
電話 03(3203)9201(代)　FAX 03(3203)9206
http://www.seibundoh.co.jp

製版・印刷・製本　藤原印刷　　　　　　　　　　検印省略
©2015　T. Moriyama　　　　　　Printed in Japan
☆落丁・乱丁本はおとりかえいたします☆
ISBN978-4-7923-5145-8　C3032

定価（本体2750円＋税）